최신
항공객실
업무론

Airline Cabin Service

머리말

　세계 항공 기업들의 기술의 발달과 시장의 변화에 대응하는 유연성으로 인해 항공교통 수요는 날로 증대하고 있으며, 국가 경제에 미치는 영향력도 지대해 지고 있다. 이처럼 21세기를 주도하는 항공서비스 산업이 양적으로나 질적으로 성장을 하기 위해서는 객실에서 이루어지고 있는 서비스에 대한 전반적 기초 실무지식에 대한 이해가 시급하다.

　항공사의 서비스 중에서도 가장 많은, 그리고 중요한 접점을 차지하고 있는 항공사의 객실 서비스는 그 중에서 항공사 서비스의 질을 결정짓는 매우 중요 한 사항으로 결국, 항공 운송에 있어서 서비스의 초점은 객실 서비스로 집중된 다. 따라서 본 저서는 항공사의 객실 서비스에 관한 지침이 되기 위해 이론과 실 제를 체계적으로 취급하고자 하였다.

　2011년 항공객실업무론 초판이 나온 이후 따뜻한 격려와 질책에 감사드리며, 저자는 빠르게 변화하는 항공시장 환경과 급격하게 진전되는 객실서비스의 변화 를 반영하는 개정판을 낼 필요성을 느끼게 되었다. 2판의 특징은 다음과 같다.

　첫째, 내용의 기본적 성실함은 유지하되 선택과 집중을 통해 중복되는 내용 의 분량을 줄여 자세한 세심함의 부담을 덜고자 했다.

　둘째, 강의하시는 분들을 위해서 강의 자료의 추가적 내용을 CD에 담아드리 고자 했다.

　셋째, 이 책의 내용이 현장에서 활용될 수 있는 소위 '살아 있는 최신 지식'이 될 수 있도록 가장 최근의 항공사 업무의 지식과 정보를 반영하였다.

　무엇보다 항공사 객실 서비스 업무에 대해 알고자하는 관련학과 학생들과 객 실 승무원이 되고자 하는 사람들, 그리고 객실 서비스에 많은 관심을 갖고 계시 는 분들에게 강의를 위한 이론서로써뿐만이 아니라 실제적 활용을 위한 활용서

(Work Book)로써까지 친근하게 실질적으로 필요한 교재가 되기를 진심으로 바라는 마음으로 집필하였다.

본 교재의 구성은 총 5장으로 이루어져 있다. 먼저, 1장에서는 객실 승무원과 관련된 전반적인 내용을 다루고 있으며, 2장에서는 객실 서비스에 관련된 내용으로 객실 구조 및 설비, 항공 객실 서비스의 개념과 특성, 항공 객실 서비스의 내용 등을 최신 자료로 수정 및 추가 구성하였다. 3장에서는 국내선과 국제선의 객실 서비스 절차에 대해 최근 업계의 동향을 반영하여 보완 구성하였다. 4장에서는 항공 운송 업무 내용을 다루고 있으며, 마지막으로, 5장에서는 고객 응대와 관련된 고객 심리, 고객 만족 서비스 응대 스킬, 정중하고 재치 있는 기내 커뮤니케이션 스킬과 Service Standard Motion에 관한 내용을 입체적 시각으로 제시하여 흥미를 유발하고자 노력하였다.

항공객실업무론 2판은 책의 주인이 저자가 아닌 읽는 분들의 것임을 기억하며 집필하여 내용과 형식면에서 향상되었다고 믿지만 아직 미비한 점이 있을 것이다. 또한 많은 내용을 다루고 있다 보니 책의 분량이 다소 많아진 점도 죄송하게 생각한다. 앞으로 이 책을 이용하시는 여러분의 건설적 비평과 지도편달을 부탁드린다.

끝으로 본 저서가 출판되기까지 정성을 아끼지 않으신 한올출판사의 사장님과 모든 직원분들께 지면을 통해 깊은 감사 인사를 드린다.

2014년 8월
저자 일동 올림

Contents

Chapter 01

객실 승무원

Chapter 02

항공 객실 서비스의 이해

Contents

Chapter 03

객실서비스의 절차

Contents

Chapter 04

항공운송업무

Contents

Chapter 05

고객응대

최·신·항·공·객·실·업·무·론

Chapter 01

객실 승무원

1 객실 승무원이란?

1) 객실 승무원의 정의

객실 승무원의 사전적 의미는 '열차, 배, 비행기 안에서 운행과 관련된 업무와 승객에 관한 직무를 맡아서 하는 사람' 정도로 풀이된다. 항공사에서 사용되는 명칭이나 용어들은 주로 선박 용어에서 유래된 것들이다. 예컨대 객실은 Cabin, 조종실은 Cockpit, 기장은 Captain, 부기장은 First Officer, 승무원은 Crew, 갑판은 Deck, 순항을 의미하는 Cruise 등이 대표적이다. 객실 승무원의 좁은 의미는 조종실의 운항 승무원과는 대조적으로 '항공기 객실에서 승객의 안전과 편의 제공을 목적으로 근무하는 사람'을 의미한다. 객실 승무원을 지칭하는 표현으로는 Cabin Crew, Cabin Attendant, Flight Attendant, Stewardess(Steward), Air Hostess 등 다양한 표현들이 혼용되어 사용되고 있다. 현대에 들어서 Air Hostess와 함께 사양어로 권장되지는 않고 있으며, 바람직한 호칭어로는 Flight Attendant, Cabin Crew 정도가 적당하다.

2) 객실 승무원의 유래

▼ 간호사 출신의 최초 객실 여승무원

객실 승무원의 유래를 역사적으로 살펴보면, 1928년 독일의 루프트한자(Lufthansa) 항공사에서 최초로 그 흔적이 발견된다. 그러나 당시 루프트한자 항공의 승무원은 여성이 아닌 남성이었다. 이는 최고의 서비스 업무는 남성이 담당하였던 당시의 시대상을 잘 보여주는 것이다. 여승무원의 효시는 1930년 북아메리카 대륙에서 발견되는데, 유나이티드 항공(United Airlines)의 전신인 보잉 항공수송회사가 1개월간 테스트용으로 간호사였던 앨런 처치를 채용하여 탑승하게 한 것으로부터 시작되었다. 그러나 8명의 간호사 출신 여승무원들의 친절하고 상냥한 서비스는 많은 승객들로부터 호평을 얻게 되었고, 얼마 지나지 않아 미국 내 20여개 항공사들이 경쟁적으로 여성 객실 승무원 제도를 도입하게 되었다. 이러한 소식은 유럽에까지 전해졌고, 곧이어 유럽 전역에도 여승무원들의 활약이 시작되었다.

3) 객실 승무원의 자질

항공사마다 요구하는 객실 승무원의 자질과 인재상은 다소 차이가 있다. 최근 국내에서 저비용 항공사들이 급증하면서 다양한 탤런트와 재능을 선호하는 채용 기준이 발표되기도 하였다. 하지만 공통적으로 추구하는 인재상을 요약하면 다음 7가지 정도로 축약된다.

- 투철한 직업의식
- 철저한 안전의식
- 봉사정신과 서비스 마인드
- 원만한 인간관계
- 글로벌 매너와 에티켓
- 능숙한 외국어 구사 능력
- 철저한 자기 관리
- 건강한 신체와 체력

객실 승무원은 기내에서 안전 요원으로서의 역할과 서비스 요원으로서의 역할을 수행한다. 항공기라는 특수한 환경에서 인명과 재산에 대한 안전은 다른 어떤 서비스로도 상쇄될 수 없는 핵심 개념일 것이다. 따라서 투철한 직업의식, 안전의식을 바탕으로 친절하고 상냥한 서비스 마인드가 추가적으로 갖추어져 있어야 한다. 특히 가장 많은 시간을 할애하는 업무가 바로 고객 응대이기 때문에 다른 어떤 직업군보다 개인의 친화력이 서비스 수준을 평가하는 기준이 되기도 한다. 또한 객실 승무원의 가장 큰 특성은 글로벌 인재로서 문화사절단의 역할을 수행한다는 점이다. 따라서 다양한 민족과 국적의 외국인들을 응대함에 있어서 세련된 글로벌 매너와 외국어 구사 능력이 필수적인 자질로 요구된다. 아울러 객실 승무원은 항공사의 꽃이라 불릴 만큼 승무원 개개인이 그 항공사의 이미지를 대표하는 경우가 종종 발생한다. 공항에서, 길거리에서, 버스에서 마주친 승무원의 언행과 품성은 잠재 고객들에게 좋은 기억으로 혹은 좋지 않은 기억으로 특정 항공사의 이미지를 심어주게 될 것이다. 항공사의 브랜드 이미지는 돈으로 가치를 매길 수 없는 중요한 무형자산이기 때문에 철저한 자기 관리를 통해 항상 소속 항공사의 이미지 관리에 일조해야 한다. 마지막으로 객실 승무원은 항공기 탑승 근무에 적합한 신체 및 건강 조건을 항상 유지해야 한다. 건강상의 이유로 근무에 적합한 신체적 상태가 아닐 경우에는 반드시 항공의료원의 비행 적합성에 대한 확인을 득해야만 비행에 임할 수 있다.

4) 객실 승무원의 자격

▲ 항공사의 객실 승무원

ICAO Annex, 항공법 및 항공사들의 업무교본에는 객실 승무원에 대해 '항공기에 탑승하여 비상시 승객의 신속하고 안전한 탈출을 진행하고, 평상시 기내 안전 및 서비스 업무를 수행하는 사람'으로 명시하고 있다. 따라서 객실 승무원은 상기 명시된 기본 업무를 수행할 수 있는 역량을 갖춘 자이어야 할 것이다.

객실 승무원은 비행 중 정상 업무를 수행함과 동시에 비정상 상황에 필요한 조치를 취할 수 있는 지식과 능력을 갖추어야 한다.

객실 승무원은 항공사에서 실시하는 신입 교육에서부터 각 직급별, 클래스별 서비스 및 안전에 관한 법정교육 과정을 이수하고 소정의 심사에 합격한 자이어야 한다.

항공사의 이미지를 대표하는 승무원에 대한 고객 불만 사례

>> 출입국심사를 마치고 난 후 엑스레이 검색대 앞에서 길게 줄을 선 뒤 이제 곧 제 짐을 컨베이어벨트에 얹으려고 하는데 갑자기 뒤에서 ○○○항공 승무원들이 몰려와서는 컨베이어벨트 앞에 자신들의 그 큰 가방을 던져놓습니다. 비록 오랜 시간은 아니었어도 줄을 서서 차례를 기다렸던 제 앞에서 "급하거나 바빠서 양해 구합니다. 죄송합니다"라는 말 한마디도 없이 자기들끼리 수다를 떨면서 그런 무례한 행동을 하는 겁니다.

>> ○○색 재킷을 입고 있었는데 리무진을 타는 내내

전화 통화를 하더군요. 눈치를 줘도 그녀는 제쪽을 전혀 쳐다보지 않았고 심지어 욕설도 하더군요. 아니 유니폼 입은 승무원이……

>> 유니폼도 입고 계시고 Name Tag도 그대로 달고 있어서 ○○○항공 소속이라는 것을 알 수 있었습니다. 공항 버스에 캐리어 실을 때 남의 가방 위에다가 바퀴를 확 올려 놓아 저희 엄마 놀라셔서 가방을 빼니까 자기 가방을 던져놓고 한마디 미안하다는 말도 안하고 갔습니다. 물론 실수를 할 수는 있지만 보통 사람도 그런 상황에서는 미안하다는 말은 하고 갑니다.

객실 승무원은 항공기 탑승 근무에 적합한 신체 조건을 유지해야 하며, 그 조건이 미비할 경우에는 객실 승무원 자격이 일시 정지 또는 상실될 수 있다.

타인에게 혐오감을 주는 외모적 손상 또는 병리적 훼손이 있을 경우에는 회복 시까지 그 자격을 일시 정지한다.

객실 승무원은 적정 체중을 유지해야 한다. 개인별 적정 체중의 판단기준에 대한 처리는 객실 승무원 항공신체기준에 근거한다.

신체검사 결과 적정 체중으로 분류된 자도 비행 전 용모점검 시 외견상 비만으로 인정될 경우 동일하게 처리될 수 있다.

표 1-1
객실 여승무원의 신체 기준

신장(cm)	과소체중(kg)	적정체중(kg)	과체중(kg)	초과체중(kg)
160	43.1이하	43.2~50.2	50.2~54.2	54.2이상
161	43.6	43.7~50.7	50.7~54.7	54.7
162	44.1	44.2~52.2	52.2~55.2	55.2
163	44.6	44.7~52.7	52.7~55.7	55.7
164	45.1	45.2~53.2	53.2~56.2	56.2
165	45.6	45.7~53.7	53.7~56.7	56.7
166	46.1	46.2~54.2	54.2~57.2	57.2
167	46.6	46.7~54.7	54.7~57.7	57.7
168	47.1	47.2~55.2	55.2~58.2	58.2
169	47.6	47.7~55.7	55.7~58.7	58.7
170	48.1	48.2~56.2	56.2~59.2	59.2
171	48.6	48.7~56.7	56.7~59.7	59.7
172	49.1	49.2~57.2	57.2~60.2	60.2
173	49.6	49.7~57.7	57.7~60.7	60.7
174	50.1	50.2~58.2	58.2~61.2	61.2
175	50.6	50.7~58.7	58.7~61.7	61.7
176	51.1	51.2~59.2	59.2~62.2	62.2
177	51.6	51.7~59.7	59.7~62.7	62.7
178	52.1	52.2~60.2	60.2~63.2	63.2
179	52.6	52.7~60.7	60.7~68.7	68.7

자료 출처 : 항공보건의료원

2 객실 승무원의 조직도와 운영 및 책임

1) 항공사 조직도

조직도는 항공사마다 다소 차이가 있기는 하지만, 조직 운영의 틀은 대부분의 항공사에서 유사하게 이루어지고 있다. 다음은 국내 항공사 조직도의 한 예이다. 객실 승무원과 관련된 업무는 주로 객실승무본부에서 총괄하며, 객실 지원팀, 객실 서비스팀, 객실 안전팀, 객실 훈련원 등으로 구분하여 운영하고 있다.

2) 객실승무본부팀 운영 및 책임

(1) 객실 지원팀

❶ 객실 승무본부 제도 및 근무 규정, 비용 계획 업무를 담당한다.
❷ 객실 승무본부 인사 및 복지 관련 업무를 담당한다.
❸ 객실 승무원의 여권 및 제 증명, 급여 및 수당, 지급품 및 대여품 관리 업무를 담당한다.
❹ 객실 승무원 Log 및 비행수당 관리 업무를 담당한다.
❺ 객실 승무본부 전산장비 및 관리 업무를 담당한다.

(2) 객실 서비스팀

❶ 객실 승무본부장, 단기 업무계획 및 사업계획 수립 업무를 담당한다.
❷ 서비스 매뉴얼 운영, 관리 및 개폐 업무 및 Class별 서비스 표준화 절차를 제정한다.
❸ 기종별 객실 승무원 탑승 기준 인원 설정 및 Duty 운영 업무를 담당한다.
❹ 항공기 객실 설비 구조의 결정, 변경에 관한 자문 및 협조 업무를 수행한다.
❺ 서비스, 운송, 정비, 승무규정 관련 객실 승무원 Report 처리 업무를 담당한다.
❻ 기내 방송문안 제작 및 기내 자동 방송기재 제작 협조 업무를 수행한다.

(3) 객실 안전팀

❶ 객실 안전·보안 업무의 계획 수립 및 관리 업무를 담당한다.

표 1-2

항공사
조직도 예

- 회 장
  - 행정비서팀
  - 총괄 사장
  - 경영회의제

- 고객서비스부
- 감사실
- 국제업무실
- 법무실
- 시설환경부
- 안전보안실
- 자재부
- 정보시스템실
- 통합커뮤니케이션실
- 경영전략본부
- 인재개발관리본부
  - 노사협력실
  - 인력개발센타
  - 인재개발실
  - 총무부
  - 스포츠단사무국
  - 항공의료센터
- 재무본부
  - 재무총괄팀
  - 수입관리부
  - 자금전략실
  - 회계부

- 여객사업본부
  - 여객사업기획부
  - 여객노선영업부
  - 여객전략개발부
  - 공항여객서비스부
  - 여객 IT 지원부
  - 한국지역서비스센타
  - 외항사서비스센타
- 기내식기관사업본부
- 호텔사업본부
- 종합통제본부
  - 스케줄 운영부
  - 종합통제부

- 객실승무본부
  - 객실승무기획부
    - 객실품질심사
    - 객실지원팀
    - 객실서비스팀
    - 객실안전팀
    - 객실기획팀
  - 객실승원부
    - 국제승원 1~10팀
    - R/S 승원팀
    - 국내승원팀
  - 객실훈련원
    - 훈련기획팀
    - 훈련운영팀

- 화물사업본부
  - 화물사업기획부
  - 화물영업부
  - 화물전략개발부
  - 화물운송부
- 항공우주사업본부
  - 사업기획부
  - 사업영업부
  - 품질경영부
  - 항공기술연구원
  - 군용기공장
  - 민항기제조공장
- 비상계획팀
- 방위업무팀
- 인천공항지역본부

- 운항본부
  - 안전정보팀
  - 운항기획부
  - 운항기술부
  - 운항승무부
  - 운항표준부
  - 운항품질부
  - 운항훈련원
- 정비본부
  - 정비기획부
  - 정비기술부
  - 정비보급부
  - 정비품질부
  - 정비훈련원
  - 정비공장
  - 운항점검정비공장
  - 원동기정비공장

❷ 객실 승무원 안전·보안 업무 규정 제정 및 개폐 업무를 담당한다.

❸ 객실 승무원 업무 교범 재개정 및 유지·관리 업무를 담당한다.

❹ 국토해양부 항공정책실 및 IATA, ICAO, DOD, 대외 항공국, 항공기 제작사 등의 항공 안전 관련 대외기관과의 연관 업무를 수행한다.

❺ 객실 안전/보안 관련 사내·외 감사 수검 업무를 수행한다.

❻ 객실 안전/보안 관련 객실 승무원 리포트(Report)처리 업무를 담당한다.

(4) 객실 기획팀

❶ 객실 승무본부 기구 조직 및 직제·직능 조정 업무를 담당한다.

❷ 객실 승무본부 근무, 상벌제도, 규정지침 제정 및 개폐 업무를 담당한다.

❸ 객실 승무본부 인력 운영 제도 수립, 제정 및 개폐 업무를 담당한다.

❹ 객실 승무본부 평가제도 및 지침 수립 업무를 담당한다.

❺ 객실 승무본부 대내외 회의·보고자료 작성 업무를 수행한다.

(5) 객실 훈련원

❶ 신입, 정기, 재임용 안전 훈련 및 리더십 훈련 진행 및 기준 운영 업무를 담당한다.

❷ 객실 승무원 서비스 교육 훈련 진행 및 기준 운영 업무를 담당한다.

❸ 객실 승무원 교육 내용 개발 및 교재, 교안 제작 업무를 담당한다.

❹ 안전/서비스 강사 양성 및 운영 업무를 담당한다.

❺ 훈련 기록 관리, System 관리 및 유지 업무를 수행한다.

❻ CRM(Crew Resource Management) 과정 개발 업무를 수행한다.

(6) 국제, 국내, R/S(Regional Stewardess) 승원팀

❶ 국제, 국내, R/S 승원팀 소속 객실 승무원 운영 및 지원 업무를 담당한다.

❷ 국제, 국내, R/S 승원팀 소속 객실 승무원 비행 근무 준비 지도 및 지원 업무를 담당한다.

❸ 회사의 정책 및 절차 숙지 확인, 지속적인 감독을 수행한다.

❹ 국제, 국내, R/S 승원팀 소속 승무 보고서의 종합 접수 및 처리 업무를 담당한다.

3 객실 승무원의 직급 체계와 직책별 임무

1) 객실 승무원의 직급 체계

항공사 객실 승무원의 직급 체계는 아래에서 보는 바와 같이 여러 단계의 승격 과정을 거치게 된다. 항공사마다 조금씩 차이는 있지만 각 직급의 승격은 통상 2년에서 4년 정도의 기간을 두고 이루어진다. 먼저 신입사원으로 입사 후 신입 교육과 직무 훈련을 마치고 나면 정식 사원이 되는데, 항공사에서는 특별히 승무원이라 칭한다. 사원으로 2년간 근무를 하고 나면 선임 승무원으로 승격할 수 있는 자격이 주어지는데, 인사 고과 및 자격 심사를 통해 이루어진다. 선임 승무원은 다시 2년 후 대리 직급인 부사무장으로, 부사무장은 4년 뒤 과장 직급인 사무장으로 승진할 수 있는 자격이 주어진다.

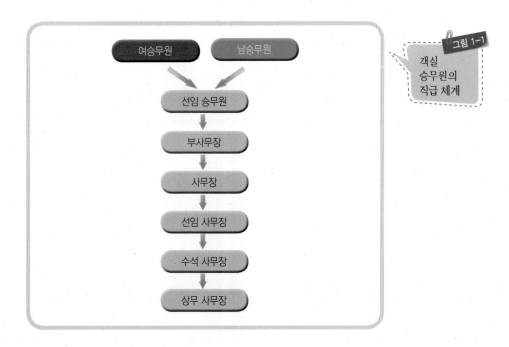

그림 1-1
객실 승무원의 직급 체계

2) 객실 승무원의 직책별 임무

(1) 객실 사무장(Duty Purser)

- 객실 브리핑(Briefing) 주관

- 승무원 업무 배정(Duty Assignment)
- 기내 서비스의 진행 관리 및 감독
- 비행 전 객실 설비의 기능 점검
- 항공기 입/출항 서류 및 Ship Pouch 관리
- 기내 방송 관리(위임 가능)
- VIP, CIP, Special Passenger 응대
- 비행 중 Irregular 상황 대처 및 보고(Report)
- 해외 체재 시 객실 승무원 관리
- 운항 승무원과의 Communication
- 해당 편 서비스 업무(Duty) 수행
- 안전 비행 제반 조치
- 객실 승무원 제반 교육
- 장비(비상, 보안)의 점검 및 결과 보고

(2) 부사무장(Assistant Purser)

승무원 경력 5년 이상 근무 직급이다. 부사무장은 사무장이 임무 수행이 불가능할 시 업무를 위임받아 대행할 수 있기 때문에 항상 사무장의 임무에 자질을 갖추고 업무를 잘 알고 있어야 한다.

- 객실 사무장의 업무 보좌 및 지원
- 객실 사무장이 임무 수행이 불가할 경우 업무 대행
- EY/CL 서비스 총괄(EY/CL에 탑승한 특별승객 Handling 담당자 지정 및 확인)
- 서비스 용품 탑재 확인
- 수습 승무원 훈련지도 및 평가
- 기내 면세품 판매를 위한 업무 지원 및 완료 상황 확인
- 기내 Entertainment Procedure 진행 및 보고
- 입국에 필요한 서류 배포 및 작성에 대한 승무원의 업무 지원
- 기내 유실물 및 분실물 점검 및 처리

(3) 일반 객실 승무원

- 배정된 담당 Zone의 서비스 및 안전 업무 수행

- 담당 Zone의 승객 지원 업무 수행
- 기내방송 Duty를 부여 받은 승무원은 추가적으로 기내 방송 업무 실시
- R/S(Regional Stewardess) 승무원은 추가 업무로 해당 언어권 승객과의 의사소통을 담당
- R/S(Regional Stewardess) 승무원은 비행 중 실시하는 안내 방송을 자국어로 실시

알아볼까요?

담당 Zone의 Duty

해당편의 승무원을 Service Zone별로 나누어서 서비스를 원활하게 한다. 항공기를 각각 A, B, C, D, E Zone으로 나누고 각 Zone을 복도를 기준으로 나누어 담당 서비스 구역을 정한다. 따라서 각 Zone별로 담당 승무원은 업무에 대한 책임을 갖게 된다.

4 객실 승무원의 지휘 체계(Command Authority)

1) 지휘 계통과 상황 처리

통상적으로 국내 항공사들의 지휘계통은 아래에서 보는 바와 같이 정상적인 경우, 기장 → 객실 사무장 → 객실 부사무장 → 객실 승무원의 서열로 이루어지며, 만약 기장에게 임무 불능 상황이 발생한다면, 부기장 → 객실 사무장 → 객실 부사무장 → 객실 승무원의 순서대로 지휘권이 승계된다. 객실 승무원 내에서의 지휘 계통은 직책이 우선이며, 상위 직급의 순에 따른다. 또한 보고 체계는 역순으로 이루어진다. 즉 객실 승무원 → 객실 부사무장 → 객실 사무장 → 기장의 체계로 보고하도록 규정하고 있다.

객실 승무원은 비행 중 발생한 IRR(Irregular) 상황 처리 시에는 반드시 상기 지휘계통을 준수해야 한다. 그러나 규정에 어긋나거나 불합리한 지시일 경우에는 그 이유를 들어 사무장 또는 소속 부서장에게 수정 제안을 건의할 수 있다. 그러나 정당한 명령임에도 불구하고 이를 따르지 않거나 지시 사항을 수행하지 않는 객실 승무원에 대해서는 객실 사무장이 소속 부서장에게 보고하여 징계할 수 있다.

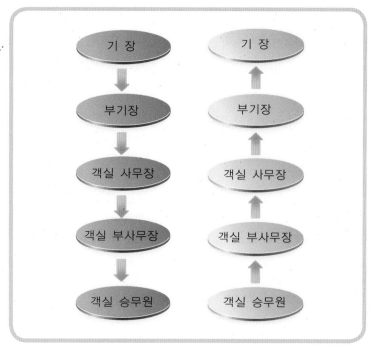

그림 1-2
객실 승무원의 지휘 계통과 보고 체계

2) 지휘 권한과 책임

(1) 지휘 기장(PIC)으로 임명된 기장은 안전 운항에 대한 절대적인 책임을 가진다.

기장은 비행에 필요한 모든 상황을 파악하여 안전하게 운항해야 할 총괄적인 책임이 있으며, 이러한 책임을 수행하기 위해 객실 승무원에 대한 지휘 감독권을 가진다. 기장의 지휘하에 들어가는 시점은 운항 브리핑에 참석한 시점부터 비행을 마치고 항공기에서 하기한 후 해산하는 시점까지이다.

(2) 객실 승무원은 기장의 명령을 존중해야 한다.

기장의 명령이 규정과 일치하지 않을 경우 규정 위반임을 기장에게 인식시켜야 한다. 그럼에도 불구하고 동일한 명령이 지속되면 일단 이를 수행한 후 객실 사무장이 이와같은 사항을 회사에 보고하도록 한다.

(3) 항공기 운항 및 안전 운항에 대한 책임은 기장에게 있으나, 기내 서비스, 면세품 판매 등 항공기 운항과 무관한 사항에 대한 책임은 객실 사무장에게 있다.

객실 사무장은 승객에 대하여 최고의 안전, 서비스 및 쾌적성이 제공될 수 있도록 모든 객실 서비스의 정책과 절차가 준수되고 있는지 확인해야 한다. 또한 해외 체제 중 객실 승무원에 대한 지휘 책임 또한 객실 사무장에게 있다.

5 객실 승무원의 근무 형태 및 규정

1) 객실 승무원의 근무 형태

(1) 승무(On-duty Flight)와 편승(Extra Flight)

승무란 블록 타임(Block Time)을 기준으로 하여 객실 승무원이 항공기에 탑승하여 비행 업무를 수행하는 것을 말한다. 또한 편승은 해당 업무를 종료 한 후 또는 다음 승무를 위해 자사 또는 타사 항공기를 이용하여 이동하는 것을 말하며 Ferry Flight를 포함한다. 이때 복장은 사복을 원칙으로 한다.

항공사 편승 승무원 근무규정

객실 승무원은 주변 승객들에게 쉽게 인지되어 사소한 행동이나 대화 내용도 주목을 받게 되므로 편승 근무 시 승무원으로서 지켜야 할 기본 예절 및 안전 규정을 철저히 준수하도록 할 것

>> 편승 근무에 따른 복장 규정 준수

>> Duty 사무장에 의한 편승 근무에 대한 지도 및

관리 철저 준수

>> 좌석을 Recline 한 채로 누워서 가거나, GLY에서 음료를 가져다 마시는 등 승무원의 신분을 노출시킨 상태에서 품위를 훼손시키는 행동은 자제

>> 탑승 시부터 하기 시까지 전자기기 사용 자제(국내선 구간)

알아볼까요?

블록 타임(Block Time)
항공기가 Gate로부터 Push Back하여 목적지 착륙 후 엔진이 정지되는 시점까지의 시간을 말하며, 이는 승무원의 비행 시간을 산출하는 근거가 된다.

Ferry Flight
항공기 정비, Delivery, 편도 전세기 운항 시에 발생하는 비행으로 여객 없이 운항하는 비행 편을 말한다.

(2) 대기 근무(Stand-by)

대기 근무는 비행 편에서 객실 승무원의 결원이 발생되거나 혹은 항공기 변경으로 비행 인력을 충원해야 할 때, 즉각적인 인력 공급을 위해 공항이나 회사, 자택 등 지정된 장소에서 객실 승무원이 대기하는 근무를 말한다. 일반적으로 3교대로 구분되며, 대기 근무자는 모든 비행 준비를 완료한 상태로 대기 근무에 임해야 한다.

(3) 지상 근무

객실 승무원이 비행 업무를 중단하고 객실 관련 업무를 위해 사무실 근무를 하기도 하는데 이를 지상 근무라 한다. 주로 객실 서비스 계획, 교육/훈련, 비행 스케줄 계획, 상담과 코디네이션, Appearance 담당 등 객실 승무원의 지원 업무를 수행한다.

(4) 교육/훈련

객실 승무원이 비행 근무를 하기 위해서는 해당 직급에 부합하는 교육/훈련 과정을 이수하고 심사에 합격해야만 한다. 항공사 객실 승무원은 신입 교육에서부터 보수, 리더십, 안전, 직급, 클래스별로 매우 다양한 교육/훈련에 임해야 하는데, 이때 비행 근무가 아닌 교육/훈련이 하나의 준 근무 형태로 객실 승무원에게 부여된다.

- Ready Flight(RF) 비행 당일 정비, 기상 IRR 등으로 근무제한을 초과하거나 과도한 근무 발생 시 승무원을 교체하여 객실 승무원의 휴식보장 및 기내 서비스 향상을 도모한다.
- Contactable(CT) 병가 공상 등으로 인한 연쇄적인 스케줄 변경을 방지하고 사생활을 보장하기 위해 일정기간 회사로부터 근무를 할당받아 해당 비행을 수행한다.

2) 객실 승무원의 근무 할당 원칙

객실 승무원은 회사에서 배정하는 월별 스케줄인 근무 할당표(Cabin Crew Flight Schedule)에 따라 비행 근무를 하게 된다. 근무 할당표는 승무, 편승, 대기 근무, 교육/훈련, 지상 근무 및 휴일을 포함한다. 다음은 국내 항공사 객실 승무원 스케줄의 한 예이다.

표 1-3
객실
승무원의
개인 스케줄

2009 FEB SKD Total Block Time = 89 : 15					
DAT	FLIGHT	SHOW UP	SECTOR	STD	STA
02/01(금)	213	01 09:50	SFO/ICN	01 12:00	02 17:45
02/02(토)	ICN				
02/03(일)	DARR	03 00:00	ICN/ICN	03 00:00	03 23:59
02/04(월)	DARR	04 00:00	ICN/ICN	04 00:00	04 23:59
02/05(화)	연차휴가	05 00:00		05 00:00	05 23:59
02/06(수)	연차휴가	06 00:00		06 00:00	06 23:59
02/07(목)	DAY OFF	07 00:00		07 00:00	07 23:59
02/08(금)	Request daff	08 00:00		08 00:00	08 23:59
02/09(토)	319	09 19:20	ICN/XIY	09 21:30	09 23:50
02/10(일)	320	XIY/ICN	10 00:50	10 04:40	
02/11(월)	DARR	11 00:00	ICN/ICN	11 00:00	11 23:59
02/12(화)	교육	12 18:00	12 18:00	12 17:00	
02/13(수)	교육	13 18:00	13 18:00	13 17:00	
02/14(목)	교육	4 18:00	14 08:00	14 17:00	
02/15(금)	733	15 17:25	ICN/HAN	15 19:35	15 22:35
02/16(토)	734	16 21:25	HAN/ICN	16 23:35	07 05:35
02/17(일)	ICN				
02/18(월)	DARR 1	8 00:00	ICN/ICN 1	8 00:00	18 23:59
02/19(화)	303/304	19 07:30	ICN/CGQ/ICN	19 09:40	19 15:05
02/20(수)	DAY OFF	20 00:00		20 00:00	20 23:59
02/21(목)	정기안전훈련	21 08:00		21 08:00	21 17:00
02/22(금)	SVC보수훈련	22 08:00		22 08:00	22 17:00
02/23(토)	272	23 15:50	ICN/SEA	23 18:00	23 10:40
02/24(일)	SEA				
02/25(월)	271	25 10:30	SEA/ICN	25 12:40	26 17:30
02/26(화)	ICN				
02/27(수)	DARR	27 00:00	ICN/ICN	27 00:00	27 23:59
02/28(목)	DARR	28 00:00	ICN/ICN	28 00:00	28 23:59
02/29(금)	104/103	29 09:20	ICN/NRT/ICN	29 11:30	29 18:10

3) 객실 승무원의 용모 및 제복 착용 기준

승무원의 제복은 소속 항공사에서 지급한 것이어야 하고, 그 형태나 규격을 임의로 변경해서는 안 된다. 승무원의 제복은 매매, 교환, 기부 또는 제삼자에게 양도할 수 없도록 규정하고 있다. 근무 목적이나 근무를 위한 연속적인 시점에 있는 경우를 제외하고는 근무 시간 및 근무 지역 이외에서의 착용이 금지되어 있다.

제복은 항상 완전한 상태로 착용해야 하며 청결하고, 단정하게 유지해야 한다. 제복 착용 시 규정된 부착물(명찰, Wing, 견장, 기타 항공사에서 지정한 부착물) 외에 일체의 개인적인 부착물을 패용하거나 착용해서는 안 된다. 각 항공사별로 유니폼에 대한 규정과 Hair-Do, Make-Up, 장신구 착용 규정은 다소 차이가 있다. 비행근무 전 Top Senior나 최상위 직급 여승무원이 근무 규정에 맞는 용모, 복장 등을 관리/지도하고 있다.

- 머리는 항상 단정하고 깔끔하게 짧은 길이를 유지해야 한다.
- 앞머리는 눈썹을 가리지 않아야 한다.
- 앞머리는 귀를 덮지 않아야 한다.
- 뒷머리는 셔츠 깃의 상단에 닿지 않아야 한다.
- 곱슬머리의 경우 반드시 Hair Dryer로 웨이브를 펴서 손질한다.

바람직한 여승무원과 남승무원의 용모와 복장

▼ 바람직한 여승무원과 남승무원의 용모와 복장

여승무원	남승무원
• 화장　청결하면서 자연스럽고 밝은 인상을 연출하도록 한다. • 손　손톱은 너무 길지 않고 매니큐어가 벗겨지지 않도록 한다. • 블라우스　다림질하여 단정히 입는다. • 스커트　너무 길거나 너무 짧지 않게 입는다. • 스타킹　반드시 착용하고 반짝거리거나 화려한 색상은 피한다. • 앞치마　주름이나 얼룩이 없도록 잘 손질해서 입도록 한다. 착용 시에는 끈이 보이지 않도록 한다.	• 화장　면도는 깔끔하게 하도록 하고 흡연의 구취가 나지 않도록 유의한다. • 손　손톱이 너무 길지 않도록 하고 손톱 밑이 더럽지 않도록 유의한다. • 하의　무릎이 나오지 않도록 다림질을 잘하여 입도록 한다. • 양말　흰색 양말을 신지 않도록 한다. • 구두　부츠 스타일은 삼가고, 깨끗이 닦아서 신도록 한다.

여승무원

• 액세서리　손목시계는 반드시 착용하고, 지나치게 화려하거나 요란한 디자인은 금한다. 반지는 단순한 디자인으로 2개까지 한 손에 한 개씩 가능하다(돌출반지 금지). 귀걸이는 부착형 1쌍을 한 귀에 한 개씩 허용한다(너무 큰 귀걸이 착용 금지). 팔찌는 폭 7mm 이내의 금, 백금, 은의 단순 디자인은 허용 가능하며 큰 사이즈는 금지한다. 목걸이는 유니폼 착용 시 외부에 노출되지 않도록 착용한다.

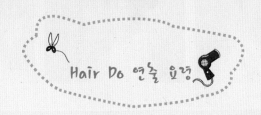

Hair Do 연출 요령

짧은 머리

▼ 여승무원의 짧은 머리

 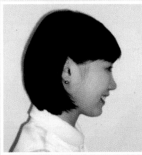 

▼ 여승무원의 짧은 머리 기준

Good style	Bad style
• 길이는 블라우스 깃에 닿지 않도록 유의	• 지나치게 짧거나 긴 쇼트커트
• 앞이마가 2/3정도 보이게 이마를 드러냄	• 앞머리로 눈을 덮음
• 옆머리는 반드시 귀를 드러내고 흘러내리지 않도록 고정	• 귀를 덮음
• 헤어드라이어로 뻗침이 없고 볼륨이 생기도록 세팅. 헤어밴드 착용 시에는 유니폼의 리본과 스카프의 매듭이 반대 방향으로 향하도록 착용	• 강한 웨이브
• 검정 혹은 짙은 갈색	• 강한 염색/브리지

긴 머리

▼ 여승무원의 긴 머리

▼ 여승무원의 긴 머리 기준

Good style	Bad style
• 검은색 끈과 검은색 그물망 사용하여 Up-Style이나 French Style 연출	• 유색의 끈과 유색의 망 사용
• 스프레이를 사용에 잔머리 정리	• 삐져나온 잔머리를 그대로 둠
• 그물망(미세망)으로 머리 고정/실핀, U자 핀 사용 가능, 앞머리 윗부분은 보조 핀 사용 금지, 2:8 정도의 옆 가르마 권유	• 그물망의 흔들거림 5:5의 옆 가르마

▼ 바람직한 여승무원의 유니폼

▼ 바람직한 객실 승무원의 용모·복장 확인

▼ 남승무원의 머리

▼ 남승무원의 머리 기준

Good style	Bad style
• 앞머리는 이마를 덮지 않음	• 눈을 가리는 앞머리
• 뒷머리는 셔츠 깃에 닿지 않음	• 긴 뒷머리
• 옆머리는 귀를 덮지 않음	• 구레나룻이 있는 옆머리
• 검정, 짙은 갈색	• 과도한 브리지와 염색
• 스프레이와 젤로 스타일 정리	• 과도한 스프레이와 젤로 축축함
• 단정하고, 심플한 스타일	• 지나치게 유행을 따라가는 스타일

4) 객실 승무원의 의무 및 준수 사항

(1) 주거지 등록 의무

승무원은 주거지의 주소, 전화번호를 회사에 필히 등록해야 하며 변경사항이 발생하는 경우에는 3일 이내에 변경 내역을 보고해야 할 의무가 있다.

(2) 필수 휴대품의 소지 의무

객실 승무원은 출입국에 필요한 여권, I.D Card 등을 분실 또는 훼손되지 않도록 관리해야 한다. 또한 회사는 승무원이 소지하는 각종 증명서의 유효기간에 최대한 협조해야 하며, 분실 및 훼손을 제외한 발급, 갱신의 경우에는 증명서 발급 담당자의 책임으로 규정하고 있다.

(3) 개인 서신 및 지시 사항의 확인 및 이행 의무

객실 서비스팀 또는 승무원 대기실에 비치된 게시판, 개인 Mail Box, Show-Up, E-Mail 및 인트라넷상의 지시 사항을 비행 전후 필히 확인하여 숙지하고 이행해야 한다.

(4) 승객의 비밀 유지 의무

승무원은 승객에 관한 제반 사항이나 기록에 대하여 비밀을 유지해야 하며, 이에 관한 정보를 외부에 유출하여서는 안 된다.

(5) 홍보 활동에 대한 승인 의무

특정 항공사 소속 객실 승무원의 신분으로서 홍보 활동(매스컴의 출연, 인터뷰 등)을 하는 경우에는 사전에 객실 서비스팀장 및 홍보 팀장의 승인을 얻어야 한다.

(6) 금주 의무

객실 승무원은 비행 12시간 전부터 비행이 끝나는 시점까지 음주를 할 수 없도록 규정하고 있다. 또한 비행 당시의 혈중 알코올 농도가 0.04%를 초과해서는 안 되며, 비행이 종료된 이후라 하더라도 제복을 입은 채로 음주를 해서는 안 된다.

(7) 취식 금지 의무

객실 승무원은 비행 근무 직전 또는 비행 중 과도하게 조리되거나 강한 냄새를 풍기는 전통 음식(김치, 고추장, 젓갈 등을 포함)의 취식을 제한하고 있으며, 만약 취식하였을 경우에는 양치질 등으로 구강을 청결하게 유지하여야 한다. 또한 승무원이 종류를 불문하고 약을 복용한 채로 비행을 해야 하는 경우에는 항공의료 전문기관의 허가를 얻어야만 한다.

(8) 서신보안의 의무

객실 승무원은 회사 휴대품 및 공식 문서 이외에 내용물을 인지할 수 없는 타인의 서신이나 물품을 대리 운반할 수 없으며, 내용물을 인지한 경우에도 안전 운항에 지장을 초래할 가능성이 있는 물품은 운반해서는 안 된다. 또한 승무원은 회사의 문서(규정, 교재 및 서류 등)를 사전 승인 없이 외부에 양도 또는 대여할 수 없다.

(9) 청결 의무

객실 승무원은 기내뿐만 아니라 외부에서 승객에게 불쾌감을 주지 않도록 항상 용모와 복장을 단정하고 청결하게 유지해야 할 의무가 있다.

(10) 기타 제한 의무

객실 승무원은 일체의 수혈을 금한다. 다만 기내 비상사태 또는 수혈을 필요로 하는 승객의 요청이 있을 경우에는 예외로 하며, 불가피하게 수혈을 한 승무원은 72시간 이내의 비행을 금한다. 또한 객실 승무원은 항공기의 출발 24시간 이내에 Scuba Diving을 하여서는 안 된다.

5) 객실 승무원의 해외 체재 규정

(1) 회사 재산 반출 금지

객실 승무원은 회사의 공식적인 서면 승인 없이 회사의 재산(기내에 탑재된 서비스 용품을 포함한 모든 물품)을 반출하여 사용해서는 안 된다.

(2) 숙소 이탈 금지 및 숙소 귀환 시간 준수

해외 체재 시 지정된 숙소 이외의 장소에서 허가 없이 숙박해서는 안 되며 체제지(Station)가 속해 있는 행정구역 명칭상의 경계선(Boundary)을 넘어 이동할 수 없다. 장시간 외출 시에는 사무장/캐빈 매니저에게 행선지, 연락처 전화번호 및 귀환시간을 보고하고 허가를 득해야 한다. 또한 호텔 Pick-Up 12시간 전부터는 비행에 지장이 없도록 충분한 휴식을 취해야 할 의무가 있다.

(3) 호텔 규칙 준수

호텔에서 정한 일반적인 규칙을 준수해야 한다. 기본적으로 호텔 Room에서의 취사 행위는 금지되어 있으며, 호텔 재산에 피해를 입혀서는 안 된다.

(4) 도박 행위 금지

객실 승무원은 해외 체재 시 어떠한 형태로든 도박 행위를 해서는 안 된다.

(5) 풍기 문란 행위 금지

객실 승무원은 해외에서 내국인, 외국인을 막론하고 이성과의 풍기 문란 행위로 인해 항공사와 승무원의 이미지를 손상시켜서는 안 된다. 풍기 문란 행위에 대한 기준은 본인의 의도와 무관하게 타인에 의해 문란하게 인식되어지는 수준으로 판단된다.

항공사 승무원 해외 체재 규정

>> 체재 지역 Boundary 이탈 금지 및 숙소 귀환시간 준수
>> 과다쇼핑 및 쇼핑몰에서의 부정 행위 금지
>> 지나친 음주 및 도박 행위 금지(카지노 출입 포함)

승무원 세관 규정

승무원 휴대품 검색시 규정을 위반하는 사례가 발생하고 있는 바, 세관 및 검역 규정을 철저히 준수하고 출입국시 CIO 직원과 절대 Argue하지 않도록 할 것(기용품 반출 절대 금지)

>> 승무원 면세범위
  – 총 구입 가격 US$ 100까지 면세
   (품목당 1개 또는 1조에 한함)

– 주류 통관 불가, 담배 1보루(추가 면세),
  향수 1개(총 구입 가격에 포함)
– 승무원의 휴대품은 US$ 400 이하까지 과세 통관 허용

>> 승무원 검역 규정
  – 농산물, 축산물의 경우는 통관 불가
  – 식물류를 국내에 반입하고도 신고하지 않을 경우
   과태료 부과

6) 객실 승무원의 휴식 규정(Crew Rest)

비행 소요 예정시간이 10시간 이상인 Non-Stop Flight에서 실시한다. Crew Rest 중에는 승무원 신분이 노출되지 않도록 유의해야 하며, 근무조 승무원은 Rest조 승무원의 담당 업무에 공백이 생기지 않도록 만전을 기해야 한다.

Crew Rest 중 개인적인 여가 활동을 해서는 안 되며, 다음 근무를 위해 반드시 충분한 휴식을 취해야 한다. Crew Rest가 끝난 승무원은 반드시 자신의 용모 상태를 확인한 후 근무에 임해야 한다.

객실 승무원의 업무 기준

Standards of Performance

>> Safety
>> Customer Relationship
>> Crew Coordination

1) 안전 (Safety)

객실 승무원의 기본 업무는 ICAO Annex와 대한민국 항공법에 기술된 바와 같이 항공기에 탑승하여 비상시 승객을 탈출시키는 등 안전 업무를 수행하는 역할을 하는 것이다. 그러므로 객실 승무원은 승객의 안전과 쾌적한 여행을 위해서 다음과 같은 일정한 수준의 기본적인 안전 업무의 역량을 보여야 한다.

(1) 안전 업무(Safety Performance)

❶ 근무시 필수 휴대품은 반드시 휴대한다.

❷ 승객의 Carry-On Baggage의 휴대 규정 준수 여부 및 보관 상태를 확인한다.

❸ 승객의 비상구 열 좌석(Exit Row Seats) 착석 기준을 확인한다.

❹ 유아 동반 승객, 장애자, 노약자 등 특별히 도움이 필요한 승객에게 추가적인 도움을 제공해야 한다.

❺ Safety Check 절차를 숙지하고 비행 근무시 이를 준수한다.

❻ Take-Off 전 모든 유동물질을 고정하고 승객의 좌석벨트 착용상태를 확인한다.

❼ 안전에 관한 승객 브리핑(Demonstration)을 실시하도록 하고, 비디오로 상영되는 경우 담당 Station에 대기하여 승객을 모니터링한다.

❽ Sterile Cockpit 절차를 준수하고 비행 근무시 이를 준수한다.

❾ Turbulence Guideline을 숙지하고 비행 중 승객에게 적절하게 안내하고 조치한다.

❿ 기내 전자기기 사용에 대한 규정을 숙지하고, 승객의 준수 여부를 확인한다.

⓫ 위험물(DG) 규정을 숙지하고 승객의 탑승 및 비행 중 준수 여부를 확인한다.

⓬ 기내에서 승객의 흡연, 만취, 기내 난동 등 불법 행위가 발생되는 경우, 필요한 조치를 즉각 취할 수 있도록 절차를 숙지한다.

⓭ 승객이 탑승해 있는 상태로 지상 이동 및 주기가 이루어질 경우 항공기 내 담당 Zone 주변에 분포하고 정해진 절차를 준수한다.

⓮ 이착륙 시에는 정해진 Jump Seat에 착석해서 좌석벨트 및 Shoulder Harness를 착용한다.

⓯ 승객이 모두 하기한 후 Left Behind Item 및 담당 Zone의 이상 유무를 확인한다.

- 기내 설비의 고장 사항이 발견되면 객실 사무장/캐빈 매니저에게 보고한다.

- 비행 중 표준 절차를 숙지하고 기장 및 객실 사무장/캐빈 매니저의 지시 또는 정해진 신호에 따라 업무 절차를 준수한다.

- 기타 승객과 승무원의 안전에 위해하다고 판단되는 사항은 지휘 체계에 의해서 즉시 보고한다.

알아볼까요?

Sterile Cockpit

비행중요단계(Critical Phases of Flight)에서 운항 승무원의 업무에 방해를 줄 수 있는 객실 승무원의 어떠한 행위도 금지한다는 것이다. 여기서 비행중요단계는 항공기의 지상 이동 및 비행고도 10,000ft 이하 운항 시점으로 규정하고 있으며, 객실 승무원은 이착륙 시 Fasten Seatbelt Sign On/Off 상태를 통해 비행중요단계의 시작과 종료 시점을 확인할 수 있다.

비상구 열 좌석

항공기 비상구로 직접 접근할 수 있는 승객 좌석으로 승객이 비상구로 접근하기 위하여 통과하여야 할 탈출구 내측 좌석에서부터 통로까지의 좌석 열을 말한다.

◀ 비상구 좌석(Exit Door Seat)

위법행위 승객 핸들링

>> 기내 증거물 확보는 위법 행위 승객이 경찰에 인계된 이후, 사실을 부인하거나 왜곡하는 사례에 대비하기 위함이다.
    또한 기내에서 승무원으로부터 오히려 부당한 대우를 받았다며 거꾸로 승무원의 언행을 문제 삼는 일이 발생될 수 있는 점을 감안하여 기내에서 위법 행위 승객 응대 시, 규정에 의해 대처하되 과잉 행동을 절제해야 한다.

>> 증거확보 요령
    – 위협 행위를 증명할 수 있는 증거물을 확보한다.
    – 증거물로는 흡연으로 인한 화재의 경우 불에 탄 물건·담배꽁초·라이터 등이며, 기내 폭행의 경우는 파손된 물건, 폭행 흔적 사진 등의 촬영 증거 자료를 확보한다.

– 증거물 및 현장 촬영 시에는 다른 승객에게 불편을 끼치지 않도록 유의해야 한다.

>> 목격자 진술서 확보
    – 목격 승객의 적극적인 협조를 구하고 확보해야 한다.
    – 현장에서의 진술서 확보는 승객의 위법 행위를 입증할 수 있는 좋은 자료이다.

>> 위법 승객 자술서 확보
    – 승무원이 해당 승객에게 자술서를 강요할 수 없다. 따라서 본인의 자발적인 협조를 통해 작성되도록 해야 하며, 무리한 작성 요구는 하지 말아야 한다.

>> 경찰인계 시 증거물과 사진을 제공할 것
    – 증거물은 먼저 사진으로 촬영한 뒤에 제공해야 한다.

2) 고객관계관리(Customer Relationship Management)

객실 승무원은 기내에서 고객에게 서비스를 제공하는 업무를 담당하고 있기 때문에 고객관리(Customer Relationship)는 객실 승무원의 주요 임무 중에서도 가장 큰 임무이다. 그러므로 객실 승무원은 고객 편의를 위한 서비스와 고객 안전을 위한 규정 사이에서 종종 딜레마를 경험하기도 한다. Safety Performance의 우선순위를 고려하여 대고객 서비스 관리 업무를 실시한다면 효율적인 고객 관리가 충분히 가능할 것이다.

(1) 서비스 관리(Service Management)

❶ 승객 탑승 시 담당 Zone에 위치하여 원활한 탑승을 지원한다.

❷ 방송을 담당하는 객실 승무원은 적절한 시점에 적당한 정보를 제공해야 한다.

❸ 객실 내에서 항상 승객의 가시권 내에 위치하여 서비스를 제공한다.

❹ 개별적인 승객의 요구를 미리 예측하고 확인하며 응대한다.

❺ 승객의 요구를 수용하도록 항상 최선을 다해야 하며, 객실 안전 규정/지침에 반하는 부분은 없는지 확인한다.

❻ 승객의 Call이 있을 경우 즉각적으로 응대하고 가능한 한 즉시 해결한다.

❼ 승객 탑승 전에 SHR의 내용을 숙지하고, 특별한 도움이 필요한 승객에게 적극적인 도움을 제공한다.

❽ 소속 항공사를 대표하는 승무원으로서 항상 긍정적인 자세를 유지하고, 근무시에는 친근하고 전문가다운 자세를 유지해야 한다.

❾ 승객에게는 항상 정확하고 완전한 정보를 제공하도록 해야 하며 정확한 정보를 제공하기 위해서는 비행 전 준비를 철저히 해야 한다.

❿ 고객에게 자사 항공사 이용에 대하여 감사를 드린다.

(2) 만족 관리(Satisfaction Management)

❶ 출발이 지연될 경우 승객과 객실 승무원들이 상황을 파악하고 있는지를 확인한다.

❷ 고객의 불만 및 우려 사항을 관심 있게 청취하고, 승객의 요구를 충족시키기 위해 가능한 범위 내에서 모든 조치를 취한다.

❸ 고객의 불만이 기내에서 금지된 불법 행위로 악화되지 않도록 적극적으로 조치한다.

❹ 승객 개인적인 성향 및 국적별 특성을 고려해서 대응 조치를 강구하고, 승객에게 감정적으로 응대하지 않도록 주의한다.

❺ 논쟁이 야기될 만한 사안(정치, 종교, 인종 등) 및 회사 업무를 주제로 승객과 대화하지 않는다.

❻ 정당한 요구 및 불만일 경우 승객에게 사과하고, 해결하도록 한다. 승객의 요구 내용을 즉시 해결하지 못할 경우 담당 부서에 요구 사항을 전달할 것을 고객에게 약속한다.

❼ 비행 중 발생하는 승객과의 불필요한 마찰을 줄이기 위해 평소 적절한 대화법을 익히고, 기본 상식과 견문을 넓히도록 한다.

❽ 불만을 가진 승객과 불법 행위를 하는 승객을 혼동하지 않아야 하며, 불법 행위를 지속하는 승객은 즉시 중단할 것을 요청하고 응하지 않을 경우 규정에 의거하여 조치하도록 한다.

3) 승무원 협력(Crew Coordination)

객실 업무는 승무원 상호뿐만 아니라 매우 다양한 분야의 직원들과 의사소통을 하며 이루어진다. 따라서 객실 승무원, 운항 승무원, 정비사, 운송 직원, 케이터링 및 기타 지상 조업원들 간의 정확한 의사소통과 적극적인 상호 협조가 필수적으로 요구된다. 국적 항공사의 경우 외국인 기장이나 외국인 객실 승무원 간의 상용 언어는 한국어 또는 영어로 규정하고 있으며, 의사소통에서 문화적 차이나 언어 장애로 인한 오해가 발생될 수 있음을 고려하여 반드시 재확인 절차를 거치도록 한다. 또한 정확한 의사소통과 상호 협력을 위해서는 상대방 업무에 대해 이해하려는 노력과 동시에 표준화된 용어 및 신호를 사용해야 한다.

(1) 객실 승무원

❶ 동료 승무원들과의 관계에서 예의를 갖추고 신중하게 대한다.

❷ 업무 분담을 실시하는 경우 융통성 있고 협조적인 자세로 임한다.

❸ 개인의 우수한 업무 수행 능력에 대해 상호 간에 인정해 준다.

❹ 객실 사무장을 포함하여 승무원 상호 간에 필요한 정보를 원활하게 교환한다.

❺ 승객 앞에서 객실 승무원의 개인적 사정 및 상황을 표출하지 않는다.

❻ 업무를 시작하기 전 Galley별로 간단히 브리핑을 실시한다.

❼ 업무를 진행하면서 동료와 가능한 한 많은 정보를 교환하고 공유하도록 한다.

❽ 비행 중 자신의 힘으로 문제 해결이 불가능할 경우에는 즉시 동료에게 알려서 도움을 받을 수 있도록 한다.

❾ 동료 또는 상급자와 문제가 발생하는 경우, 비행 후 즉시 소속 그룹장과의 상담을 통해 문제가 더 이상 악화되지 않도록 해결 방안을 강구한다.

❿ 주변 승무원 간의 문제를 알게 되는 경우, 즉시 객실 사무장이나 상급자에게 보고하고 문제를 해결하도록 노력한다. 승무원 간의 문제를 조기에 해결하기 위해서 상급자에게 보고하는 것은 상황의 악화를 최소화하기 위한 최선의 예방 조치이다.

(2) 객실 사무장

❶ 객실 브리핑 시 객실 승무원의 업무 역량에 대하여 분명하게 전달하고, 개별적으로 객실 승무원의 성과를 관리한다.

❷ 요구되는 업무 역량을 충족하지 못하는 객실 승무원이 발생하는 경우 해당 객실 승무원에게 결과를 알려주고, 시정할 수 있도록 적극 지원한다.

❸ 객실 사무장은 전체 객실 승무원이 고른 업무 역량 및 성과를 거둘 수 있도록 업무를 배당하고 관리한다.

❹ 문제를 사전에 인지할 수 있도록 객실 승무원과의 기술적인 의사소통을 유지하고, 문제가 인지되었을 경우 즉시 해결할 수 있도록 지원한다.

(3) 운항 승무원

❶ 객실 승무원은 운항 승무원과 원만하게 협조하면서 근무한다.

❷ 객실 승무원은 합동 브리핑 시 운항 승무원의 이름과 얼굴 등을 확인한다.

❸ 객실 승무원은 Sterile Cockpit 규정을 준수하고, 원활한 의사소통을 위해서 운항 승무원의 업무를 이해하려고 노력한다.

❹ 소속 항공사의 정해진 지휘 계통을 준수한다.

❺ 운항 승무원과 문제가 발생하는 경우 근무 중에는 지휘 계통을 준수하도록 하고, 근무가 종료된 후 공식적인 방법으로 보고한다.

(4) 정비사 및 운송 직원

❶ 객실 승무원은 정비사로부터 항공기 출발·도착 시 필요한 정보 및 인수인계 사항을 확인한다.

❷ 비행 전 준비과정에서 문제가 발생하는 경우 객실 승무원은 상기 내용을 정비사에게 즉시 전달하고, 신속한 조치가 이루어질 수 있도록 적극 협조한다.

❸ 출발 전이나 도착 후 업무 수행 중, 필요한 경우 객실 승무원은 운송 직원의 업무에 적극 협조한다.

❹ 상호 상대방의 업무를 이해하려고 노력한다.

❺ 운송 직원의 업무 진행에 부당함이 발견되면 즉시 시정을 요구해야 하지만, 고객과 함께 있는 경우에는 상대를 비난하거나 논쟁하지 않는다.

❻ 문제가 발생하는 경우 객실 사무장/캐빈 매니저에게 즉시 보고하도록 하고, 객실 사무장/캐빈 매니저의 지시에 따른다.

❼ 좌석 재배치 등과 같은 고객 관련 업무가 진행될 때는 신속하게 처리될 수 있도록 협조한다.

알아볼까요?

Human Factor의 이해

항공 업무에서의 Human Factor는 보통 사람과 사람 간의 기술적 관계를 의미한다. 포괄적인 의미에서 Human Factor는 사람이 일하고 살아가는 환경에 대한 것이며, 사람과 사람, 사람과 기계, 사람과 절차 간에 발생하는 관계에 대한 개념들이다.

▶ 예측 가능한 인간의 능력 및 제한조건에 대한 이해와 이를 반영한 응용 업무는 Human Factor의 주요 관심 사항이며, 이러한 Human Factor의 기본 개념을 반영한 각 분야의 업무는 Human Factor 측

면에서 현재보다 나은 발전과 결과를 만들어 내고 있다.

▶ Human Factor의 개념은 승무원의 작업 동선, 의사결정 업무, Flight Deck, Cabin Layout 설계 등 항
공 산업 전반에 걸쳐 적극적으로 고려되어 각 분야에 걸친 Human Error를 최소화하고자 노력하고
있으며, 항공사들은 Human Factor의 중요성을 인지하고 운영 업무 전 분야에 걸쳐 그 기본 개념을
적극적으로 반영하고 있다.

▶ 비행 근무시 정확한 의사 소통 및 상황 인지에서 문화적 차이가 초래될 수 있고, 따라서 이러한 오
해를 예방하고자 동승한 외국인 운항 및 객실 승무원의 국적에 따른 문화적 차이를 인정하고자 비
행 근무 전 단계에 걸쳐서 노력한다.

CRM(Crew Resource Management)의 이해

▶ CRM은 효율적 운항을 위해 정보, 장비, 사람, 환경 등의 유용 가능한 모든 자원을 알고 활용하는 것
이다.

▶ CRM은 효과적인 Human Factor의 현실 적용의 한 예이며, 효과적인 CRM에서는 Human Error가 일
상적으로 발생할 수 있음을 인정하고, Human Error로 인해 발생하는 심각한 결과의 발생 가능성을
줄이는 것을 목표로 삼는다.

▶ CRM은 실수가 부정적인 결과로 표출되기 이전에 해결하고 조절하기 위한 일련의 전략적인 대응 방
안으로 인간 자원, 설비, 정보 등 이용 가능한 모든 자원의 효과적인 활용을 포함한다.

▶ 효과적인 CRM의 선결조건은 업무 전반의 효율성에 도움을 줄 수 있는 숙련된 업무 지식을 갖춘 승
무원이다. 항공기 내에서 기장이 최종 결정 권한이 있지만 올바른 결정을 내릴 수 있도록 모든 가
용 정보를 제공하는 것은 모든 객실 승무원의 임무이다. 이러한 객실 승무원과 운항 승무원 간의
Teamwork는 최상의 결정을 내리는 데 도움을 준다.

▶ CRM은 의사 소통(Communication), 승무원 협동(Crew Coordination), 직무 계획 및 업무 관
리(Planning & Workload Management), 상황 인식(Situation Awareness), 의사 결정(Decision
Making), 인간 행동(Human Performance)의 6가지 범주를 구성 요소로 하며, 이 6가지의 구성 요소
들은 모두 팀워크의 상승 효과(Synergistic Effect)를 만들어 내기 위한 수적 요소들이다.

객실 승무원 CRM의 구성요소

▶ 의사 소통(Communication) 안전 운항에 필요한 정보를 효과적으로 교환하는 데 필요한 정보전달 방법

▶ 승무원 협동(Crew Coordination) 개인과 개인, 집단과 집단 간의 상호간 이해와 신뢰를 바탕으로
자발적 참여를 통해 팀워크의 상승과 창출

▶ 직무 계획 및 업무 관리(Planning & Workload Management) 개인에게 주어진 업무의 역할에
대한 올바른 상황 인식 능력을 유지하며 제한 시간 내에 효율적 업무 달성을 위한 준비와 계획의 업
무 분장에 대한 관리 방법

▶ 상황 인식(Situation Awareness) 현재 상황에 대한 올바른 판단으로 미래에 미칠 영향력을 예측
할 수 있는 능력을 배양시킴으로 업무 중 발생할 수 있는 상황 변화에 대한 올바른 이해 능력과 대
처 능력 배양

▶ 의사 결정(Decision Making) 종합적이고 합리적인 상황 판단 인식에 기초해서 느끼고, 찾아보고, 결정하고 이를 다시 재구성할 수 있는 과정의 단계를 통해 비행 중 최선의 행동과 의사를 결정할 수 있는 능력 배양 과정

▶ 인간 행동(Human Performance) 업무적 환경(스트레스와 피로 등)이 승무원의 행동과 신체에 미치는 영향과 반응을 이해하고 업무 수행에 필요한 최적의 상태(Optimal Condition)를 유지할 수 있는 관리 능력

▶ CRM의 실천 방법은 자신과 다른 팀원의 생각과 결정, 어떤 사실의 안전성과 객관성을 재검토해서 확신 가능한 신념으로 팀내의 갈등 상황을 원만히 해결하고 업무가 끝난 후에도 올바른 지적과 지도를 통해 합리적 업무 수행 자세, 즉 남에게 전가하지 않는 합리적이고 건전한 의사결정 자세를 잃지 않도록 하는 것이다.

7 객실 승무원의 근무환경과 건강관리

1) 근무환경에 대한 이해

객실 승무원은 시간, 공간, 생리적으로 매우 특수한 근무환경에 노출되어 있다. 따라서 근무환경에 대한 각별한 이해를 토대로 개인의 건강관리에 유념해야 한다.

(1) 기내 기압

일반적으로 항공기의 순항고도는 35,000~40,000Ft에, 기압은 0.2Psi 수준이다. 즉, 순항 중인 항공기의 외부 환경은 대기압이 낮아 산소가 희박하고, 기온이 낮아 인간이 생존할 수 없다. 그러나 항공기의 여압 장치는 기내 기압을 0.8Psi 수준으로 상승, 유지시켜서 기내 고도는 7,000~8,000Ft 수준인 셈이다. 이로 인해 정상인의 경우 기내에서 불편함을 전혀 느끼지 못하는 수준이지만, 건강하지 못한 사람의 경우는 그렇지 않을 수도 있다.

(2) 기내 온도, 환기, 습도

순항 시 항공기 외부 온도는 영하 40~50도 수준이다. 항공기 온도 조절 및 환기 시스템

은 외부로부터 유입된 공기를 고온의 엔진 장치에 통과시켜 멸균의 따뜻한 상태로 기내에 들여보낸다. 그래서 기내온도는 24도 내외로 유지될 수 있고, 3~4분마다 완전히 교체되어 매우 깨끗한 상태로 유지된다.

기내 습도는 비행시간, 탑승률, 온도 등에 따라 달라지기는 하지만, 통상 10~20% 수준으로 매우 건조한 상태이다. 이로 인해 점막과 피부가 건조해져 눈, 코, 입안 등에 불편함이 초래될 수 있다. 따라서 비행 시에는 물을 충분히 마셔서 탈수되지 않도록 각별히 유의해야 한다.

(3) 진동, 가속도, 소음

비행 중에는 다양한 종류의 소음과 진동, 기체 동요 및 가속도로 인해 난청증, 현기증, 멀미, 복부 팽창 등이 유발될 수 있다. 그러나 항공기의 방음 처리 및 소음감소장치 등으로 기내로 유입되는 소음을 최소화하고 있어 비행 중 기내 소음은 50~60Db 수준이며, 정상적인 대화를 하는 데 큰 무리는 없다.

(4) 불규칙한 근무시간과 시차(Jet Lag)

인간의 생체 기능은 각기 특이한 리듬을 가지고 있는데, 대부분 명암(낮과 밤)의 변화에 따라 결정된다. 이 변화가 파괴되면 생체 리듬은 장애를 받게 되는데, 특히 장거리 비행 시 현지 시간과 생리적 시간 간의 부조화로 인한 수면 장애, 소화기능 저하, 집중력 저하 등이 대표적인 장애 증상이다.

2) 객실 승무원의 건강관리

(1) 규칙적인 식생활을 한다.

객실 승무원들은 직업의 특성상 불규칙적으로 식사를 하게 되므로 음식물 섭취에 각별히 주의해야 하며, 식사 시 각종 영양분을 균형 있게 섭취해야 한다. 아침식사는 소화하기 쉬운 음식을 선택하고 밤늦게 음식을 먹지 않도록 한다.

(2) 적절한 휴식과 수면을 취한다.

단시간 내에 여러 시간대를 통과함으로써 시차에 대한 부적응 및 졸음과 불면, 배고픔,

정신, 신체적 능률 저하, 피로 등의 증상이 나타나게 된다. 이때는 가능한 한 목적지 현지 시간에 맞추어 생활을 하도록 하고, 짧은 낮잠으로 수면 부족과 피로 누적을 막는다. 약물 복용이나 음주는 시차 적응에 도움이 되지 않으므로 삼가도록 한다.

(3) 규칙적인 운동을 한다.

건강 유지를 위하여 1주일에 3~5회가량 30~60분씩 규칙적인 유산소 운동(조깅, 수영, 자전거)과 근력 강화 운동을 실시하도록 한다.

(4) 비행 전 반드시 스트레칭을 실시한다.

기내 기압의 변화, 기체 동요(Turbulence) 및 가속도로 인한 혈액 순환 장애가 발생 될 수 있으므로 근육의 긴장을 풀어줘 객실 서비스 시의 안전사고와 요통 발생을 예방 한다.

(5) 비행 중에는 소량의 식사를 한다.

비행 시에는 기압, 기체 동요, 가속도, 불안 등이 원인이 되어 복부 압박감, 구토, 현기 증, 식은땀이 나는 멀미 증상을 보일 수 있다. 이때는 얼음을 입에 물거나 찬 공기를 얼굴 에 쏘이도록 하고, 기내에서는 가능한 한 소량의 식사를 함으로써 이러한 증상을 사전에 예방하도록 한다.

(6) 수분 섭취를 늘려 신체 수분 손실을 줄이도록 한다.

객실 내의 습도는 10~20% 수준으로 피부가 건조해지기 쉬우므로 수분 섭취를 충분히 하며, 콘택트렌즈의 착용 및 유지에 주의를 요한다.

(7) 객실 안전 수칙을 준수하여 산업 재해를 예방한다.

객실 내의 제한된 공간에서 무거운 물건을 들거나, 흔들리는 기내에서 지속적인 서비 스를 수행해야 하는 승무원은 안전사고에 노출되기 쉬우므로 객실 안전 수칙을 준수하여 산업 재해를 예방하도록 한다.

기내 산재/공상예방을 위한 가이드

» 승객 탑승 전, 개인 스트레칭 실시
» 승객 짐 Handing 시 또는 Cart를 Compartment에서 넣거나 뺄 경우, 정자세 유지
» 항공기 Door를 여닫을 때, Turbulence 발생 시, 안전 업무 수행 시 정해진 절차 준수

GLY 작업시 기내 부상 방지를 위한 유의 사항

» GLY에 앉아서 작업 시 발생되는 객실 승무원 부상 방지 유의 사항
 - 모든 C/Box나 Compartment는 열어둔 상태로 방치하지 말고 즉시 닫는다.
 - 앉아서 작업하는 승무원의 머리 위쪽 선반에 물건을 놓지 않는다.
 - 일어날 때에는 먼저 위쪽에 위험 요소가 없는지 육안으로 확인 후 일어선다.
 - 앉아있는 승무원 주변에서 작업하는 승무원은 반드시 조심하라는 주의를 준다.

⑧ 객실 승무원의 교육 및 훈련

최근 항공사의 교육 방향은 이론보다는 실습 위주의 교육과 이러닝(E-Learning) 등의 사이버 교육으로 전환되고 있는 추세이다. 실습 위주의 교육은 첨단 시설 및 교보재를 통한 교육을 강화시키고 있고 이러닝 교육은 사이버를 통해 언제든 원하는 곳에서 개별 학습 형태로 교육을 진행하도록 하고 있다. 이러한 이러닝을 통한 개별 학습은 기내에서 필요한 각종 항공 전문 지식, 방송 교육, 외국어 교육 등으로 승무원 스스로 익힐 수 있으며 교육 내용을 사전 숙지하도록 하여 교육의 효과를 높이고 있다. 보통, 항공사별로 교육 체계는 다르지만 국내 항공사에서는 신입 승무원에서부터 사무장/캐빈 매니저에 이르는 전 단계에서 교육 과정을 세분화하고 있으며 이를 크게 전문 훈련과 보수 훈련으로 나누어 실시하고 있다.

우선 신입 승무원 직무 훈련은 최고의 객실 서비스 창출을 위해 투철한 직업 의식 확립, 서비스 맨으로서의 기본 자세 확립, 완벽한 객실 업무의 이해라는 목표 하에 이루어진다.

교육 과정은 기본 예절, 인성 교육, 항공사 절차 기본 교육, 안전 훈련, 서비스 지식, 서비스 실습, 외국어 등으로 나눌 수 있으며 소양 교육(매너, 직업관)을 비롯하여 태도, 말씨, 화장술, 걸음걸이 등의 세세한 부분까지도 철저하게 교육을 하고 있다. 요즘은 특히 고객의 불만을 적시 대응할 수 있도록 대화법과 응대 태도 등을 강화하고 있다.

또한 모든 객실 승무원들을 대상으로 연 1회의 비상 탈출 및 비상 착수 훈련을 의무적으로 실시하고 있으며 객실 승무원의 안전 의식 고취, 비상 탈출 대처 능력 배양, 비상 착수 시 승객 구조 및 탈출 지휘 능력 배양, 응급 처치 능력을 향상시키고 있다.

아울러 국내 항공사의 경우 현장감 있는 교육실시를 위해 객실 훈련용 실습 시설인 기종별 서비스 Mock-Up 시설과 Emergency Mock-Up 교육 시설을 설치하여 기내와 똑같은 상황에서 훈련할 수 있도록 함으로써 교육 효과를 배가시키고 있다.

이 밖에도 국내 항공사들은 완벽하고 세련된 각 직급별 전문 교육과 보수 교육을 실시하고 있으며, 직급이 높아질수록 직무와 객실 지휘 능력을 배양하는 리더쉽 교육 등을 실시하고 있다.

항공사별로 약간씩의 차이가 있으나 대표적으로 A항공사의 경우 아래와 같은 교육 훈련을 실시하고 있다.

A항공사 교육 훈련 내용

>> 국제선 신입 직무 훈련 12주 3일 (504시간)
>> 외국인 신입 직무 훈련 8주 3일 (344시간)
>> 국내선 신입 직무 훈련 8주 3일 (344시간)
>> 캐빈 매니저 교육 9일(72시간)
>> 캐빈 매니저 향상 과정 2일(16시간)
>> First Class 직무 9일 (72시간)
>> Business Class 직무 9일 (72시간)
>> 방송 평가 및 교정 교육
>> 안전 훈련

번호	훈련프로그램	훈련시간
1	초기안전훈련 (Initial Training)	112 hrs
2	객실승무원 운항경험(S. L. E)	8 hrs
3	기종훈련 (Transition or Aircraft Type Training)	23 hrs
4	정기훈련 (Recurrent Training)	13.5 hrs
5	E-Learning에 의한 정기훈련	5.5 hrs (E-Learning) * 8 hrs(집체)
6	재자격 훈련 (Re-Qualification Training)	24.5 hrs(27.5 hrs)
7	캐빈 매니저 초기훈련 (Purser initial Training)	16 hrs
8	초기 교관훈련 (Initial Instructor Training)	98 hrs
9	정기 교관훈련 (Recurrent Instructor Training)	30 hrs
10	항공사 절차 기본 교육 I	40 hrs
11	항공사 절차 기본 교육 II	20 hrs
12	항공 보안 양성 과정	8 hrs

표 1-4
객실 승무원 훈련 요구량 사례

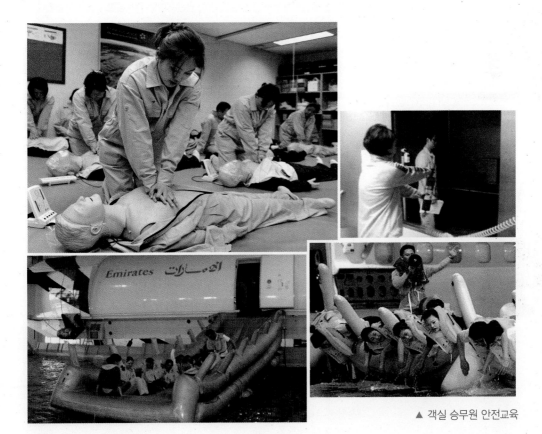

▲ 객실 승무원 안전교육

하늘의 미소, 각 나라별 승무원 유니폼 모습은?

◀ 태국(Thai Airways)

태국 최대의 항공사인 타이항공의 로고는 태국 고유의 건축 양식과 민속 무용 의상의 머리 장식, 태국 신화 등에서 영감을 얻어 디자인 되었다. 1960년 창사 이래 한결같이 'Smooth as silk'라는 슬로건 하에 태국 전통 실크의 부드럽고 화려한 이미지에 맞는 서비스를 제공하고자 세심한 노력을 기울이고 있다.

베트남(Vietnam Airlines) ▶

신비로운 이미지의 베트남 항공사 로고는 베트남인들에게 오랫동안 의미 있게 받아들여지는 상징물인 연꽃이다. 연꽃은 그들의 전통문화 표현과 동시에 역경을 이겨내고 고유의 전통을 유지한 베트남 사람들의 능력으로 여겨진다. 번영과 완벽성을 상징하며, 황금빛은 베트남 항공의 수준 높은 서비스와 고급스러움을 표현한다.

◀ 네덜란드(KLM)

KLM은 세계최초의 민간항공사이며 세계 최초로 승무원이 탑승한 항공사로서 풍차의 나라 네덜란드를 상징적으로 잘 보여주듯이 시원한 느낌이다.

▲ 중국(China Southern Airlines)

동방항공

◀ 일본(Japan Airlines)

화려하지도 않으면서 차분한. 그 속에서도 확실한 미적 감각을 심어주는 것이 특징인 동양의 철학을 유니폼 속에 잘 녹여낸 모습으로, 일본 항공사를 배경으로 스튜어디스를 소재로 한 일본 드라마 '어텐션 프리즈'의 인기로 일본 내에서는 친숙한 유니폼이다.

모자, 상의, 하의가 모두 한 가지 색상으로 되어있으면서 알록달록한 스카프가 튀는 것이 특징이다. 중국인들은 빨간색을 유독 좋아한다고 한다. 빨간색은 중국에서 부귀와 황금을 상징하며, 현대적인 감각에 전통의 미를 녹여낸 모습을 보이고 있다.

대한항공 유니폼 변천사 ▶

MEMO

최·신·항·공·객·실·업·무·론

Chapter 02

항공 객실 서비스의 이해

1 항공기 객실 구조 및 설비

1) 항공기 외장

각 항공사들은 저마다 특색 있게 고안된 디자인으로 항공기 외장을 도장하여 사용하고 있다. 항공기는 노후화 정도와 정비 기술의 차이가 있을 뿐 용도별로 여러 기종을 도입하여 사용하므로 항공사별로 차이는 거의 없다고 볼 수 있지만, 항공기의 시각적인 외형 이미지와 내부 공간은 승객이 느낄 수 있는 항공사의 CIP(Corporate Identity Program)로 기업 이미지의 인지 및 관심도를 유발하는 중요한 요소이다.

아시아나항공은 1988년 출범 당시부터 색동저고리를 입은 여인이 두 팔을 활짝 벌린 '환영하는 색동 한국인상'을 심벌로 사용해왔다. 하지만 2006년 2월 1일 CI(Corporate Identity) 선포식에서 현재의 CI로 변경하였다. 현 CI로의 변경을 위해 미국의 CI 전문회사 '랜도'가 2005년 4월 처음 제안한 것이 현재의 윙을 포함한 5~6개의 스타일이지만, 색상과 형태 및 조형미 그리고 조화를 감안한 변형까지 포함한다면 수백 가지가 넘었다. 리뉴얼 과정의 중요 사안을 결정하는 회의에서는 박삼구 그룹 회장이 직접 참여하여 결정하였다. 새 CI에는 1986년 금호의 'K' 심벌과 1988년 아시아나항공 설립으로 만들어진 '색동 날개'로 나눠진 '그룹 아이덴티티'에 대한 고민도 깔려 있다. 윙의 두 선은 금호와 아시아나항공, 기업과 고객의 만남을 상징한다. 새 CI는 고객과 함께 아름다운 미래로 비상하는 아름다운 기업이 되겠다는 의지를 형상화한 것이며, 항공기의 견고한 正子 형태의 로고 타입은 기존에 확립된 브랜드 자산 가치를 연상시킴으로써 신뢰의 이미지를 갖는 데 기반적 역할을 하고 있다.

대한항공의 출범 당시 마크는 창공을 상징하는 원 안에 평화와 안녕을 상징하는 고니

▲ 아시아나항공 로고 및 항공기 외장

가 그려져 있었다. 고니는 비행기의 형상을 하고 있을 뿐 아니라 국민들에게 안전과 평화의 이미지를 전달하였다. 현재의 대한항공 마크, 로고 타입 및 항공기 외장의 변경은 민항 10주년이 되던 해인 1979년 5월부터 검토되었다. 처음에는 프랑스의 유명한 항공기 외장 전문회사인 에카(ECA2)로부터 새로운 안을 접수, 검토했으나 채택되지 못했다. 그 후 대한항공은 1983년 미국의 보잉사와 함께 항공기 외장안 및 마크, 로고 타입의 변경을 협의하였고 수차례에 걸친 수정과 보완을 거쳐 1987년 6월 20일 아래의 태극 마크를 사용하기로 결정, 공표하였다. 국적기로서의 이미지를 강렬하게 부각시키기 위해 음양 원리를 바탕으로 하는 태극 문양을 응용하여 적색과 청색을 조화시킴으로써 다이내믹한 힘을 표현하도록 했다. 아울러 적색과 청색 사이의 흰색은 프로펠러의 회전 이미지를 형상화한 것으로 엔진의 강력한 추진력과 무한한 창공에 도전하는 의지를 형상화 했다. 또한 항공기 외장의 기조색인 담청색은 무궁한 미래와 창공을 상징하며, 기조색을 받치고 있는 중앙부의 은백색 선은 항공기 하부 동체의 백색과 더불어 무궁한 발전과 실현의 의지를 상징했고, 마크와 함께 새로 개발된 영문 로고타입은 시각적 효과와 전달효과를 극대화시키기위해 'KOREAN AIRLINES'을 줄여 'KOREAN AIR'만 표기하도록 했는데, 동일 면적상에서 가장 크고 뚜렷이 보일 수 있도록 굵고 곧은 글자체를 사용함으로써 힘차고 강한 이미지를 나타내도록 했다. 그 당시 새로운 외장으로 도색된 항공기가 외국 항공기와 나란히 김포공항에 계류해 있는 것을 본 사람들은 많은 항공기들 중에서도 가장 선명하게 보이는 대한항공의 태극 마크에 찬사를 보냈다. 기존의 고니 마크는 국적기 항공사를 상징하기

▲ 대한항공 항공기 외장

에는 부족한 점이 없지 않았으나 한국을 상징하는 새로운 태극 마크를 채택함으로써 사람들은 누구나 국적기 항공사를 떠올리게 되었다.

▲ 진에어 항공기 외장

대한항공이 설립한 진에어는 처음, 에어코리아로 이름이 정해졌으나 CI 작업을 거치면서 사명을 바꾸고 파격적인 항공기 색상과 객실 승무원의 유니폼을 도입했다. 형광 배경에 파란색과 보라색 나비 날개가 그려진 진에어 로고는 나비처럼 자유롭게 날아다니며 여행을 즐긴다는 의미를 담고 있다. 또한 에어부산의 CI는 바다의 물결과 하나 되어 힘차게 날갯짓하는 모습의 역동적인 갈매기 심벌로, 부산의 바다, 갈매기, 하늘 세 가지를 조합하여 하나의 이미지 요소로 표현하였으며 부산을 상징하는 갈매기 심벌과 BUSAN이 강조된 워드 마크의 조화로 고객의 기대에 부응하는 에어부산의 글로벌 도약 의지와 희망을 표현하였다.

▲ 에어부산 항공기 외장

과거에는 항공사의 이름과 로고가 항공기 외장의 전부였지만, 요즘에는 화려한 색상과 다채로운 디자인으로 고객의 눈길을 끌고 있다. 항공기 외장 디자인은 항공사의 홍보 효과와 더불어 승객들의 관심을 유발해 고객 만족을 위한 성공적인 마케팅 방법으로 사용되고 있다. 2006년 독일 월드컵 기념을 위해 전면에 축구공을 그려 넣은 독일 항공사 루프트한자

▲ 홍보용 항공기 외장 디자인

▲ 스카이 팀 제1회 항공기 외장 디자인 경영 대회 대상 수상 작품

A320, 2006년 독일 월드컵 응원을 위해 우리 태극전사를 그려 넣은 아시아나 B-747, 2002년 한일 월드컵의 응원을 위한 대한항공 B747-400 등 월드컵을 기념하는 외장 도색뿐 아니라 여러 가지 도색 기법을 통하여 단순한 탈것에서 효과적인 홍보 매체로 탈바꿈하였다.

한편, 항공사 동맹체인 스카이팀은 2008년 제1회 항공기 외장 디자인 공모전을 통해 5팀을 선발하였다. 대한항공은 보잉 787 항공기를 2016년부터 10대를 들여와 비행에 나설 예정이다. 차세대 '꿈의 항공기'로 불리는 보잉 787기의 외장은 가벼운 소재로 만들어져 연료 양을 20% 줄일 수 있고, 승객들은 쾌적한 실내 공기도 즐길 수 있다.

2) 항공기 객실 내부 구조

항공기의 기체는 보통 주날개(MAINWING), 동체(FUSELAGE), 꼬리날개(TAILWING)의 세 부분으로 구성되어 있으며, 승객이 탑승하는 항공기의 기내를 캐빈(Cabin) 혹은 객실 이라고 한다. 각 항공사로 보급된 항공기는 에어버스사와 보잉사에서 제작된 것이 대부분이다. 항공기의 실제적인 내부구조와 시설은 큰 차이가 없으나, 항공기의 크기에 따라 비상시 사용하게 되는 비상구(Exit Door)와 비상구 사이로 구분하여 Class와 구역(Zone)으로 나누며, 항공기는 대·중·소형기로 구분할 수 있다.

(1) 대형기

대형기는 일반적으로 꿈의 비행기라 불리는 A380과 B747, B777-300 등의 항공기를 말한다. 보통의 대형기는 경유 없이 10시간 이상의 장거리 비행이 가능하며, 300~800명의 승객 탑승이 가능한 비행기로 통상 A, B, C, D, E의 5개 Zone으로 구분되며 Main Deck 전면과 Upper Deck은 주로 상위클래스로 운영된다. 객실에는 화장실, 선반, 벽장, 승객 좌석, 승무원 좌석, 주방, 비상구로 구성되어 있으며 기종별로 위치는 상이하다.

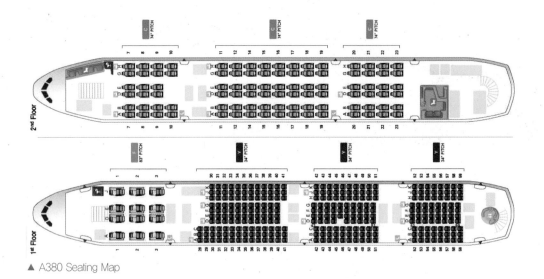

▲ A380 Seating Map

(2) 중형기

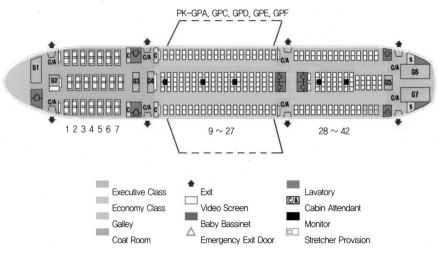

▲ A330-341(Garuda Indonesia)

중형기는 A300-600, A330, A777-200 등의 항공기로 대형기와는 달리 5시간 이상 10시간 미만의 중거리 노선에 주로 취항하며, 200~300명 정도의 승객이 탑승한다. 객실은 A, B, C, D Zone으로 구성되어 있으며, 항공기 특성상 퍼스트 클래스가 운영되지 않는 경우가 많으며 승객이 많은 국내선에서도 운영된다.

(3) 소형기

소형기는 B737과 F100 등 기타 소형 항공기를 의미한다. 특히, B737 같은 경우 베스트셀러 비행기로도 유명한데 이는 5시간 미만의 중거리 노선 및 국내선 등 그 활용도가 높은 것이 이유라 할 수 있다. 소형기의 경우 100~200명의 승객을 운송할 수 있으며, 작은 비행기의 특성을 고려하여 상위 클래스의 운영이 어려운 경우가 많다. 객실의 구역은 Forward(FWD)와 After(AFT)로 구분된다.

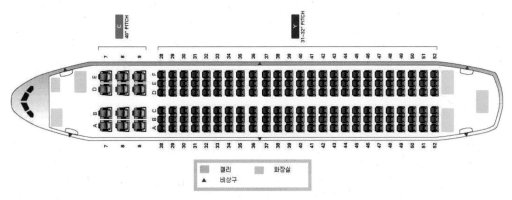

▲ B737-800(Korean Air)

3) 항공기 좌석 등급과 좌석

(1) 항공기 좌석 등급

항공기의 좌석 등급은 크게 세 가지로, 일등석(First Class), 이등석(Business Class), 그리고 일반석(Economy Class)으로 구분되고 있으며, 항공사마다 해당 Class의 명칭은 달리하고 있다. 항공사에 따라 Mono Class(단일 등급)로 전 객실을 지정하여 탑승 수속 시간을 절약해 운영하기도 한다. 좌석 등급 구분에 기준이 되는 것은 좌석의 간격과 제공되는 기내식의 질로써 해당 클래스마다 차이를 보이고 있다. 근래에 들어 좌석 간격을 넓혀 제공함으로써 고객 유치에 힘쓰는 항공사가 많아지고 있으며, 최근 A380 기종이 제작, 출시되어 항공사마다 차별화된 좌석과 서비스가 두드러지는 양상이다.

▲ Emirates Airlines B777 First Class

일등석은 항공기의 소음과 요금을 최소화시키기 위하여 객실 전방이나 Upper Deck에 위치하고 있으며, 다른 등급에 비해 좌석 간격이 가장 넓다. 극소수의 승객을 위하여 호화스러움과 편안함을 추구하며 좌석의 수도 8석에서 16석 정도로 제한하고 있는 것이 보편적이다. 이는 넓은 공간 확보로 인해 장거리 여행 시 더욱 안락하게 쉴 수 있는 공간을 제공하고 옆 사람에게 방해받지 않는 독립된 공간을 제공하기 위한 것이다. 현재는 '꿈의 항공기'라 불리는 A380의 도입으로 기존의 방식을 뛰어넘는 편의 시설들(샤워장, 수면침실 등)이 제공되고 있기도 하다.

이등석은 일반적으로 일등석의 다음 구간, 항공기 앞에서 두 번째 Zone이나 2층(Upper Deck)에 위치하며, 항공기의 종류에 따라 몇 개의 Zone이 이등석으로 운영될 것인지 결정되어진다. 보통 그 좌석의 수는 20~60개 정도로 B747 기종의 경우 약 400명이 탑승하게 되는 것을 감안했을 때 소수의 인원에게 특별한 서비스를 제공하고자 마련된 공간이라 할 수 있다. 이등석은 모든 항공사의 마케팅 전략 핵심 Class로서 특색 있는 서비스와 명칭으로 경쟁하며, 승객에게 일반석보다 우수하고 다양한 서비스를 제공하고 있다. 네덜란드 항공사인 KLM은 최초로 일등석을 없애고 이등석만을 운영함으로써 승객들에게 적은 요금으로 일등석과 같은 대우를 받는다는 기분을 주어 좋은 평가를 받고 있다.

일반석은 기종에 따라 좌석의 수가 달라지며, 100명 정도에서 400명까지 탑승이 가능하지만, 현재 도입된 A380 기종의 경우 최대 800명까지 승객이 탑승할 수 있다. 일반석 고객이 더욱 편안하게 여행하기 위해, 최근 항공사들은 신형 기종 및 시설을 도입하였다. 좌석 간 거리를 넓혀 등받이 각도를 좀 더 넓게 조절할 수 있게 하고 발 받침대를 장착하는 등 다양한 혜택으로 안락한 여행이 될 수 있게 노력하고 있다. 특히, 이등석이나 일등석만의 특권처럼 여겨지던 개인용 모니터를 일반석에 도입하는 항공사들이 많아지며 개별적으로 다양한 엔터테인먼트를 이용해 여행의 지루함을 해소할 수 있도록 변모해가고 있다.

▲ Korean Air A380-800 Kosmo Suites

▲ Korean Air B747-400 Kosmo Sleeper

▲ Korean Air B777-300 Sleeper

(2) 항공사별 좌석 등급

❶ 대한항공

대한항공에서는 좌석등급을 '퍼스트 클래스, 프레스티지 클래스, 이코노미 클래스'로 나누어서 운영하고 있다. 일등석에 해당하는 퍼스트 클래스, 이등석에 해당하는 프레스티지 클래스, 일반석에 해당하는 이코노미 클래스로 운영되고 있다.

✈ 퍼스트 클래스

대한항공의 최고 좌석인 일등석 코스모 스위트 좌석은 VIP의 품격에 어울리는 최고의 좌석을 제공하고 있으며, 우드 컬러를 사용하여 자연의 숲에 있는 듯한 느낌을 주고 있다. 좌석 간 간격이 211cm, 좌석 길이 201cm, 좌석 너비 67cm의 넓은 공간으로 기존의 일등석에 비해 좌석 폭이 15cm 이상 넓어졌다. 또한 좌석 등받이와 다리 받침대의 각도를 자유롭게 조절할 수 있고, 23cm 초대형 LCD 모니터와 와이드스크린이 장착되어 있으며 이음새가 없는 원피스 좌석 매트는 침대의 편안함을 제공하며 중앙 및 후면에 스크린을 장착하여 독립된 공간을 제공하는 것이 특징이다. 로스앤젤레스, 시애틀, 애틀랜타, 상파울루, 뉴욕 등 주요 미주 노선과 프랑크푸르트, 프라하, 이스탄불, 두바이를 비롯한 동남아 주요 노선에서 서비스하고 있다.

코쿤 스타일의 일등석인 코스모 슬리퍼 시트는 누에고치(코쿤) 형태의 좌석으로 설계되어 개인의 프라이버시를 지켜주는 독립된 공간에서 아늑함을 느낄 수 있는 것이 특징이다. 개인 전용 공간 확보를 위해 칸막이를 설치하고, 180도 완전 평면이 가능(좌석 길이 211cm)하며, 28.5인치 폭으로 발 다리 받침대 및 허리에 전동식 지지대를 설치하였다.

▲ Korean Air A380-800 Prestige Sleeper

▲ Korean Air B777-300 Prestige Puls

▲ Korean Air A380-800 Prestige

침대형의 일등석 슬리퍼 시트는 최고의 휴식 공간을 제공하기 위해 현재 로스앤젤레스, 뉴욕 등 미국 주요 노선 및 구주 일부 노선 등 장거리 주요 노선에서 서비스 중이다. 180도로 펼쳐지는 완전 평면형 좌석과 17인치 대형 모니터로 즐기는 엔터테인먼트가 특징이다.

✈ 프레스티지 클래스

A380 항공기에 운영되고 있는 프레스티지 슬리퍼 시트는 좌석 간 간격이 188cm, 좌석 너비 56cm인 비즈니스 클래스 좌석으로 15.4인치 LCD 모니터가 장착되어 있으며 좌석은 180도까지 등받침의 조절이 가능하다. 프레스티지 시트는 앞뒤 좌석의 간격이 50인치(1.3미터)로써 유압식 발,다리 받침대 및 허리 지지대를 부착하였고 139도의 좌석 등받이와 조절 가능한 머리 받침대가 설치되어 있다.

프레스티지 플러스 시트는 좌석 간 간격이 152cm, 좌석 너비 55cm인 비즈니스 클래스 좌석으로 10.4인치의 LCD 모니터와 다양한 기내 엔터테인먼트가 특징이다. 또한 프레스티지 시트는 좌석 간 간격이 127cm, 좌석 너비가 51cm로 138도까지 젖히는 등받이가 있으며 6.5인치 LCD 모니터가 장착되어 있는 것이 특징이다.

✈ 이코노미 클레스

일반석 중 A380과 B777-300 기종에 운영되고 있는 New Economy는 기존 좌석에 쿠션을 더욱 보강해 장시간 앉아 있는 데 따른 불편함을 줄여준다. 또한 좌석 뒷면을 얇게 해 뒷사람이 다리를 뻗을 수 있는 공간을 넓혔고 등받이를 뒤로 기울일 경우 방석이 앞으로

▲ Korean Air A380 New Economy

▲ Korean Air B747 Economy

이동하도록 설계해 뒷좌석의 승객에 대한 불편도 줄였다. 좌석 간 간격 86cm, 좌석 너비 46cm와 118도까지 젖히는 등받이가 있다. Economy Class는 8.4인치 LCD 스크린이 장착되어 있는 반면, New Economy는 10.6인치의 LCD 와이드 스크린이 장착되어 있으나 기종에 따라 개인용 모니터가 설치되지 않은 것도 있다.

❷ 아시아나항공

아시아나항공에서는 좌석 등급을 '퍼스트 클래스, 비즈니스 클래스, 트래블 클래스'로 나누어서 운영하고 있다. 일등석에 해당하는 퍼스트 클래스, 이등석에 해당하는 비즈니스 클래스, 일반석에 해당하는 트래블 클래스로 운영되고 있다.

✈ 퍼스트 클래스

아시아나항공의 퍼스트 클래스는 180도 최첨단 침대형 시트와 좌석 간 간격이 83인치인 안락한 좌석을 갖추고 최고급 기내식, 와인이 서비스되는 등 탑승객에게 뛰어난 기내환경을 제공하고 있다.

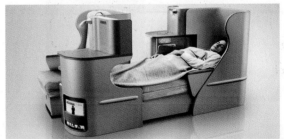

✈ 비즈니스 클래스

'오즈 퀴드라 스마티움'은 아시아나항공 비즈니스 클래스의 신규 브랜드로 '아시아나항공의 4가지 특별한 장점을 가진 비즈니스 클래스'를 의미한다. 국내 최초로 지그재그식 좌석 배열(Staggered Layout) 도입으로 모든 좌석의 손님이 옆자리 승객에 대한 방해 없이 자유로운 입·출입(Direct Access)이 가능해졌으며, 특

▲ Asiana Airline B777-200ER OZ Quadra Smartiuma

히 기존 B777 항공기 32개의 비즈니스 좌석을 24개로 축소해 기존 좌석보다 피치(Pitch: 좌석 앞뒤 간격)가 약 15인치 넓어졌다. 통상 일등석 좌석에만 적용되는 풀 플랫(Full Flat: 좌석이 180도 수평으로 펼쳐지는) 침대형 시트로 구성, 회전형 식사 테이블을 도입했고 식사 도중이라도 언제든지 이동이 가능하도록 설계되었다.

✈ 트래블 클래스

아시아나항공은 일반석 Economy Class의 명칭을 Travel Class(트래블 클래스)로 변경하여 운영하고 있다. 이를 통해 일반석에 '여행의 즐거움을 누릴 수 있는 좌석'이라는 새로운 뜻을 부여하게 되었다. 현재 운영되는 B777 10대 중 5대의 트래블 클래스 및 B767 항공기의 트래블 클래스는 개인형 AVOD가 지원이 되고 있지 않지만, 보다 편리한 여행을 위해 많은 노력을 기울이고 있다.

❸ 싱가포르항공

✈ 퍼스트 클래스

▲ Singapore Airlines First Class

싱가포르항공은 영국 항공 컨설팅 기관인 '스카이트랙스(Skytrax)'가 뽑은 2009년 최고의 퍼스트 클래스 항공사로 선정되었다. 싱가포르항공의 퍼스트 클래스는 완벽한 프라이버시를 보장하고 넓고 안락한 개인 공간을 갖추고 있으며 격조 높은 디자인으로 높은 평가를 받고 있다. 또한 7시간 이상의 야간 비행과 9시간을 초과하는 주간 비행 스케줄로 여행하는 승객들은 싱가포르항공만의 턴다운(turn-down) 서비스를 제공받을 수 있다. 턴다운 서비스란 잠자리에 들 준비가 되었을 때 승무원에게 알려주기만 하면, 승무원이 신속하게 좌석을 침대로 전환하고 부드러운 솜털 매트리스와 이불, 크고 안락한 베개를 제공하는 것을 의미한다.

✈ 비즈니스 클래스

▲ Singapore Airlines Business Class

싱가포르항공은 세계적인 여행 전문지 '콩드 나스트 트래블러(Conde Nast Traveler)'가 선정한 2009년 최고의 태평양 노선 비즈니스 클래스 항공사로 선정됐다. 고객들에게 최고로 인정받은 싱가포르항공의 비즈니스 클래스는 82도로 눕히는 좌석

▲ Emirates Airline Privity Sweet

과 다양한 의자 각도를 연출할 수 있으며, 차별화
된 우수한 디자인으로 설계되어 완벽한 프라이버
시를 보장한다. 넓고 안락한 개인 공간 및 격조 높
은 기내 프로덕트로 고객 개개인에게 최상의 서비
스를 제공하는 것으로 유명하다.

▲ Emirates Airline Business Class

❹ 에미레이트항공

✈ 퍼스트 클래스

에미레이트 항공사에서는 A380 항공기의 도입으
로 퍼스트 클래스인 프라이빗 스위트를 운영하고 있다. 총 14석의 프라이빗 스위트에는
자동문과 미니바, 책상, 옷장, 23인치 와이드 LCD 스크린 등이 마련되어 있으며, 180도로
눕히는 좌석이 있고 마사지 기능을 갖추고 있다. 또한 퍼스트 클래스 이용 고객을 위하여
두 개의 스파 시설을 운영하고 있다. 세계 최초로 시도된 A380기의 기내 샤워 스파는 샤
워 부스, 세면대, 탈의실 및 화장대를 갖추고 있으며 샤워 부스 내에는 15.4인치 LCD 모니
터가 장착되어 있어 실시간으로 기내 상황과 비행 장면을 확인할 수 있다. 또한 바닥에는
열선이 내장되어 있고 헤어드라이기, 전신 거울, 가죽 의자를 비롯하여 향수와 샴푸 등 스
파 제품을 준비하고 있다.

✈ 비즈니스 클래스

2-4-2 구조의 비즈니스 클래스 좌석 배열은 특별히 고안된 디자인으로 모든 좌석에 복
도 통로가 있어서 다른 승객에게 폐를 끼치지 않고 편한 여행이 가능하다는 것이 큰 장점

이다. 비즈니스 클래스 역시 개인 미니바와 프라이버시를 위한 좌석 간 전동 스크린을 갖추고 있으며 180도로 젖히는 좌석에 17인치 스크린을 장착하고 있다.

4) 항공기 객실 내부 시설

객실 내부를 구성하고 있는 주요 시설은 승객 좌석(Passenger Seat)과 승무원 좌석(Attendant Seat), 주방(Galley), 통신 시스템(Communication & Calls System), 화장실(Lavatory), 항공기 도어(Door)로 나누어 살펴볼 수 있다. 같은 Boeing사와 Air Bus사에서 항공기를 도입했다고 하더라도 항공사에 의해 주문 제작되기 때문에 항공기 실제 내부 구조는 항공사마다 다를 수 있다.

(1) Passenger Seat

승객 좌석은 열의 형태로 배치되어 있으며 한 열의 좌석은 왼쪽 창 측으로부터 오른쪽 창 측까지 놓여진다. 각 열은 좌석(Seat)으로 구성되어 있고, 좌석의 열은 번호로 지정되어 있으며 각 좌석은 영문 알파벳으로 지정되어 있다. 좌석 커버는 천으로 되어 있고 모든 커버는 불연 재질 또는 불연 가공으로 되어 있다. 좌석의 구성요소는 Armrest, Footrest, Seat back, Tray Table, Seat Pocket, Seat Restraint Bar로 구성된다.

알아볼까요?

Passenger Seat의 구성요소

▶ Armrest 좌석을 뒤로 젖힐 수 있는 조절 버튼이 있고 종류에 따라서는 음악 및 독서등 조절 스위치, 승무원 호출 버튼이 있다.

▶ Footrest 일등석과 비즈니스 좌석에 설치되어 있으며 신형 장거리용 항공기의 일반석에도 장착되어 있다.(조절장치는 Armrest에 장착 되어 있다.)

▶ Seat Back 좌석 등받이의 조절장치는 Armrest에 있으며 모든 좌석의 등받이는 바로 세운 상태로 고정 가능하고 대부분 뒤로 기울일 수 있다.

▶ Tray Table 대부분 좌석 등받이에 있으며 아래로 내려서 사용하고 사용하지 않을 때는 'Twist Lock'을 이용해서 고정시킨다. (일등석과 비즈니스 좌석은 Armrest에 장착)

▶ Seat Pocket 좌석 등받이에 부착되어 있으며 Safety Instruction Card, 기내 잡지, 기타 인쇄물 등이 들어 있다.

▶ Seat Restraint Bar 좌석의 발 부분에 설치되어 있으며 좌석 밑에 놓인 휴대 수하물을 고정시키기 위한 장치로, 좌석의 전방과 옆면에 설치되어 있다.

승객이 비행시 사용하게 되는 좌석에는 여행을 편안하고 즐겁게 만드는 여러 가지 기능이 갖추어져 있다. 비행시 안전을 지켜주는 Seat Belt, 좌석벨트, 금연 표시등, Folding Table, Passenger Control Unit(P.C.U), 개인용 모니터 등이다. P.C.U에는 독서등과 승무원 호출 버튼이 있고, 클래스에 따라 개인용 모니터의 채널을 조절할 수 있는 버튼이 있다. 이외에도 산소마스크가 내장되어 있고 기내 감압현상이 발생했을 때 자동적으로 내려오도록 되어 있으며, 마스크를 잡아 당겨 코와 입에 대면 자동적으로 산소를 공급하도록 되어 있다.

또한 좌석 등받이의 각도를 조절할 수 있는 버튼이 있으며, 젖히는 최대한의 각도는 항공기의 클래스별로 상이하다. 좌석 하단에는 비상 착수 시에 사용할 수 있는 Life Vest가 장착되어 있고, 유아용 Life Vest는 항공기의 지정된 곳에 있다. 일반 좌석에서 상위 클래스로 올라갈수록 좌석 간격과 폭은 더욱 넓어져서 개인의 프라이버시를 위한 공간이 확보된다.

▲ Asiana Airline A321

❶ 개인용 모니터

비행 중 승객이 원하는 다양한 오락 프로그램(영화, 에어쇼, 게임, 항공 관련 정보)을 개인용 텔레비전(Personal TV)을 통해 즐김으로써 즐거운 여행을 할 수 있도록 도와준다. 개인용 모니터는 현재 전 클래스에 장착된 것은 아니지만 개인용 모니터의 장착이 확대되는 추세이며, 최대 60여 편의 영화를 원할 때 볼 수 있는 시스템을 갖춘 항공기도 있다. 클래스에 따라 모니터의 크기는 차이가 있으며 장착 위치도 클래스별로 상이하다.

▲ A380 개인용 모니터의 PDF 파일 Reader 기능

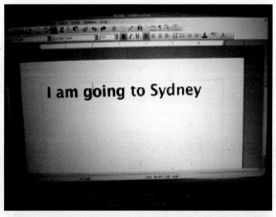
I am going to Sydney
▲ A380 개인용 모니터 워드기

최근 주문형 오디오 비디오(AVOD) 시스템의 업그레이드를 위한 항공사의 차별화된 노

력이 이루어지고 있다. 이는 장시간 여행 시 좌석 간격이 좁아 불편할 수 있는 이코노미 클래스의 단점 보완을 위한 노력으로, 대한항공은 최신형 항공기인 A380의 AVOD의 경우 종전보다 5.6㎝ 확대된 26.9㎝ 모니터를 사용해 엔터테인먼트 기능을 보강하였고, 영화 60편, 단편물 60편, 음악 CD 300장, 게임 40여종을 비롯해 항공기 외부 전경 감상 서비스, 오디오 북 등의 콘텐츠를 제공한다. 또한 대용량기억장치(USB) 포트를 마련해 고객들이 직접 가져온 콘텐츠를 감상할 수도 있다.

또한 실용 항공기에 장착되지 않은 개인용 모니터(AVOD)를 보완하기 위하여 진에어는 소니컴퓨터엔터테인먼트코리아 측과 공동 마케팅을 실시하여 기내에서 PSP를 제공하여 승객들이 비행시간 동안 게임 등의 콘텐츠를 즐길 수 있도록 하고 있다.

❷ P.C.U (Passenger Control Unit)

비행 중에 승객이 좌석에 앉아서 이용할 수 있는 기내 편의 시설 조정 장치로, 보통 팔걸이에 부착되어 있다. P.C.U를 통해 좌석에서 각종 기능들을 제어할 수 있다. 기종과 클래스별로 P.C.U의 위치와 기능은 차이가 있지만, 보통 오디오를 감상할 수 있는 버튼, 헤드폰 콘센트, 승무원 호출 버튼, 좌석 Reclining Button, 독서등을 작동할 수 있는 버튼이 포함되어 있다. 머리 위 Overhead Bin 아래의 P.C.U에는 감압 현상 시 자동으로 내려오는 산소마스크가 내장되어 있고 승무원 호출 버튼을 눌렀을 때 불이 들어오는 Attendant Call Light와 좌석 벨트와 금연을 알리는 Instruction Sign이 있다.

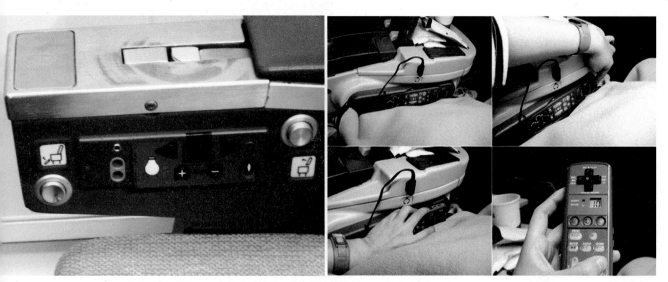

▲ Passenger Control Unit on the Armrest

❸ 기내 전화

기내 전화는 통신위성을 이용하여 세계의 어느 곳과도 연결이 가능한 위성 전화이다. 하지만 이용료가 비싸고 일부지역에 따라서는 접속 상태가 매끄럽지 못한 결점도 있다. 이러한 결점에도 불구하고 고객들의 시대적 요구에 따라 비즈니스 용도로 많이 이용되고 있다. 보통 P.C.U와 함께 각 좌석에 부착되어 있거나, 각 Zone의 정해진 위치에 부착되어 있고 사용료는 신용카드를 이용하여 결제된다.

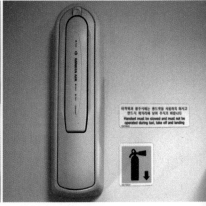

▲ 기내 전화

지상에서 공중으로 비행 중인 항공기로의 송신은 기계적으로는 가능하나, 항공기 안전운항을 위한 정부의 허가 사항으로 현재는 불가능하다.

(2) Attendant Station

Attendant Station은 승무원들이 이용하는 공간을 의미하며, 안전한 이착륙을 위해 앉을 수 있는 승무원 좌석(Jump Seat)과 장거리 비행 중 휴식을 취할 수 있는 Crew Rest Room(Bunk), 비행 전반에 관한 사항들을 승무원들이 작동할 수 있는 Control System Panel 등이 집중되어 있는 Door Side 공간을 의미한다.

❶ Jump Seat

Jump Seat은 앉았다가 일어서면 의자 밑받침이 재빨리 일어선다고 하여 붙여진 승무원 전용 좌석을 의미한다. 승객 좌석과는 달리 비상시 비상구 이용을 원활하게 하기 위해 저

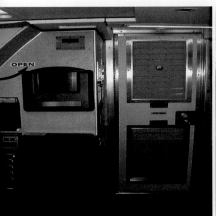

▲ Jump Seat

절로 접히는 형태를 취하고 있으며 Zone마다 고르게 분포되어 있다. 앉아 있을 때도 승객의 안전에 유의해야 하므로 승객이 보이는 방향으로 제작되어 있다. Jump Seat 주변에는 여러 가지 비상장비들이 있다. Jump Seat의 위치에 따라 비상 장비의 종류는 다르지만 승무원의 안전을 위한 Seat Belt에는 X 형태의 어깨 벨트(Shoulder Harness)와 좌석 벨트(Waist Belt), 플래시 라이트(Flash Light), 구명복(Life Vest), 산소마스크(O_2 Bottle), Fire Extinguisher, P.B.E, 인터폰 등의 비상 보안 장비들이 장착되어 있다. 항공기 전방의 사무장(Duty Purser)/캐빈 매니저의 Station에는 객실 설비를 일괄적으로 제어할 수 있는 Cabin Control Main Panel(Attendant Panel) 등이 있다. 또한 Jump Seat은 1인용 및 2인용으로 나누어지며 2인용에 착석할 때는 외부에 시니어(Senior) 승무원이, 안쪽에는 주니어(Junior) 승무원이 착석하도록 규정되어 있다.

알아볼까요?

Attendant Panel이란

Cabin에 제공되는 전기, 통신, 조명, 온도, 급수 등 관련 시스템을 제어할 수 있는 장치로써 소형기의 경우는 L1 Door에서 전 Cabin을 통제할 수 있도록 설치되어 있고, 대형기에서는 기능과 Station 별로 설치되어 있다.

▶ Interphone 승무원 상호간에 통화를 위한 장비
▶ Public Address 기내 방송 기능
▶ Cabin Light 객실 조명 조절 기능(On/Off, Dim, Bright)
▶ Cabin Music 기내 음악 선곡 및 음량 조절 기능
▶ Pre-Recorded Announcement 녹음된 기내방송 작동 기능
▶ Evacuation Alarm 비상 탈출 신호 작동 기능

Jump Seat 위 Attendant Panel ▶

❷ Crew Rest Room (Bunk)

장거리 비행시 첫 번째 식사 서비스가 끝나고 승객들이 휴식을 취하며 영화를 감상하는 시점에 승무원들은 2개조로 나뉘어 휴식을 취한다. 휴식 때 사용되는 공간을 Crew Rest Room, 즉 Bunk라고 한다. 항공기의 구조에 따라 그 위치는 상이하지만 주로 항공기 객실 뒤편에 있거나 지하에 있다. Crew Rest Room에는 승무원들이 누워 쉴 수 있는 2층 침대와

▲ Boeing 747-400 Crew Rest Room

▲ Boeing 777-200 Rest Room

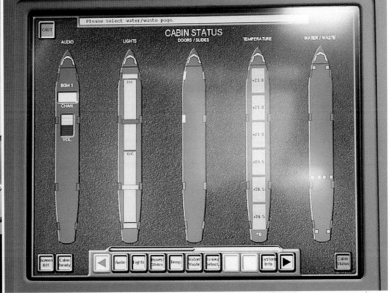

▲ Control System

개별 독서등, Interphone, 각종 비상장비들이 장착되어 있다.

❸ Control System

항공기 내에서 제공되는 비디오, 음향 등, 기내의 System을 총괄적으로 제어할 수 있는 장치를 의미한다. Control System의 위치는 일반적으로 객실 사무장/캐빈 매니저 좌석 옆이나 항공기 앞부분에 설치되어 있다. Air Show 및 기내 온도, 객실 조명 등을 제어하는 패널도 항공기별로 정해진 위치에 설치되어 있다. 일반적으로 Control System의 작동은 객실 사무장/캐빈 매니저나 Senior 승무원들이 하지만, 비상시를 대비하여 일반 승무원들도 조작 시점과 내용을 숙지해 두는 것이 필요하다. 비행 준비 시 Control System이 잘 작동하는지 사전 점검하여 승객들이 불편을 겪지 않도록 준비해야 한다. 비행 중 승객이 불편을 느끼지 않도록 적정 기내 온도를 항시 점검해야 하며, 영화 상영 시나 서비스 시작 시에는 조명을 조절하여 상황에 맞는 조명 상태가 될 수 있도록 하고, 전체 화면으로 나가고 있는 Air Show나 영화를 수시로 점검해야 한다.

(3) Galley

Galley는 승객의 식음료를 준비하고 각종 비행 용품을 보관하는 공간으로 주방의 역할을 하는 작업 공간이다. Galley는 일반 장비(Galley Equipment), 보관 공간(Stowage Space), 작동 패널(Control Panel)로 구성된다. 일반 장비로는 승객의 식사 조리 시 사용되는 Oven, 냉장고, Coffee Maker, Warmer, Micro Wave, Hot Jug & Cup, Water Boiler 등이 있으며, 보관 공간으로는 각종 Cart 및 Carrier Compartment가 들어가는 공간 등이 있다. 작동 패널로는 기내의 온도, 조명, Oven 및 냉장고, Warmer 등을 조절할 수 있는 장치를 말한다.

Galley에는 최상의 식음료 서비스를 위해 음식을 상하지 않게 보관하는 Chilling 기능이 있고 뜨거운 식사와 커피, 차를 준비할 수 있는 Oven, Coffee Maker, Water Boiler, Hot Jug & Cup 등이 설치되어 있다. 이외에도 기종에 따라서 냉장고가 있으며 Compartment가 장착되어 있다. 기종에 따라 Main Deck과 Upper Deck을 연결하는 엘리베이터나 쓰레기 배출 공간을 줄이기 위한 Trash Compactor가 장착되어 있기도 하다.

▲ Cart를 Open한 모습

▲ Galley

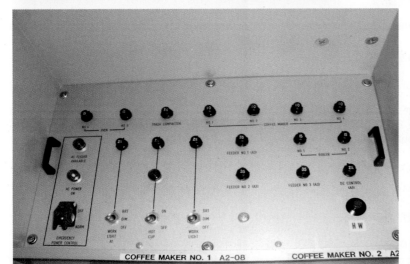

▲ Galley Control Panel

Galley 내의 Cart를 Locking하는 모습 ▶

기종에 따라 Galley의 구성은 다르지만, 클래스와 Zone에 따라 독립된 Galley가 있어서 서비스 절차에 따라 단독적으로 서비스 준비를 할 수 있다. 또한 비행 중 기체요동에도 안전하게 수납되어야 하므로 잠금장치(Locking)가 각각의 Compartment와 Cart에 설치되어 있다.

Heat Mechanics(가열 장비)	Cooling Mechanics(냉장 장비)
OVEN, WATER BOILER	AIR CHILLER
COFFEE MAKER	REFRIGERATOR
HOT CUP, HOT JUG	

❶ 기내 냉장고(Refrigerator)

기내 냉장고는 모든 기종의 항공기에 장착되는 것은 아니며 공간이 협소하여 모든 식사나 음료를 보관하기는 어렵다. 서비스 시점과 양을 고려하여 Item을 보관하되, 차갑게 서비스 되어야 하는 음료들과 냉장이 꼭 필요한 음식의 보관에만 이용된다. 식사 서비스 시 제공되어야 할 음식들은 기내 냉장고 외 Chilling 기능이 있는 보관 장소에 넣어 놓고 스위치를 켜게 되면 차가운 바람이 나와 상하지 않게 보관할 수 있다.

▲ 기내 냉장고

❷ Oven과 전자레인지(Micro Wave)

Oven은 승객에게 제공되는 Meal의 가열 처리를 위한 장비로 폐쇄 공간 내 고열강제 순환방식이다. 내용물을 넣는 Oven Deck과 온도 및 시간을 조절하는 Control Switch Panel로 구성되어 있다. 기내식은 미리 조리된 상태의 음식을 냉동하여 기내에 탑재되므로 제공될 때는 적정한 시점에 Oven을 이용하여 재가열하고 따뜻한 최상의 기내식으로 승객에게 제공되어야 한다. Oven을 이용할 때는 Heating 하는 내용물이 무엇인지 반드시 살핀 후 적정한 온도와 시간으로 가열하고, 그에 대한 규정을 준수하여야 한다.

▲ Micro Wave(전자레인지)

전자레인지(Micro Wave)는 보통 상위 클래스에만 장착되어져 있으며 Oven보다 단시간 내에 조리되어야 하거나 우유와 같은 것을 따뜻하게 하는 데 사용된다. Oven이나 Micro Wave 같은 경우 사용하지 않을 때는 반드시 Close & Lock을 하여야 하며 착륙 전에는 반드시 전원을 Off시키도록 한다.

▲ Oven

알아볼까요?

Oven 사용 시 유의사항

▶ 사용 전에 화재 예방을 위해 오븐 내의 이물질 잔류 여부를 반드시 확인해야 한다.

▶ 반드시 석면 장갑을 사용하고 화상에 유의한다.

▶ 작동 중 반드시 Oven Door Close 여부를 확인한다.

▶ Oven Door Open 전, Oven 내의 잔열을 반드시 확인한다.

❸ Compartment

▲ Compartment

Compartment는 Service Item 보관을 위한 공간이다. 기내에서 서비스되는 모든 것들은 지상에서 노선에 맞게 준비되어 탑재되므로, 지상에서 준비된 Cart나 Carrier Box가 탑재되어질 수 있는 공간이 필요하다. 일반적으로 항공기 내 모든 Item은 위치가 정해져서 탑재되기 때문에 사용 후에는 제자리에 놓아야 한다. 또한 비행기의 갑작스러운 요동으로 Compartment 내의 물건이 떨어질 우려가 있으므로 사용 시에만 열어서 사용하고 평상시와 이착륙 시에는 고정 상태와 Locking 상태를 필히 확인하여야 한다.

❹ 쓰레기통

▲ 일반적인 쓰레기통

▲ 압축기가 장착이 된 쓰레기통

일반적으로 쓰레기통은 Galley와 화장실에 있다. 장시간 비행에서 많은 양의 쓰레기가 나오기 때문에 모든 플라스틱 컵은 비워서 겹쳐 넣고 Can과 같은 것은 빈 Compartment 같은 곳에 보관하여 공간 확보에 유의하여야 한다. 쓰레기통에는 사용하지 않을 경우 Close 상태를 유지할 수 있는 스프링 타입의 뚜껑이 부착되어 있다. 최신 기종의 경우에는 쓰레기를 압축할 수 있는 시스템을 갖춘 Trash Compactor가 부착되어 있다.

❺ Coffee Maker & Water Boiler

Coffee Maker는 Brewed Coffee를 얻기 위한 장비로써 Grind Coffee의 여과 방식에 따라 Can을 사용하는 Inventum Type과 Pillow Pack을 사용하는 Grimes Type으로 구분할 수 있다. 보통 대형기에는 10~15개의 Coffee Maker가 설치되어 있다. 기내에 설치된 Coffee Maker는 주로 원두 Coffee Pack을 넣고 버튼을 눌러 Brew시키는 형태인 Grimes Type으로, 밑판에 전기 보온 장치가 있어서 Brew된 커피를 따뜻하게 보관할 수 있다. 하지만 시간이 오래 지나면 커피의 향 역시 변하기 때문에 커피 서비스 시작 전에 Brew하여 커피의 그윽한 향을 느낄 수 있게 서비스해야 한다. 최근 에스프레소, 카푸치노와 같은 커피 전문점에서나 즐길 수 있는 다양한 커피를 항공기 내에서도 서비스할 수 있도록 Coffee Machine이 장착되어 있기도 하다. 유나이티드항공은 모든 클래스에서 스타벅스 커피를

▲ Coffee Maker

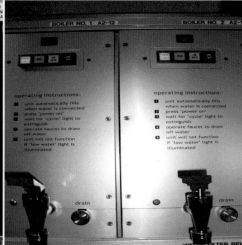

▲ Water Boiler

제공하고 있다.

또한 기내에서는 여러 가지 티백을 우려내 차 서비스를 하기 위한 Water Boiler가 설치되어 있다.

Water Boiler는 전기적인 가열에 의해 Hot Water를 얻을 수 있는 장치로써 내장된 Water Heater에 의해 가열 공급되는 Hot Water Faucet과 Cold Water Faucet으로 구분되어 공급된다. Water Boiler의 물 저장 능력은 약 4~5리터이며 물이 사용되면

▲ Coffee Maker에서 Coffee Pot를 빼는 모습

자동적으로 채워지는 시스템이다. Water Boiler 사용 시에는 반드시 꼭지를 틀어 기포 없이 물이 나올 때까지 물을 빼내는 Air Bleeding을 실시하여 사용해야 한다. Air Bleeding을 실시하지 않고 뜨거운 물을 받을 경우 기포가 빠져나오는 소리가 나며, 동시에 손에 뜨거운 물이 튀어 화상을 입을 수도 있다.

최근에는 Coffee Maker와 Water Boiler가 통합된 형태를 사용하기도 한다.

알아볼까요?

Grimes Coffee Maker 사용법

1. Brew Handle을 들어 올린다.
2. Pack Holder에 Coffee Pack을 넣고 Coffee Pot을 Hot Plate에 올려 놓은 상태에서 Handle을 아래로 내린다.
3. Power/Brew/Warmer Switch를 차례로 누른다.(3분 정도 경과 후 수온이 91도가 되면 자동적으로 Coffee Brew가 시작되고 Pot내 Coffee의 양이 일정량에 도달하면 자체 센서에 의해 Brew가 중단된다.)

▲ Hot Cup

❻ Hot Cup & Hot Jug

Hot Cup은 Galley에 설치된 장치에 접속하여 용기 내의 전자 장치에 의해 내용물(라면 등)을 끓이는 장치로써 외양은 기종에 따라 차이가 있지만 사용 방법은 동일하다.

Hot Jug은 온음료의 장시간 보관을 위한 보온 장비로써, Hot Water의 확보가 불가능한 항공기에서 주로 사용한다.

▲ Hot Jug

(4) Communication & Call Systems

기내에서 근무하는 승무원들이 각자의 구역에서 서비스를 하다 보면 다른 구역으로의 호출, 사무장/캐빈 매니저의 해당 구역 승무원 호출, 기장의 전체 승무원 호출 등 많은 일들을 경험하게 된다. 이때 필요한 장비가 기내통신시스템(Communication & Calls System)이다. 기내통신시스템으로는 비상사태 시 위험을 알리는 Evacuation Command Switch, 승무원 간의 호출 시 사용하게 되는 Interphone, 기내 방송으로 전체 승객에게 정보를 전할 때 사용되는 PA(Public Announcement), 승객이 좌석 또는 화장실에서 승무원의 도움을 요청 할 때 누를 수 있는 Passenger Call Button이 이에 해당된다. PA 시스템과 Interphone 시스템은 따로 분리되어 있지 않고, 기종별로 사용법이 다르다.

❶ Evacuation Command Switch

Evacuation Command Switch는 조종실과 Cabin Attendant Station에 하나씩 장착되어 있다. 조종사와 객실 승무원 간의 비상사태 시 사용하는 Communication System으로 Switch를 누르게 되면 Cockpit과 전 객실에 경보음이 울려 위험 상황을 알리게 되며, Horn Shut Off Switch를 눌러야 경보음이 해제된다.

   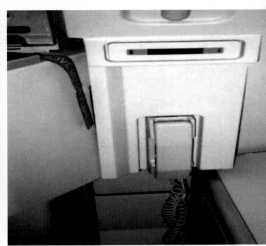

▲ Communication & Calls system　　▲ Cathay Pacific A330 Crew Interphone

❷ Interphone 시스템

객실 내의 승무원 간 의사소통을 위한 시스템이 Interphone이다. 작동 방법은 기종별로 약간의 차이가 있다. 인터폰을 통하여 소통되는 내용은 객실 승객에게는 들리지 않으며, Call을 하고 싶은 Station을 누르면 해당 Station에서는 Call을 알리는 Chim과 Call Light(Pink)가 켜진다. Interphone의 종류로는 객실 내의 긴급한 상황이 발생한 경우 운항 승무원에게 알리기 위해 사용되는 Pilot Alert Call, 객실 승무원과 운항 승무원 간의 일반적인 Pilot Call, 모든 Station의 승무원과 연락을 위한 All Call, 원하는 Station으로 연락을 위한 Station to Station이 있다.

❸ P.A System

P.A System(Public Announcement System)은 전체 승객에게 비행에 관련된 정보를 제공하는 중요한 역할을 하는 장치이다. 따라서 객실 승무원은 승객 탑승 전 비상 장비와 기내 장비 Check 시에 P.A System이 정상적으로 작동하는지 여부를 파악하고 비행에 임해야 한다.

P.A System의 작동 방법은 항공기의 종류에 따라 다소 차이가 있다. 일반적으로 PPT(Puch To Talk) 버튼을 누르면 객실 전체에 방송이 되는 시스템과 PA라는 버튼을 누르는 시스템으로 구분될 수 있다. P.A System이 설치되어 있는 장치를 들고 모든 승무원이 한꺼번에 방송을 할 경우, 우선 순위에 의해 방송된다. 첫 번째 우선순위는 Cockpit으로부터의 P.A, 두 번째는 객실로부터의 P.A, 세 번째는 Prerecorded Announcements. 네 번째는 Video 시스템의 Audio, 마지막으로 Boarding Music의 순서이다. 예를 들어, 승객

▲ P.A TEST

Boarding 시에 Boarding Music이 흘러나오고 있는데 객실 사무장과 Cockpit의 운항 승무원이 동시에 P.A를 할 경우, 객실에는 Cockpit의 운항 승무원의 P.A만 들리게 된다. 또한 승객이 기내에서 배포된 헤드폰을 착용하여 영화나 게임을 하는 중일 경우, 영화와 게임의 소리가 중단되고 P.A가 들리게 된다.

A380의 경우 모든 Jump seat 주변에 AIP(Additional indicator panel)가 설치되어 비정상 상황인 경우 붉은 색을 표시해 작동 여부 상태를 알 수 있다.

(5) Lavatory

승객의 편의를 위해 항공기 전체에 고르게 분포하여 설치되어 있으며, 항공사와 항공기종별로 크게 차이가 있지는 않다. 여성들이 유아용 기저귀를 교환할 때 편리할 수 있도록 테이블을 설치한 화장실, 장애인용 편의 시설이 보강된 화장실도 있다.

기본적으로 화장실에는 거울, 비누, 좌변기, 세면기 등의 시설을 갖추고 있으며 안전을 위하여 연기를 감지하는 Smoke Detector, 비상시 승무원의 도움을 요청할 수 있는 Attendant Call Button이 있다. 여성이 전용으로 사용하는 화장실에는 비행시 사용할 수 있는 화장품과 클렌징 티슈(Clensing Tissue), 워터 스프레이(Water Spray) 등을 탑재하고 남

▲ Attendant Call in Lavatory

▲ A380 Window Lavatory

▲ Lavatory Door Open

성용 화장실에도 애프터 쉐이브(After Shave)와 밤(Barm)을 탑재하여 서비스한다. 또한 식사 후 양치를 할 수 있도록 치약과 칫솔이 준비된다.

최근에는 몇몇 항공사의 마케팅 전략으로 초호화 화장실이 일등석에 설치되기도 한다. 신형 항공기의 경우 일등석에 스파 시설을 갖춘 화장실이 등장하기도 하였다. 또한 화장실에서 밖을 볼 수 있는 창문을 설치하기도 하였다. 첨단 기종일수록 Flushing 방식의 Vacuum을 Type화하여 기능성을 높이고 있다. Lavatory에는 Cabin 내 폐쇄 공간의 화재 취약성을 보완하기

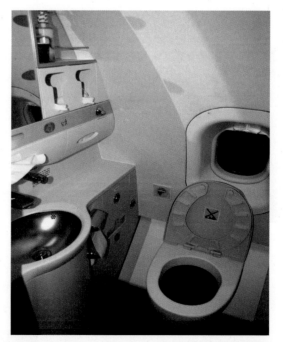

▲ Lavatory

위해 자동작동 화재 진압 장비가 장착되어 있다. Lavatory 내의 누수 현상 발생 시 물 공급을 차단시키기 위해 변기 아랫부분에 Water Shut-Off Valve가 설치되어 있다.

❶ Indicator

다른 승객이 사용 중일 경우 Indicator에는 'Occupied'가 표시되고, 사용 가능할 경우 'Vacant'라는 표시를 나타내어 화장실 이용 시점을 알 수 있다. 신규 기종인 경우에는 승객들이 좌석에 앉아 화장실 사용 가능 여부를 알 수 있는 안내판이 설치되어 있다.

▲ Lavatory Indicator

❷ 세면대

　　　냉·온수로 구별하여 사용할 수 있게 되어 있다. 승무원은 수시로 화장실을 점검하여 부족한 물품이 없는지 확인하고 부족한 물품을 채워놓아야 하며, 화장실에 환자가 발생하지 않았는지도 확인해야 한다. 특히, 화장실 점검 시 세면대 및 변기 주변을 청결하게 유지하도록 노력해야 한다. 화장실 점검 중 고장이 발견되면 고장을 알리는 Tag을 붙여서 승객이 사용하지 못하도록 알려야 한다. 세면대 옆에는 스킨과 로션, 빗, 칫솔 등이 있다.

▲ 세면대

❸ 화장실 변기

화장실 변기의 오물 처리 방법은 공기 흡입식(Vacuum Type)과 수세식(Flush Type)이 있다.

공기 흡입식(Vacuum Type)은 B747-400, A300-600, A330, B777/767 등의 신형 항공기에 설치되어 있고, 물을 전혀 사용하지 않고 오물을 진공으로 흡입하는 방식으로 악취 발생이 줄어 쾌적한 화장실 유지에 도움이 되지만 처리 시 압력차에 의한 흡입 소음이 난다. 흡입된 오물은 항공기 맨 뒤쪽 객실 아래 화물칸 탱크에 버려지도록 설치되어 있다.

수세식(Flush Type)은 B747, A300, MD-80, F-100 등 주로 구형 버전에 해당되며, 일반적

▲ 화장실 변기

인 변기의 구조와 유사하다. 변기에서 물을 흘려서 오물을 처리하고, 처리된 오물을 펌프로 계속 순환하여 세척하는 방식으로 악취가 많이 발생한다. 수세식의 단점을 보완하기 위해 청색의 세정제를 사용하고 있다.

❹ Smoke Detector

담배 연기가 감지되거나 화재가 발생 시에 승무원에게 자동적으로 알려줌으로써 신속한 화재 진압을 할 수 있도록 도와주는 장치가 Smoke Detector이다. 승무원은 비행 전 Smoke Detector가 잘 작동되는지 확인해야 하며, 담배 연기로 인하여 Smoke Detector가 작동되면 객실 승무원은 연기가 감지된 화장실의 휴지통을 확인하여, 담배꽁초로

▲ Smoke Detector

큰 화재가 발생하지 않도록 초기 진압해야 한다. 화재의 발생이 없을 경우에는 뾰족한 것 (볼펜 심)을 이용해 버튼을 Reset하여 작동을 멈추면 된다.

(6) Storage Area

❶ Overhead Bin

항공기의 길이 방향으로 실내에 장착되어 있으며 승객의 휴대수하물을 보관할 수 있는 장소이다. 항공기 종류 혹은 동일 항공기라도 구간에 따라 Overhead Bin은 위쪽으로 열

▲ Overhead Bin

리거나 아래쪽으로 열린다.

❷ Coatroom

객실의 여러 곳에 있고, 걸어야 하는 옷가지, 또는 Overhead Bin이나 좌석 밑에 들어가지 않는 형태의 짐을 보관하는 데 사용되며 최대 허용 무게를 반드시 준수해야 한다.

❸ Additional Cabin Storage

잡지꽂이나 사물의 보관함 등이 있다.

▲ Coatroom

▲ 잡지꽂이

(7) Doors

항공기의 Door는 승객의 탑승 및 하기를 위한 출입구(Entrance Door)와 각종 Service Item의 탑재, 하기용 Door(Service Door), 평상시에는 사용하지 않지만 비상사태 발생 시 항공기 외부로 탈출을 위한 비상구(Emergency Exit Door)가 있다. 항공기의 Door에는 비상 착륙 시 Ground까지 안전한 탈출을 위해 Escape Slide가 설치되어 있으며 비상 착수를 대비해서 Raft가 탑재되어 있다. 기종에 따라서는 착륙과 착수 구분 없이 사용 가능한 겸용 Slide/Raft가 장착되어 있다.

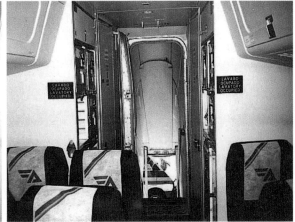

▲ Stairway Type Door

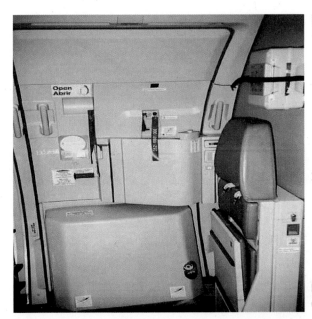

▲ Plug Type Door

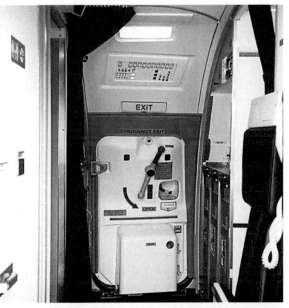

▲ Hatch Type Door

▲ Sliding Type Door

▲ Entry Door

▲ Overwing Exit Door

항공기의 각 Zone에 장착된 Door는 평상시 승객의 탑승 및 하기를 돕는 출입구의 역할뿐만 아니라 비상시 탈출구로 이용되기 때문에 그 위치와 Handling 방법을 승무원들이 항시 숙지해두어야 할 부분이다. 모든 항공기의 Door는 Door Control Handle, Slide Mode Control Lever, Door Locking Indicator, Viewing Window, Door Warning System, Evacuation System Container를 갖추고 있다.

Door의 유형을 구분하면, 항공기 안과 밖으로 이동시켜서 여닫는 방식의 Plug Typ Door, 항공기 내부의 위아래로 이동시켜서 여닫는 방식으로 개방 시 Door는 Ceiling 방향의 위로 밀려 올라가는 Sliding Type Door, 평상시 고정 안착된 Door를 비상시 항공기로부터 분리해 비상구로 사용하도록 고안된 Narrow Body, 항공기의 Over Wing Emergency Exit Door Type의 Hatch Type Door, 항공기 내부 Door에서 Ground를 연결해 직접 승객을 승·하기시킬 수 있는 Stairway Type Door가 있다.

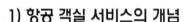

2 항공 객실 서비스의 개념과 특성 구분

1) 항공 객실 서비스의 개념

항공사의 객실 서비스는 기내에서 승객에게 제공되는 제반 물적·인적 서비스의 설계에서부터 생산에 이르기까지의 모든 과정과 업무를 말한다. 즉, 승객이 탑승하기 이전부터 객실 시설물이나 서비스 용품의 설치 및 탑재에 관련된 여러 준비 업무를 포함하여 승객들이 항공기에 탑승하여 목적지에 도착할 때까지 객실 승무원에 의해 서비스되는 모든 업무를 객실 서비스라고 할 수 있다.

객실 서비스는 한정된 공간에서 한정된 시간에 제공되는 점이 다른 서비스와 구분되는 가장 큰 차이이자 특징이다. 항공기의 기종, 식음료의 종류, 엔터테인먼트의 종류, 좌석 등의 차이는 있지만 항공사마다 제공되는 서비스의 절차와 내용은 유사하다. 따라서 인적 서비스야말로 항공사별 서비스 차이를 만들어 낼 수 있는 가장 중요한 핵심 요소이자 차별화 요소이다.

2) 항공 객실 서비스의 구분

객실 서비스의 구성은 크게 물적 서비스와 인적 서비스로 이루어진다. 과거의 객실 서비스는 유형, 즉 물질적인 서비스를 중시하였으나 근래에는 더욱 편안한 신형 항공기의 도입으로 항공사 간 경쟁이 치열해지면서 보다 다양해진 고객의 욕구를 맞출 수 있는 인적 서비스의 중요성이 강조되고 있는 추세이다.

물적 서비스란, 승객이 객실 내에서 필요로 하는 각종 시설물과 서비스 물품을 기내에 장착 또는 탑재하여 승객에게 편의를 제공하는 업무를 말한다. 물적 서비스는 기내 식음료 서비스, 기내 음악, 영화 상영, Boarding Music, Air Show, 게임 서비스, 기내 전화 서비스, 팩스 서비스, 노트북 전용 콘센트 서비스, 인터넷 서비스, 기내 이색 오락 프로그램 서비스 등을 말한다.

한편 기내에서의 인적 서비스 업무란 장착된 설비와 탑재된 물품을 사용하여 승객들이 보다 안전하고 편안하게 여행할 수 있도록 객실 승무원들에 의해 수행되는 업무를 말한다. 항공사 서비스 중 가장 많은 고객과의 접점시간을 가지기 때문에 지상에서의 서비스가 부족했다고 하더라도 객실 승무원들에 의한 서비스의 정도에 따라 항공사 서비스에 대한 승객의 평가는 오히려 우호적으로 바뀔 수 있다. 그러므로 항공사의 객실 서비스는 다양한 승객들의 욕구에 맞는 물적 서비스와 인간적이고 세심한 인적 서비스가 함께 제공되어져야 한다.

항공 객실 서비스의 내용 ③

1) 기내 식음료 서비스

기내 식음료 서비스는 항공기 서비스의 주된 서비스 가운데 한 가지로 여겨지는데, 고객의 입장에서 가장 선택의 폭이 넓고 그 종류가 다양하며 항공사 고유의 특성을 가장 잘 나타내는 서비스이기 때문이다.

기내식의 시초는 1919년 런던과 파리의 정기 항공 노선에서 샌드위치, 과일, 초콜릿 등을 상자에 담아 제공한 것이었다. 이후 서양식을 기준으로 획일적인 스타일의 기내식이 제공되었으나 항공사 간의 경쟁이 치열해지면서 오늘날에 이르러서는 새롭고 참신한 아이디어로 제작된 기내식, 고급스러운 기내 식기, 노선에 따른 메뉴의 차별화 등으로 차별화된 고객 유치의 전략으로 인식되고 있다. 따라서 오늘날의 승객들은 기내식을 단지 식욕을 충족시키기 위한 대상으로서가 아니라 즐거움을 경험할 수 있는 수단으로 인식하고 있다. 그러나 기내에는 언어, 식습관, 종교가 다른 수백 명의 승객이 탑승하고 있기 때문에 승객 모두를 만족시킨다는 것은 사실상 어렵다. 그 이유는 서비스가 이루어지는 공간의 한정성과 경제성 때문이다. 이러한 이유로 항공사들은 승객 대다수가 공통적으로 선호할 수 있는 식사류를 선정하여 제공하는 것이 일반적이다. 또한, 항공 교통 수단을 자주 이용하는 상용고객들을 배려하는 차원에서 식사 메뉴를 정기적으로 교체하는 싸이클 메뉴(Cycle Menu)제를 시행하고 있으며 기호의 차이, 종교나 건강상의 이유로 일반식을 섭취하기 힘든 고객을 위한 특별식이 제공되고 있다.

마케팅 차원에서 항공사의 노선별 탑승 승객의 구성에 따라 도착지 국적에 해당하는 음식을 일반 기내식으로 제공하기도 한다. 국내에 취항하는 외국 항공사들도 한국인 승객의 점유율이 높아짐에 따라 고추장이나 김치를 제공하고 있으며, 에어프랑스는 파리 서울 간 노선에서 프랑스 요리와 더불어 불고기나 갈비와 같은 한국 스타일의 기내식을 제공하고 있을 뿐만 아니라 원하는 승객에게 라면도 제공하고 있다.

우리나라의 항공사들도 서양식을 기본으로 하던 기존의 기내식에서 벗어나 한국인들이 입맛에 맞는 식단을 구성하려 노력하고 있다.

대한항공은 한식 개발을 통해 승객들로부터 호평을 받고 있다. 스페인 마드리드에서 열린 '2012 스페인 국제 관광 박람회'에서 비빔밥과 불고기 덮밥 기내식 시연회를 열어, 관람객들의 호평을 받은 바 있다.

아시아나항공이 조선왕조 궁중음식 기능보유자인 한복려 원장의 '궁중음식 연구원'과 제휴해 개발한 First Class 메뉴는 차별화된 한식 서비스를 제공한다. '영양 쌈밥'은 한국인뿐만 아니라 외국인에게도 인기가 좋은 불고기 메뉴를 10여종의 신선한 야채와 함께 구성해 건강과 입맛을 모두 만족시키는 대표 메뉴로 자리 잡았다. 또한 전통 발효주인 막걸리도 서비스하고 있다. 한식 세계화에 기여하고 있는 막걸리는 와인보다 항암물질을 더 많이 포함하고 있고, 맛도 좋다고 알려져 일본, 중국을 비롯한 해외 VIP들에게 인기가 아주 좋다. 또한 민어매운탕, 블루베리 디저트 등 계절별 특화된 서비스를 제공하기도 한다.

에미레이트항공은 퍼스트 및 비즈니스 클래스 승객들에게 재료 고유의 맛과 영양소를 그대로 간직한 건강식을 제공한다. 상대적으로 낮은 온도에서 장시간 끓이는 진공상태라는 뜻의 '수비드(Sous Vide)' 기술로 조리한 기내식은 저칼로리 식단으로 구성되며 웰빙 식습관 및 비만, 심장병, 당뇨병 예방 등을 염두에 두고 구성한다.

카타르항공도 중동의 멋과 향을 가미한 메뉴들로 시선을 사로잡고 있는데, '뉴 제너레이션'이라는 아랍 스타일의 기내식으로 승객들의 입맛을 사로잡고 있다. 뉴 제너레이션은 빵과 샐러드 등을 에피타이저로 추가해 중동 항공사의 특색을 부각하고, 쇠고기와 닭고기 메인 요리는 한식 스타일로 조리해 한국인의 입맛에 맞춘 기내식이다. 이외에도 카타르항공은 다양한 아랍식 케이크 등을 디저트로 제공하고 있다. 카타르 항공은 항공 리서치 전문기관 스카이트랙스(Skytrax)에서 선정한 세계 6개뿐인 5성(5-Star) 항공사로서 비즈니스 클래스 기내식(Best Catering) 수상의 영예를 안은 바 있다.

서양의 항공사인 스위스항공, 독일의 루프트한자항공, 영국의 브리티쉬항공, 에어프랑스와 네덜란드의 KLM 등은 전통적인 서양식인, 육류·생선 요리를 중심으로 메인 요리를 구성하고 샐러드, 빵, 주스, 케이크, 초콜릿 등으로 디저트를 장식한다.

그 외에도 아시아 항공사들은 저마다 전통과 문화의 특색을 살린 음식들로 관심을 모으

▲ 중국국제여유교역회(CITM)의 아시아나항공과 대한항공의 기내식

고 있다. 이와 같이 정선된 기내식 품질은 항공사의 서비스 품질을 평가하는 데 중요한 요소로 작용하고 있다. 따라서 각 항공사들은 타 항공사와의 서비스 차별화를 위하여 다양한 기내식음료 메뉴 개발과 품질 향상에 노력해야 한다.

(1) 기내식 서비스에 대한 이해

기내식의 특징은 제한된 좁은 공간이라는 항공기의 조건 때문에 승객의 운동 부족으로 인한 소화 장애나 고칼로리식으로 인한 비만 등을 방지하기 위하여 소화가 잘되고 흡수되기 쉬운 저칼로리 식품으로 구성된다는 점이다. 또한 좁은 공간에서 무리 없는 서비스가 가능하도록 알맞게 고안·제작된 식기류나 운반구가 사용된다. 지상의 일반 음식점과는 달리 기내식은 항공기 운항 계획에 맞추어 지상의 음식 공장에서 미리 조리된 음식을 정해진 그릇에 담아, 잠시 저장하였다가 항공기 출발 시간에 맞추어 기내에 싣고, 알맞은 시간에 기내 주방(Galley)에서 재조리한 다음 승객에게 제공한다. 기내식 메뉴를 짤 때는 많은 전문가들이 동원된다. 기내식 메뉴를 선택하기 위해서는 20여 가지 이상의 음식을 나열해 놓고 전문가들과 함께 시식을 하고 선정한다.

객실 승무원은 승객의 친절한 식음료 Coordinator로서 승객의 요청에 수동적인 태도가 아니라, 승객의 기호와 취양에 맞도록 기내식을 적극적으로 권유해야 하며, 해당 메뉴의 특징과 승객의 기호를 잘 판단하기 위해 항상 노력해야 한다.

(2) 기내식의 구성에 따른 분류

❶ 시간대별 Meal의 형태에 따른 분류

Meal Type(Code)	Serving Time
Breakfast(BRF: BT)	03:00~09:00
Brunch(BRCH: BH)	09:00~11:00
Lunch(LCH: LH)	11:00~14:00
Dinner(DNR: DR)	18:00~21:00
Supper(SPR: SR)	21:00~24:00
Snack (SK)	14:00~18:00
Heavy Snack ·	24:00~03:00

▲ Zest Air Cold Meal

▲ 아시아나항공 Hot Meal

▲ 아시아나항공 Cold Meal

❷ 구간별 Meal의 형태에 따른 분류

형 태	탑재 노선 및 특징
Cold Meal	짧은 비행시간 노선에 탑재된다.
Hot Meal	기본적인 Meal의 형태 (1 Choice, 2 Choices)
한 식	특정 노선에서 탑재되어 서비스된다.
일본식 도시락	특정 일본 노선에서 Cold Meal 형태로 탑재되어 서비스된다.
Sandwich	Movie Snack, Light Snack으로 구성되며 Napkin, 음료와 함께 서비스된다.

❸ 비행시간별 Meal의 형태에 따른 분류

항공기의 시간을 기준으로 다음과 같이 분류할 수 있다.

비행시간	식사 서비스 횟수
6시간 미만	1회
6시간 이상 13시간 미만	2회 + Snack
13시간 이상	3회 + Snack

표
비행시간에 따른
식사 서비스
제공 횟수

❹ 좌석 등급별 분류

✈ 일등석 기내식(First Class Meal)

일등석에서 제공되는 식사로써 해당 항공사에서 엄선한 최고의 물적 · 인적 서비스로
제공된다. 선택의 폭을 넓혀 고객 만족을 높이고자 기본 메뉴의 수가 세 가지 이상이며 그

▲ 루프트한자항공 캐비어

▲ 캐세이퍼시픽항공 양고기

▲ 싱가폴항공 동양식

내용 역시 서양식에서부터 동양식까지 코스별로 서비스된다. 또한 일부 항공사에서는 사전에 예약된 승객에게 전화로 취식 요구 메뉴를 문의하여 개별적인 선호도의 식사를 탑재 제공하기도 한다.

일등석에서 제공되는 식사는 식사의 내용물과 더불어 서비스에 사용되는 기물, 제공되는 식기, 음료 등 모든 Item들이 최상의 것으로 준비되며 승객의 취향 및 제공 받고자 원하는 시간대에 제공받고자 하는 메뉴를 적극적으로 반영하여 서비스하기 위해 On-Demand 서비스를 기본으로 제공하고 있다.

✈ 비즈니스 클래스 기내식(Business Class Meal)

이등석의 식사를 말하며, 일등석과 일반석의 중간 코스인 Semi Course로 제공되는 것이 일반적이다. 메뉴의 선택은 세 가지 이상이 일반적이며 전채 요리를 비롯하여 Soup, Bread 등이 개별적으로 제공되나 일등석에 비해 그 제공 코스가 비교적 간단하다.

▲ 외국인 승객을 위한 비빔밥 설명서

▲ 말레지아항공 오믈렛

▲ 아시아나항공 비즈니스 클래스 비빔밥

✈ 일반석 기내식(Economy Class Meal)

일반석의 식사를 말하며 서양식을 기준으로 제공되지만, 국적 항공사의 경우 내국인들의 선호도를 높이고 경쟁력을 갖추기 위해 한식 서비스를 제공하고 있다. 제공되는 메뉴의 선택은 일반적으로 두 가지이며, Pre Setting 방식으로 제공되는 Tray에 모든 코스 메뉴가 On-Tray되어져 서비스된다.

▲ 아시아나항공 비빔밥

▲ 대한항공 비빔밥

(3) 기내식 식사의 구성 및 서비스 시 주의 사항

❶ 기내식 식사의 구성

 **Dinner & Lunch의 구성**

● **Appetizer(Hors D' Oeuvre)**　식사를 시작할 때 먹는 간단한 요리로써 신맛, 짠맛을 지니고 입맛을 돋울 수 있는 산뜻한 맛의 샐러드, 훈제 연어(Smoked Salmon), 일식 초밥, Shrimp Cocktail 등으로 구성된다.

● **Soup**　육류, 조류, 어패류 또는 야채 등을 고아낸 국물로 만든다. 주요리 전에 식욕을 돋우고 뒤따르는 음식의 소화를 돕고 위벽을 보호한다. 일반석에서는 Soup 서비스는 생략한다.

● **Salad**　익히지 않은 여러 가지 야채를 그대로 먹을 수 있도록 준비해 둔 것으로 Dressing하여 먹는다. (Dressing의 종류: French Dressing, American Dressing, Thousand Island Dressing)

● **Bread**　여러 음식 고유의 맛을 감지하기 위해 입안에 남아 있는 맛을 깔끔하게 씻어내는 역할을 한다.(Dinner Bread: Hard Roll, Soft Roll, Breakfast Roll : Croissant, Brioche, Muffin)

● **Main Dish**　Entree, Starch, Vegetable로 구성된다.

　- **Entree**　육류 요리로 중심이 되는 요리를 말한다.

▲ Entree, Starch, Vegetable

    * Meat : 소고기(Beef), 송아지 고기(Veal), 돼지고기(Pork), 양고기(Lamb)

    * Poultry : 닭고기(Chicken), 오리고기(Duck)

    * Sea Food : 생선(Fish), 조개류(Shellfish)

  - **Starch** 곡물, 감자 등 탄수화물을 다량 함유하고 있는 식품을 말한다.

    * 곡물과 감자류

    * Rice & Noddle

  - **Vegetable**

● **Dessert** 식사의 마지막 코스를 장식하는 Dessert는 단맛이 강하여 식욕을 억제시켜서 식사를 마무리시키는 역할을 한다. 시각적으로 구미가 당길 수 있도록 화려한 모양으로 만들고 산뜻한 맛을 주는 것이 특징이다.(Cheese, Fruit, Cake, Pudding)

● **Coffee & Tea** 아침 식사의 경우, 식사와 함께 서비스하며 그 외 식사에서는 식사 서비스 후에 서비스를 실시한다.

✈ Breakfast의 구성

표 Breakfast의 구성	
Continental Breakfast	Fruit Juice, Fruit, Breakfast Roll, Hot Beverage
American Breakfast	Hot Beverage, Fruit Juice, Cereal, Yoghurt, Egg, Grills

● Breakfast Roll   Muffin, Croissant, Danish Roll, Brioche

● Eggs   Omelette, Poached Egg, Scrambled Egg, Fried Egg, Boiled Egg

● Grills   Ham, Sausage, Bacon

✈ Snack의 구성

● Heavy Snack   Dinner나 Lunch의 일부를 생략하거나 축소한 형태의 Meal

● Light Snack   Sandwich(Finger Sandwich, Triangular Sandwich, Open Faced Sandwich)

❷ 기내식 서비스 시 주의 사항

  ㉠ 기내식 품질 상태를 확인 한다(용기 및 포장의 파손, 기내식 적정 온도 유지 여부 확인).

  ㉡ 기내식에 유해 물질 오염 여부를 확인한다.

  ㉢ 기내식 취급 시에는 우선 자신의 손을 깨끗이 씻는다.

ⓔ 손에 심한 상처가 났거나, 기침이 심한 자는 가급적 기내식 취급을 제외시켜야 한다.

ⓜ 기내식 서비스 시 손톱 청결에 유의한다.

ⓗ 기내식 서비스 시에는 깨끗한 앞치마를 착용한다.

ⓢ 화장실 출입 시에는 앞치마를 벗는다.

(4) 기내식 사업소의 업무

항공사의 기내식은 항공사가 자체적으로 케이터링을 운영하거나 항공사와 항공 케이터링사 간의 계약에 의하여 생산되어 기내에 탑재되고 있다. 국내에서는 일일 평균 4만식 이상의 기내식을 생산하는 대한항공 케이터링과 2만5천식 이상을 생산하는 LSG 케이터링에서 국내 취항하는 모든 항공사에 기내식을 공급하고 있다. 반면 해외에서는 현지 공항마다 케이터링 업체가 있어 기내식을 공급받고 있기 때문에 같은 항공사라도 출발지에 따라 맛이 다를 수밖에 없고 해당 항공사의 기내식 매뉴얼에 따라 생산하는 관계로 맛의 차이는 없다고 할 수 있다. 보통 항공사별로 다르나 국적 항공사의 경우는 4Cycle(Cycle별 3개월 주기)로 운영되고 있어 승객의 취향에 맞는 기내식의 메뉴로 변경하고 있으며, 항공사의 메뉴 선정은 해당 항공사와의 Meal Presentation을 통해 메뉴를 결정하고 있다.

항공사별 기내식은 자체 탑승 승객의 승객 분포를 분석하고 회사의 서비스 이미지를 부각할 수 있는 메뉴를 케이터링 업체에게 의뢰한다. 케이터링 업체에서는 항공사에서 요구하는 기내식 메뉴의 식자재 공급이 용이한지 조리의 제반 요건을 확인하고 현지에서 실제 Meal Presentaton을 통해 확정한다. 신 메뉴들은 대부분 이러한 Meal Presentaton을 통해서 결정하게 되며 케이터링 업체에서 기내식 생산 계획을 수립하기 위해서는 먼저 항공편의 항공기 사양, 출발 시간 그리고 예약 승객수의 정보 등을 필요로 한다. 기내식의 생산은 항공기 출발 시간을 기준으로 생산량에 따른 생산 소요시간을 역산하여 생산 일정을 수립하며, 생산량에 따른 식재료의 준비 과정을 필요로 한다.

대부분의 케이터링에서는 식자재 구매부터 생산 그리고 탑재까지의 전 과정을 엄격한 제조 공정 관리를 하고 있으며 특히 작업장과 냉장고/냉동고의 온도 관리 및 손 세척 등 개인위생에 초점을 맞추어 위생 관리를 철저히 강화하고 있다. 그 이유는 만약 기내에서 위생 사고가 발생하면 치명적이라고 할 수 있기 때문이다. 기내 식중독 등 응급 환자가 발생 했을 시 정도에 따라 다르겠지만 가급적 가까운 공항에 착륙하려고 시도할 것이고 여의치 않을 경우 간단한 기내 응급 처치만이 가능할 뿐이다. 이런 특수성으로 인해 위생은 생명과 직결된 문제로 철저한 위생 관리 개념이 필요하다.

국내 케이터링에서는 최고 수준의 위생 관리 시스템을 구축하고 있으며 유럽 항공연맹 (AEA)의 위생 기준인 HACCP(Hazard Analysis Critical Control Point) 시스템에 의한 철저한 관리가 이루어진다.

기내식 케이터링 운영 절차

① 상황실에서는 PMI(Preliminary Meal Information) 고객사로부터 해당 항공편 출발 48시간 전에 출발일의 예약자 수를 받는 사전 Meal Order정보)를 작성하여 각 작업장으로 전달한다. 각 작업장에서는 PMI에 따라 Meal을 생산하고 Tray Setting장에서는 생산된 Meal을 Cart에 승객수에 맞게 1차 Setting을 해 놓는다.

② 해당 항공편 출발 24시간 전 PMO(Preliminary Meal Order) 해당 항공편 출발 24시간 전에 받는 PMI보다 정확한 상세 Meal Order로 FLT NO, A/C NO, Class별 Meal수량, SPML 등에 관한 정보가 구체적으로 포함)에 따라 생산부에서는 Meal을 추가 생산하고, Tray Setting장에서는 생산된 Meal을 가지고 기내 카트에 승객수에 맞게 추가 셋팅을 하며 Bar Packing장에서는 지정된 기내식 Manual 하에 음료 및 기물을 셋팅 한다. 보통 아침 FLT는 전일 야간에 작업을 완료하고, 저녁 FLT는 그날 오전 내로 셋팅 작업을 완료한다.

③ FMO(Final Meal Order) 해당 항공기 출발 6시간 전에 받은 Meal Order를 하달하는 상황실은 전날 및 당일 아침에 작업 완료한 카트 내의 Meal 숫자를 담당 반장의 재 확인을 거친 후, 출하 냉동실로 이동 보관하여 Food Car의 탑재 전까지 신선도를 유지, 보관한다.

④ Loading Supervisor는 Meal 및 Beverage, 그리고 상황실로부터 상황을 접수 받은 후 늘어난 승객만큼의 Additional Meal을 기타 서비스 물품(Ice 등)과 함께 체크 후 Food Car에 탑재한다.

⑤ 기내에 도착 한 후 Supervisor는 기내 승무원과 Meal을 인수 인계하고 항공기 출발 전까지 승객의 변동 상황을 주시하고, 늘어난 Meal 및 서비스 물품 등의 추가 지원 대비를 위해 항공기 출발 전까지 항시 승무원 주위에 대기하도록 한다.

⑥ 항공기가 출발 후, 상황실에 탑재 상황 종료 통보를 끝으로 케이터링의 기내식 탑재 지원이 종료된다.

⑦ 항공기 도착 후 하기는 탑재 역순으로 승객이 하기 후 세관 직원의 확인을 득한 후 하기 작업을 실시한다. 때때로 항공기는 공항 사정, 기후, 항공기 정비 상태에 따라서 장시간 지연 및 운항 취소가 되는 경우가 발생하기도 한다. 이때 기내식의 폐기 및 재활용은 위생 담당의 사전 협의를 통하여 처리하도록 한다. 재활용의 경우에는 어떠한 이유에 의해서도 생산에서 승객의 취식 시까지의 시간이 최대 72시간을 넘어서는 안 된다. 만약 72시간이 넘는다고 판단될 경우 케이터링 절차에 의거·폐기가 되도록 처리되고 있다.

▲ 세척 완료된 기물

▲ 기내식 생산 공정

▲ Bar Packing

▲ 케이터링 카트 탑재

▲ Tray 세팅

LSG
Sky Chefs

▲ 케이터링 차량 이동

(5) 특별 기내식(Special Meal)

승객에게 서비스되는 기내식은 시간적, 공간적 제약 속에서 보다 많은 승객에게 만족을 제공하기 위하여 보편적으로 선호도가 높은 Menu로 구성된다. 하지만 승객의 특성에 따라, 종교 및 병/의학적인 사유, 연령 등의 제한으로 정해진 기내식 Menu를 드시지 못할 경우가 종종 발생한다. 영유아의 경우 성인의 음식을 먹지 못할 수 있으며, 종교에 의해혹은 건강상의 이유 등으로 인해서 지정된 Menu를 먹지 못하는 경우가 특별 기내식, 즉 Special Meal을 주문해야 하는 경우에 해당된다. 이러한 고객들을 위하여 항공기 출발 24시간 전에 특별 기내식의 종류에 해당하는 것을 선택하여 주문하면 비행기에서 식사 서비스를 받을 수 있다. 항공사별 특별 기내식의 종류는 매우 다양하나 크게 종교상, 건강상, 연령상 그리고 승객의 특별한 요구에 의한 특별식으로 구분 지을 수 있다.

❶ 종교상 이유에 의한 Special Meal

종교식은 특정 종교의 교리에 맞게 조리한 음식으로, 유대교인의 율법에 따라 고유의 전통 의식을 치른 후 만드는 유대교식, 돼지고기와 알코올을 넣지 않는 회교도식, 쇠고기와 돼지고기를 넣지 않는 힌두교식 등이 있다.

표
종교상 이유에
의한 SPML

종류	약자	특징
Hindu Meal	HNML	• No Beef, No Veal, No Pork(주로 Lamb, Poultry, Fish 등으로 구성되며 유제품도 허용) • 소고기를 먹지 않는 힌두교도를 위한 식사 • 인도계 사람들이 많음. 커리향 선호
Moslem Meal	MOML	• No Pork • 돼지고기를 먹지 않는 이슬람교도의 식사. 알코올 사용을 금한다. • 주로 중동 및 인도네시아, 말레이시아인의 주문이 많다.
Vegetarian Meal	VGML	• 종교상, 건강상, 또는 개인적인 기호에 따라 육류를 먹지 않는 채식주의자의 식사 • 동남 아시아인들이 많고 불교 승려도 포함된다.

Kosher Meal

KSML

- 유대 정교 신봉자의 식사. 유대교 손님을 위한 식사로 완제품을 구매하여 제공한다. 유대교 율법에 따라 고유의 전통의식을 치른 후 만들어진 완제품이다.
- 다른 음식을 만드는 데 사용되는 기물이나 장소로부터 분리시키고 항상 밀봉되어 있는 상태로 서비스되어야 하며, 기물은 재사용을 금하고 있으므로 Disposable 용기를 사용한다. 육류는 Kosher의 규정에 의해 준비된 것만 사용할 수 있으며, 유제품과 함께 조리 되거나 서비스되어서는 안 된다.
- Meal Check 시 탑재 여부를 확인하고 절대 포장을 뜯지 않는다. 먼저 손님께 주문여부를 확인한 뒤 Box를 보여드리고 손님께서 Open하시도록 한다. Heating 후 Box 채로 서비스한다.
- 금기 식재: 돼지고기가 포함된 음식, 조개류, 갑각류(굴, 새우, 게, 바닷가재 등), 비늘과 지느러미가 없는 생선류

VGML (Vegetarian Vegan Meal Non Diary, no-eggs)

(극단적) 채식으로 엄격한 채소 요리

VLML (Lacto-ovo Vegetarian Meal)

달걀, 유제품을 이용하여 조리한 채식

VOML (Vegetarian Oriental)

동양 채식주의 음식으로 중국 스타일로 준비된 채소요리

▲ VGML의 종류

❷ 건강상의 이유에 의한 Special Meal

질병이나 건강상의 이유로 제한된 음식만 먹을 수 있는 승객에게 제공되는 건강식은 여러 가지가 있다. 대표적인 건강식으로는 소화 장애 환자를 위해 부드럽게 조리한 연식, 당분이 포함되지 않은 당뇨식, 심장병이나 비만증 환자를 위한 저지방식, 신장 · 간장 질환 환자를 위한 저단백식을 들 수 있다.

건강상 이유에 의한 SPML

종 류	약 자	특 징
Soft Bland Diet	SBDT	• 무자극성 음식으로 위염, 위궤양 환자를 위한 특별식이다.
Diabetic Meal	DBML	• 당뇨병 환자용 식사(설탕, 꿀 등의 사용이 금지되어 있으며, 고섬유질 식재료(신선한 과일, 야채, 곡물류)를 이용하며 저지방 낙농 제품(탈지 분유, 우유 등)을 사용한다)
Low Cholesterol Meal, Low Fat	LCML LFML	• 저콜레스테롤, 저지방으로 조리된 식사 • 심장 질환, 동맥 경화 등 성인병 환자용 식사(저지방 고기, 저지방 유제품을 사용하며 신선한 과일, 채소, 시리얼 등의 고섬유질 음식을 사용)
Oriental Meal	ORML	• Chinese Style로 조리된 식사로 동남아 승객 선호도가 높다.
Bland Meal	BLML	소화 장애 환자 또는 수술 후 회복기에 있는 환자에게 제공되며, 데치거나 끓이는 방법으로 부드럽게 조리하고 자극성 향신료를 넣지 않고 만든 식사이다. 저지방 음식 (지방 적은 고기, 닭고기)과 위에 부담이 적은 섬유질과 부드러운 양념을 사용한다.
Low Sodium Meal (Salt Free Meal)	LSML	염분 조절 식으로 고혈압 환자, 간질환, 신장병이 있으신 승객을 위한 식사이다. 소금 및 간장류의 사용 및 고염분 식재료의 사용을 제한한다.
Low Protein Meal	LPML	신장과 간에 질환이 있으신 분을 위한 식사로 과일, 샐러드, 드레싱, 설탕, 꿀, 잼, 시럽 등은 자유로이 이용된다.
Gluten-Free Meal	GFML	글루텐 민감성 장 질환, 만성 소화 장애, Meal 알레르기, 스푸루 열대성 환자를 위한 특별식이다. 글루텐은 밀, 귀리, 호밀, 보리에 있는 단백질로 빵, 과자 등에 많이 포함되어 있으므로 보리, 호밀, 밀, 귀리 등 글루텐 함량이 높은 식재료 사용을 제한한다.
High Fiber Meal	HFML	만성변비와 과민성 대장 증후군, 동맥 경화증, 신진대사병의 예방이나 치료에 이용되는 특별식. 완전 소맥분과 신선한 과일, 채소, 콩류, 땅콩류를 사용하여 조리 한다.
Low Purine Meal	PRML	신장 담석 및 통풍 질환이 있으신 분들을 위한 식사로 내장, 간, 고기 등 퓨린이 풍부한 음식은 피하여 조리한다.
No Lactose Meal	NLML	유당 알레르기가 있으신 분들을 위한 식사. 두유, 코코넛 우유를 사용하고 신선한 과일, 채소, 고기, 가금류를 사용하여 조리한다.

❸ 연령상의 이유에 의한 Special Meal

만 2세 이상 12세 미만 어린이들도 입맛에 맞는 기내식을 미리 주문할 수 있다. 대한항공의 경우 인천 출발편은 자장면, 오므라이스, 김밥, 샌드위치, 햄버거, 피자, 스파게티, 치킨 너겟 중에서, 인천 도착편은 햄버거, 피자, 스파게티, 치킨 너겟 중에서 선택할 수 있다. 단 비행 시간이 짧은 일부 구간에서는 김밥이나 샌드위치 같이 데우지 않는 메뉴만이 가능하다.

표

연령상 이유에 의한 SPML

종 류	약 자	특 징
Infant Meal	IFML	• 12개월 미만의 유아식 • 주로 우유나 분유 및 가공 이유식 등을 제공한다.
Baby Meal	BBML	• 12개월에서 24개월 정도의 유아식 • 우유, 이유식을 제공한다. • 단거리 Cold Meal 구간 적용 시 거버 이유식, 거버 주스, 유기농 두유, 유기농 쿠키를 서비스한다(연령대에 맞추어 취식이 가능한 미음류, Entree 메뉴와 구성 아이템으로 적용 가능하다).
Toddler Meal	TDML	• 2세에서 6세 정도의 아동을 위한 기내식 • 씹어 삼키기 쉽게 조리된다(Child 와 Baby 의 중간 단계인 Toddler 단계 유아식으로 적용하여 유아의 취식 상태를 고려하여 진밥 메뉴로 구성된다).
Child Meal	CHML	• 12세까지의 어린이용 식사 • 햄버거, 오므라이스, 짜장면, Pizza 등 어린이들이 선호하는 식단으로 제공되며 그 종류는 항공사별로 상이하다. • 아시아나항공의 경우 ICN Outbound 구간에는 7 종류의 CHML 식사 메뉴가 주문 가능하다. Cold Meal 서비스 구간에서는 Cold Meal인 샌드위치만 주문 가능하며, Hot Meal 구간에서는 7가지 메뉴가 주문 가능하다.

▲ 대한항공의 CHML

▲ 아시아나항공의 BBML

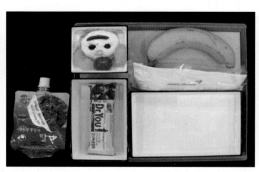
▲ 아시아나항공의 CHML

▲ 아시아나항공의 CHML Entree

❹ 기타 승객의 요구에 의한 Special Meal

일반적으로 승객의 생일이나 결혼 등과 같은 기념일에 제공되는 것을 말한다. 승무원은 케이크와 함께 샴페인 또는 와인을 서비스하면서 승객에게 축하의 메시지도 전달한다.

◀ Cathay Pacific Airline Anniversary Cake

표
기타 승객의 요구에 의한 SPML

종 류	약 자	특 징
Honeymoon Cake	HMCK	• 결혼 축하 케익 • 서비스 방법 : 좌석 번호와 성명 등을 미리 확인해서 손님께 주문 여부를 확인하고, 탑재 사실을 안내해 드린다. 언제 서비스를 원하시는지 여쭈어 본 후, 원하시는 시간대에 서비스한다.
Birthday Cake	BDCK	• 생일 축하 케익
Anniversary Cake		• 각종 기념일 축하 케익

❺ Special Meal의 서비스 방법

㉠ 각 Zone의 Galley Duty 승무원은 S.H.R상의 Special Meal의 주문 상태, 승객의 성명, 좌석 번호를 확인하고 탑재 여부를 확인한다. Special Meal이 탑재되지 않았을 때는 지상 직원에게 즉시 확인하고 Catering 직원에게 조치하도록 요구한다.

㉡ 승객의 Boarding이 완료 후 승객에게 주문 사실을 확인하고 승객 좌석 부착용 Tag

을 해당 승객의 Head Rest 상단에 부착한다.

ⓒ 서비스 시에는 Meal Tray 측면에 부착된 Tag과 승객 Head Rest Cover 위에 부착된 Tag의 일치여부를 확인하고 서비스한다.

ⓓ 사전 주문 내용이 누락되어 Special Meal이 탑재되지 않았을 때는 승객의 양해를 구하고 의향을 물어 차선책을 강구한다.

2) 기내 음료 서비스

기내에서 제공되는 음료 서비스는 기내식과 더불어 승객들에게 다양한 즐거움을 제공하는 서비스 중의 하나이다. 음료 서비스는 기내식과는 달리 특정 시간에 한하여 제공되는 것이 아니라, 정규 음료 서비스 시간은 물론 정규 서비스 종료 후 고객들이 휴식을 취하거나 영화를 상영하는 시간 등 비행 중에도 지속적으로 승객의 요구에 따라 제공된다. 비행 중 충분한 음료 서비스는 승객과의 친밀감 형성에 도움이 될 뿐만 아니라 건조한 기내 환경을 고려할 때 승객의 건강을 위해서도 필요한 것이기 때문에 적극적으로 이루어져야 한다. 최근에는 다양화되는 고객의 입맛을 사로잡기 위해 여러 가지 음료 서비스가 시도되고 있다. 대표적인 예로 아시아나항공의 경우 지난해 10월부터 한국과 일본을 오가는 노선에서 캔 막걸리를 서비스하고 있다.

▲ 아랍에미레이트 A380 Bar

▲ 아시아나항공 막걸리 서비스

❶ Non-Alcoholic Beverage(비알코올성 음료)

비알코올 음료는 알코올이 함유되어 있지 않은 음료를 의미하며 기내에 탑재되는 비알콜성 음료의 종류는 항공사별로 다르기는 하지만 일반적으로 다음과 같다.

✈ Cold Beverage

	Items
Water	무색, 무미. 서비스 전에 잘 Chilling하여 차갑게 서비스한다. - Mineral Water: Plain Water(제주 산수, Evian, Selzer Water, Vicky Water, Diamond Water) - Sparkling Water(Perrier, St.Pelleciano 등)
Juice	과일 식물의 과즙에 무기질이나 설탕 등을 첨가시킨 음료로 차갑게 서비스하지만 얼음을 넣지는 않는다. - Orange Juice, Tomato Juice, Pineapple Juice, Guava Juice, Apple Juice, Lemon Juice, Lime Juice
Soft Drinks	청량감을 높이기 위해 탄산가스를 첨가한 음료로 서비스 전에 차갑게 Chilling하고 얼음을 넣어 서비스한다. - Coke, Pepsi, 7-Up, Sprite, Diet Sprite(Coke)
Mixer류	칵테일의 부재료 - Tonic Water, Soda Water, Ginger ale
Milk	- Whole Fat Milk - Low Fat Milk - Pasteurized(살균 우유) - Non-Pasteurized(미살균 우유)

✈ Hot Beverage

	Items
Tea	Caffeine과 Tannin이 차의 고유한 맛을 내게 한다. 서비스 시 Tea Bag을 충분히 우린 후 각 차에 맞는 Accompaniment와 함께 제공한다. - Black Tea(Assam Tea, Ceylon Tea, Darjeeling Tea) - Green Tea - Jasmine Tea - Ginseng Tea(꿀과 함께 서비스)
Coffee	산지, 볶는 방법, 조합 방법에 따라 맛과 향의 차이가 있다. - Regular Coffee(Brewed Coffee, Instant Coffee) - Decaffeinated Coffee - Vienna Coffee - Espresso Coffee - Cafe Au Lait - Irish Coffee

❷ Alcoholic Beverage(알코올성 음료)

알코올이 함유된 음료는 그 제조법이나 특성들에 따라 그 종류가 다양하다. 항공사들은 자사의 서비스 질을 향상시키기 위해 고객들에게 세계적으로 명성이 있는 브랜드의 제품을 주로 서비스하며, 이를 서비스하는 승무원들은 사전에 학습한 전문 지식을 갖고 승객들의 선호에 따라 알코올성 음료를 제공한다.

알코올성 음료와 같은 경우 비알코올성 음료와 마찬가지로 무료로 제공되는 것이 일반적이나 알코올의 특성상 기내에서의 난동이나 급작스런 응급 상황 발생들로 연계될 가능성이 있어 3회 이상 알코올성 음료를 제공받은 승객은 승무원의 각별한 주의와 관리가 필요하다. 또한 개인적으로 소지해온 알코올성 음료의 경우 기내에서의 취식이 금지되어 있다.

표
항공사의
Alcoholic
Beverage의 종류

구 분	종 류	서비스 되는 제품
Wine	Still Wine	Red / White 각각 2종류 이상
	Sparkling Wine	Champagne, Dry Vermouth
	Fortified Wine	Port Wine, Sherry Wine
Whisky	Scotch	Ballantine, Glenfiddich, Johnnie Walker, Chivas Regal, J & B/ Grants 등
	Canadian	Canadian Club
	Bourbon	Jack Daniel, Jim Beam
기 타	Brandy	Remy Martin 등
	Liqueur	Bailey's, Cointreau, Creme De Menthe, Creme De Casis
	Compari	Compari
	Rum	Barcardi
	Gin	Beefeater
	Vodka	Smirnoff
	Beer	국내 맥주 및 현지 맥주(출발지 기준)

알아볼까요?

항공사별 와인 서비스

항공사의 경우 20여 종도 채 되지 않는 와인을 선택하기 위해 무려 1000종이 넘는 와인 테이스팅을 목적으로 세계적인 와인 전문가를 초빙한다.

대한항공은 11개국에서 수입한 42종의 와인을 기내에서 제공하고 있는데, 미주 노선에는 캘리포니아 와인 및 칠레 와인, 캐나다 노선에는 아이스 와인, 로마 노선에는 이탈리아산 레드 와인을 선보인다. 기내 와인 선정은 한국 와인 박사 1호로 알려진 방진식 차장(대한항공 기내식기판사업본부)이 주관하며, 와인 품질을 최상으로 유지하기 위해 현지 와이너리를 통해 직접 구매한다. 대한항공은 최근 수년간 명품 와인을 선보이며 기내 와인 서비스 고급화를 꾀하고 있다. 특히, 쿠베 로제 브룻은 세계 항공사 중 대한항공이 유일하게 기내에서 제공하는 샴페인이다.

아시아나 항공은 국제선 승객을 대상으로 연간 약 38만 병의 와인을 기내에서 제공하고 있으며 프랑스산이 주축을 이룬다. 취항지에 따라 미국 캘리포니아, 독일, 칠레 와인이 제공되기도 한다. 보르도 2등급 레드 와인과 부르고뉴 그랑 크뤼(Bourgogne Grand Cru) 등급 화이트 와인이 일등석 와인이며 기내 와인 선정은 스웨덴 출신의 유럽 소믈리에 챔피언 안드레아 라손(Andreas Larsson) 등 3명의 유명 소믈리에로 구성된 '아시아나 항공 와인 컨설턴트 그룹'이 담당한다. 2~3년 주기로 품평회를 열어 기내 와인을 선정하고 있다.

독일의 루프트한자항공은 세계 각국의 고품질 와인을 엄선해 제공하는 '비노텍 디스커버리스(Vinothek Discoveries) 기내 와인 프로그램'을 운영하고 있다. 기내 와인 선정은 독일 출신의 세계적인 소믈리에인 마커스 델 모네고(Markus Del Monego)를 비롯한 항공사 내·외부 와인 전문가로 구성된 위원회가 담당하고 매년 10~12회 블라인드 테이스팅을 걸쳐 기내에서 제공할 와인을 선정한다. 독일을 대표하는 항공사답게 독일산 화이트 와인도 항상 마련해 놓고 있다. 최근 독일 와인 연구소(German Wine Institute)와 협력 하에 독일 와인 퀸(German Wine Queen)의 기내 시음회를 개최하기도 했다.

▲ 아시아나항공의 와인 선정 및 품평

현재 장거리 노선 승객에게 포도 품종, 재배 지역, 생산 연도를 비롯해 와인에 대한 상세한 설명이 기재된 와인 리스트를 제공하며 연평균 약 400만 병의 와인이 기내에서 소비되고 있다.

싱가포르항공은 세계적인 명성의 샴페인과 뉴질랜드 말보로에서 생산된 프리미엄 와인으로 서비스를 하고 있고 싱가포르항공은 1989년부터 와인 자문단을 구성해 1천여 종의 와인을 시음하고 품질 및 기내 적합성을 기준으로 기내 제공 와인을 선정해오고 있다.

카타르항공은 스카이트랙스가 선정한 5성급(5-Star) 항공사답게 엄선된 주류 서비스를 통한 차별화를 꾀하고 있다. 와인의 선정은 세계적인 명성의 와인 컨설턴트들이 담당한다. 2008년 주류 전문지 와인 & 스피릿(Wine & Spirit)과 영국 비즈니스 트래블러(Business Traveller)가 공동 주최한 '셀러 인 더 스카이(Cellars in the SKY)'에선 일등석 레드 와인, 비즈니스석 화이트 와인 부문에서 각각 1위에 오르기도 했다.

항공기 내부의 습도와 공기 흐름은 지상과 다르고 지상보다 기압이 낮으며 건조하고 공기 순환도 빨라 와인의 풍미를 느끼기에 적절하지 않기 때문에 와인의 향이 코에 전달되기 전 상당 부분 공기 중으로 날아가버린다. 또한 혀의 미각 세포도 기내에선 기능을 제대로 발휘하지 못해 탄닌의 떫은 맛과 신맛이 더 강하게 느껴진다. 항공사들은 이를 감안해 대부분 향이 풍부하고 당도가 높은 와인을 기내 와인으로 제공하고 있다.

❸ Cocktail

Cocktail은 두 가지 이상의 술을 섞거나 또는 부재료를 혼합하여 마시는 알코올성 음료로써 알코올 도수가 낮아 식욕을 증진시켜주므로 식전주로 적합하다. 칵테일은 맛과 향기, 그리고 보이는 색채의 아름다움의 조화로 분위기를 창출하는 예술 작품이라고 할 수 있다. 기내에서는 식전주나 환영주로 제공하는 경우가 많으며 객실 승무원은 칵테일의 제조 방법을 익혀 적극적인 서비스로 고객 만족에 기여해야 한다.

칵테일은 크게 세 가지의 기본 요소를 갖추고 있는데 칵테일의 기본이 되는 Liquor인 Base, Base와 섞이는 음료로 Soda Water, Ginger Ale, Tonic Water와 같은 Mixer류, 그리고 칵테일의 맛을 더하거나 돋보이게 하기 위해 장식하는 것으로 레몬, 오렌지, 올리브, 체리, 파인애플 등으로 사용되는 Garnish가 있다.

칵테일은 항상 차게(4-6도)해서 만드는 것이 원칙이며 On the Rocks는 2oz 정도, Straight는 1oz 정도가 적당하고, 얼음이 같이 들어가는 칵테일의 경우 Muddler를 같이 준비해서 제공하여야 한다. 비행기에서 승객들이 선호하는 칵테일의 제조법을 간단히 살펴보면 다음과 같다.

✈ Whisky Base Cocktail

NAME	GLS	ICE	BASE	MIXER	MIXING
Scotch Soda	T	O	Scotch Whisky 1 oz	Soda Water	Stir
Whisky Sour	W	X	Blended Whisky 1 oz	Lemon/J 0.3 oz	Sugar 1 Tea Spoon을 넣고 잘 저은 후 얼음을 넣고 차게 하여 W/G에 Strain 한다. * Garnish : Lemon/S & Cherry
Bourbon Coke	T	O	Bourbon Whisky 1 oz	Coke	Stir
John Collins	T	O	Bourbon Whisky 1 oz	Lemon/J 0.3 oz	Sugar 1 Tea Spoon을 넣고 잘 저은 후 얼음이 든 새 Cup에 붓고 Soda Water를 채운다. * Garnish : Lemon/S & Cherry

✈ Gin Base Cocktail

NAME	GLS	ICE	BASE	MIXER	MIXING
Gin Tonic	T	O	Gin 1 oz	Tonic Water	Stir *Garnish : Lemon/S
Gin Fizz	T	O	Gin 1 oz	Lemon/J 0.3 oz Soda Water	Sugar 1 Tea Spoon을 넣고 잘 저은 후 얼음을 넣고 차게 하여 Strain 한 다음 소다수를 채운다. Garnish : Lemon/S
Orange Blossom	W	X	Gin 1.5 oz	Orange/J 1.5 oz	Sugar 1/2 Tea Spoon을 넣고 잘 저은 다음 얼음을 넣고 차게하여 Strain한다.
Tom Collins	T	O	Gin 1.5 oz	Lemon/J 0.3 oz	Sugar 1/2 Tea Spoon을 넣고 잘 저은 후 얼음을 넣고 차게 하여 Strain 한 다음 소다수를 채운다. * Garnish : Lemon/S & Cherry
Martini	T / W	O / X	Gin 1.5 oz	Dry Vermouth 0.7oz	Dry로 주문할 경우 Gin의 양을 늘리고 Straight로 주문할 때는 Strain 하여 W/G에 준비한다. * Garnish : Olive

✈ Vodka Base Cocktail

NAME	GLS	ICE	BASE	MIXER	MIXING
Vodka Tonic	T	O	Vodka 1 oz	Tonic Water	Stir
Bloody Mary	T	O	Vodka 1 oz	Tomato/J	Worcestershire Sauce와 Hot Sauce 2~3 방울, Salt, Pepper를 첨가하여 Stir한다. * Garnish : Lemon/S
Bourbon Coke	T	O	Vodka 1 oz	Orange/J	Stir
John Collins	T	O	Vodka 1 oz	Guava/J 2 oz Lime/J	Stir * Garnish : Cherry & Lemon/S

✈ Wine Base Cocktail

NAME	GLS	ICE	BASE	MIXER	MIXING
Kir	W	X	White Wine	Creme De Cassis	Creme De Cassis와 White Wine을 1:8의 비율로 채운다.

3) 기내 면세품 판매 서비스

국제선 항공편을 이용하는 고객들에게는 또 하나의 특별한 혜택이 주어진다. 면세품을 구매할 수 있는 기회가 바로 그것이다. 이러한 혜택을 공항 뿐 아니라 항공기에서도 누릴 수 있도록 준비한 것이 기내 면세품 판매 서비스이다. 협소한 항공기 공간에 다양한 제품들을 구비하기 위해 선호도가 높은 면세품들 위주로 엄선하여 술, 담배, 향수, 화장품, 선물용품 등 세계유명상품들을 판매한다. 기내 면세품 판매는 승객들에게 편의를 제공함과 동시에 항공사의 수익을 올리는 데 일익을 담당하고 있으며 각 항공사에서는 항공사의 브랜드 이미지를 높일 수 있는 상품을 자체 개발하여 판매하기도 한다. 기내 면세품 판매 서비스는 해당 항공사별로 그 서비스 방법이 상이할 수 있으며 대체로 특정한 시간에 카트로 객실 내부를 순회하며 판매한다. 항공기 내에서 판매하는 기내 면세품의 시·공간적인 제약을 극복하기 위하여 사전 주문제를 통해 예약 서비스도 제공하고 있다. 사전 예약의 경우 해당 편에 물건을 탑재하기 위한 최소한의 시간을 확보하기 위하여 출발편은 48시간 이전, 귀국편은 72시간 이전에 주문하여야 한다. 또한, 면세품은 관세법상 기내에서의 교환 및 환불은 불가능하며 상품하자의 경우에만 동일 제품으로 교환이 가능하다. 승무원들은 판매되는 각 면세품들에 대한 정확한 상품 정보를 숙지할 의무가 있으며, 간단한 제품 소개와 설명은 좌석 앞 기내 면세품 판매 책자를 통해 제공된다.

▲ 대한항공(cyberskyshop.com)

4) 기내 엔터테인먼트 서비스

기내에서는 여행의 즐거움을 더하기 위해 다양한 프로그램의 엔터테인먼트를 서비스하고 있다. 최근에는 항공기 신기종들의 개발로 차별화된 엔터테인먼트 서비스들이 항공사 간에 경쟁적으로 도입되고 있다. 기내 영화 상영, 음악 감상 등 획일화되었던 오락 서비스를 넘어 인터넷, 전화 등 다양한 통신 서비스, 개인용 비디오 장착에 따른 오락기기 프로그램, 자유롭게 즐길 수 있는 음료 바 등을 비롯하여 최근에는 샤워실, 카지노, 침실 등의 개인 취향에 맞춘 다양한 서비스들이 시행되고 있기도 하다.

항공 여행이 단순한 운송의 목적이 아닌 새로운 개념의 서비스를 제공받는 기회로 인식되면서 고객들의 항공사 선택에 있어서도 엔터테인먼트 서비스가 큰 비중을 차지하고 있는 추세이다. 이런 기내에서의 오락적 기능들이 승객들에게 높은 관심을 받게 되자 항공사들도 관련 하드웨어 설비에 상당한 비용을 투자하고 있으며 이러한 추세는 앞으로도 지속적으로 이어질 전망이다.

(1) 기내 영화와 음악

기내에서 영화 서비스는 미국 TWA 항공사가 제공한 것이 처음이다. 'By love Possessed'라는 영화를 1961년 뉴욕~샌프란시스 구간에서 처음 시행 한 후 1988년 노스웨스트항공에서 처음 개인용 비디오 시스템을 도입하였다. 현재는 세계의 대부분 항공사들이 장거리 노선에서 기내 영화 서비스를 시행하고 있으며 영화의 종류와 서비스의 방법들이 다

▲ 대한항공 개인용 모니터

양화되고 있다. 기내에 여러 언어를 사용하는 승객들이 탑승하는 이유로 한국어, 영어, 일본어 등 다양한 언어로 더빙하고 자막을 처리하여 보다 쉽게 볼 수 있도록 상영하고 있으며, 보통 한 달을 주기로 내용을 교체하고 있다.

기내 음악의 선정은 이별, 죽음 등 슬픈 주제의 음악은 지양하고 있으며 항공 여행의 즐거움과 설렘을 유지할 수 있도록 선곡하고 있다. 승객의 다양한 국적과 인종, 연령을 고려하여 다양한 취향이 고루 반영될 수 있도록 하고 있다.

영화와 음악에 대한 정보는 좌석 앞의 안내지에 상세히 설명되어 있으며, 승무원들은 해당 항공편에서 제공되는 영화, 음악에 대해 간략한 정보를 사전에 숙지하여야 한다.

(2) 단편물 상영

영화와 음악을 제외한 단편물도 기내에서 상영되고 있다. 국내에서 인기 있는 프로그램, 뉴스, 어린이를 위한 단편 만화 등 다양한 단편물이 상영되고 있는데 이를 통해 한국의 정치, 경제, 스포츠, 여행, 오락 등 다양한 정보를 제공한다.

(3) 보딩 뮤직(Boarding Music)

승객 탑승 시 혹은 하기 시 주로 접할 수 있는 기내 음악 중 보딩 뮤직(Boarding Music)이 있다. 보딩 뮤직은 항공기를 처음 들어섰을 때 접할 수 있는 음악으로 항공사의 이미지를 전달하는 역할을 한다. 보딩 뮤직은 해당 항공사를 알릴 수 있도록 자체 제작이 되기도 한다. 보딩 뮤직은 기내에 탑승 했을 때 편안한 느낌을 갖게 하고, 다소 생소할 수 있는 기내에 적응을 할 수 있도록 도와준다.

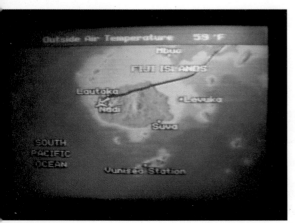

▲ Air Show

(4) Air show

Air Show는 화면을 통해 비행에 관련된 다양한 정보를 전달해 줌으로써 즐겁고 안전한 여행이 될 수 있도록 도와준다. 일반적으로 현재 비행 고도, 비행 속도를 비롯해 바깥 온도, 맞바람 세기, 남은 비행시간, 도착 예정 시간, 목적지 현재 시간, 출발지 현재 시간 등이 Air Show를 통해 제공된다. 더불어 비행기가 이동하는 경로에 따라 어느 해상을 이동 중에 있는지 동영상으로 표시하여 알려주기도 한다.

(5) Reading Material

장거리 여행의 지루함을 해소하기 위해 항공사들은 다양한 독서물 서비스를 제공하고 있다. 비행기에서 제공되는 독서물은 항공사 자체적으로 제작된 기내지, 신문, 잡지를 비롯하여 신간이나 베스트셀러, 도착 국가의 관광 정보가 담긴 책을 대여하여 제공하기도 한다. 서비스 방법은 항공사마다 상이하지만 기내 도서들은 서비스 후 반납하여 다음 비행의 고객에게 재사용되기도 한다. 최근에는 영화, 오락, 인터넷 등의 다양한 기내 서비스들이 등장하며 독서물 서비스의 선호도가 낮아지는 경향이 있어 일부 항공사에서는 독서물 대여 서비스를 중지하고 있기도 하지만 이동 공간이 부족한 기내에서는 장거리 여행에 있어서 개인 독서등을 사용하여 그동안 보지 못했던 도서를 읽는 것은 고객들에게 특별한 즐거움이 된다.

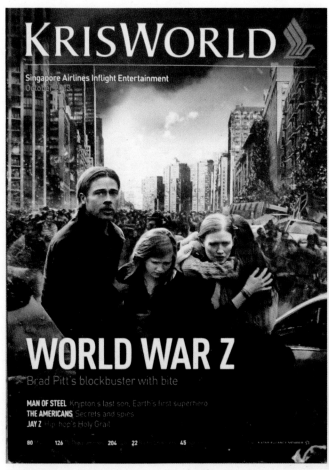
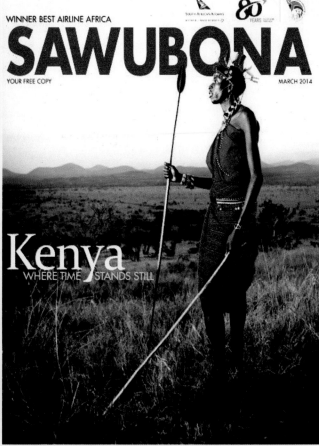

▲ 기내잡지

(6) 기내 게임 서비스

전체 승객들을 대상으로 제공하는 게임 서비스는 대부분 하드웨어적인 오락물을 구비하여 대여하는 형태로 서비스되며, 그 종류로는 체스나 바둑, 레고와 같은 조립용 장난감 등이 있다. 근래에는 항공기의 발달로 인해 개인용 모니터를 통한 개인적인 조작이 가능한 게임 서비스도 제공되고 있어 승객들에게 좋은 평가를 받고 있다.

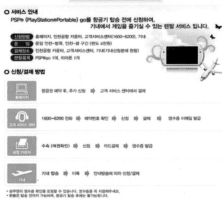

▲ 기내 게임 서비스

(7) 기내 전화

좌석에 설치된 위성전화로 전세계 어디로든 연락할 수 있다. 또한 항공기의 다른 좌석 사람들과 대화를 나눌 수도 있다. 최근에는 기내 인터넷 서비스가 보편화되면서 자신의 스마트폰을 사용하여 좀 더 유익한 시간을 보낼 수 있다. 그러나 통화는 금지되어 있다. 보통 신용카드로 이용이 가능하며, 전화를 거는 해당 국가와 이용 시간에 따라 신용카드로 그 요금이 청구되는 것이 보통이다. 수신자 부담 전화와 국제 전화번호 문의는 불가능하다.

▲ 기내 팩스 서비스

(8) 팩스 서비스

대부분의 항공사에서는 승객의 요청이 있을 시에 승무원이 전송할 서류를 받아서 팩스 대행 서비스를 제공하며 요금은 신용카드로 계산할 수 있다.

(9) 노트북 전용 콘센트 서비스

일부 항공사에서는 기내에서도 배터리 걱정 없이 승객이 휴대한 노트북을 최고 속도로 사용할 수 있는 서비스가 실시되고 있고, 이는 점차 확대되고 있는 추세이다.

노트북 전용 콘센트 서비스를 이용하기 위해서는 유니버셜 에어 파워 어댑터(Universal Air Power Adapter)를 소지해야하는데, 이 어댑터는 일반적인 어댑터와 다르기 때문에 기내 혹은 주요 컴퓨터 부품을 판매하는 곳에서 별도로 구매해야 하는 번거로움이 있다. 최근 일부 항공사에서는 기내에서 어댑터가 필요없는 파워 콘센트를 장착하여 서비스하고 있다.

(10) 인터넷 서비스

2000년 항공기 제작사인 보잉(Boeing)사가 CBB(Connextion By Boeing)라는 서비스를 시작해 인공위성을 이용한 인터넷 서비스가 시작되었다. 우리나라에서는 대한항공이 2005년 10월 하나로 텔레콤, 보잉사와 함께 기내 인터넷 서비스를 시작했으며 이로 인해서 미국, 일본, 독일, 싱가포르에 이어 다섯 번째로 기내 인터넷 시대를 연 국가가 되었다. 대한항공은 미주, 유럽, 대양주, 동남아 등 중장거리 노선에 투입하는 모든 항공기에 인터

◀ 에미레이트항공
인터넷 서비스

넷 서비스를 제공한다. 승객들은 좌석에 설치된 랜(LAN) 포트 또는 무선 랜 카드를 사용해 지상에서와 같은 고속 인터넷을 이용할 수 있다.

에미레이트항공은 항공 통신 개발 업체인 온에어(On Air)사와 합작해 A380 항공기 내에서 무선 인터넷 서비스를 제공하고 있다. 승객들은 On Air Wi-Fi에 연결하여 웹 서핑을 하고 이메일을 확인하는 등 지상에서와 같이 다양한 업무를 볼 수 있게 되었다.

일본항공(JAL)은 2012년부터 일본-유럽 노선과 일본-미국 노선에서 기내 고속 인터넷 접속 서비스를 제공한 후 이후 노선을 더욱 확대할 계획이다.

기내 인터넷 서비스는 항공사별 차별화된 마케팅 전략의 일환으로 항공사마다 기내 인터넷 서비스 재개에 박차를 가하고 있다.

(11) 기내 이색 오락 프로그램 서비스

기내 이색서비스는 항공사별로 그 내용이 다양하며, 항공사의 이미지와 결부되어지는 만큼 홍보 효과도 크다고 할 수 있다. 항공사는 이러한 이색 서비스를 마케팅의 일환으로 점차 확대하고 있는 추세이다. 미국의 사우스웨스트 항공사는 다양한 이색 서비스를 시행하고 있다. 비행 중 안전 수칙 등을 설명하는 기내 방송을 랩으로 하고 있으며, 즉흥적으로 노래자랑과 같은 승객들을 유도하는 이벤트를 벌이기도 하고, 특이한 의상으로 승객들을 맞이하기도 한다. 이러한 내용들을 벤치마킹하여 현재 우리나라의 항공사들도 다양한 이색 서비스를 제공하고 있다. 제주 항공의 경우 제주 방언을 이용해 기내 인사방송을 시행하여 웃음과 기쁨을 선사하고, 발렌타인데이나 화이트데이 때는 승객들이 프러포즈를 할 수 있도록 도와준다. 기내 프러포즈 이벤트의 방법은 탑승한 항공편 기내에서 객실 승무원이 사연 방송과 함께 미리 준비한 선물을 전달해주고, 프러포즈가 성공하며 탑승객 모두가 축하를 해준다. 이를 위해 해당 편의 객실 승무원은 프러포즈에 성공한 커플을 위해 풍선 아트, 사진 촬영 및 소정의 선물 등을 준비하여 감동을 더해 준다. 또한 국경일에도 이색 서비스는 이어지고 있다. 식목일에는 꽃씨를 나눠주고, 어버이날에는 카네이션을 제공한다.

아시아나항공의 플라잉 매직팀은 지루한 항공여행을 즐겁고 아름다운 '추억의 시간'으로 바꿔주는 '마술팀'으로 마술쇼와 생일축하 생음악 공연, 음료와 식사 서비스 도중 선보이는 칵테일 쇼, 만화나 캐리커처 그리기, 스트레칭 체조 서비스 등을 통해 고객에게 감동과 즐거움을 전해준다. 아시아나의 플라잉 매직팀은 1998년 16명의 승무원들로 출발하여 현재, 1700여명의 승무원 중 31명의 승무원들이 3개 팀으로 나뉘어 활동하고 있다. 각종 악기 연주자이면서 마술사, 행사 진행자 등 만능 탤런트인 팀원들은 마술과 칵테일 쇼를 위해 전문 교육기관과 내부 교육과정을 거친 뒤 국제선 장거리 노선을 중심으로 서비스를 펼치고 있다. 특히 할리우드 마술교육기관인 '매직 캐슬'의 연수를 거친 승무원들의 마술 솜씨는 가히 세계적인 수준이다. 또한 로스앤젤레스와 런던, 프랑크푸르트 등 장거리 노선 승객을 대상으로 전문 교육을 받은 승무원들이 보습 마스크와 메이크업 서비스를 제공하는 '뷰티 마케팅'을 제공하고 있으며, 장거리 여행에서 경직되거나 피곤한 신체 상태를 풀기 위한 기내 체조 프로그램 동영상 서비스, 5세 미만 아동에게 손가락 인형과 함께 동화 구연 서비스, 타로 카드를 이용한 타로 점 서비스를 실시하고 있다.

대한항공은 노년 부부들이 제주도에서 신혼여행을 재연할 기회를 제공하는 '리멤버 허니문' 서비스를 실시하고 있다.

▲ 기내 이벤트

▲ 티웨이항공 랩 기내방송

▲ 제주항공 이색 서비스

▲ 아시아나항공 매직 서비스

세부 퍼시픽항공의 경우 승객과 승무원이 리조트 분위기에서 게임을 함께하는 서비스를 제공해 유명해지기도 했다. 이는 객실 승무원이 사회를 보고 손님이 직접 참여할 수 있는 미니 농구 게임, 링 던지기, 가라오케 등의 게임들을 서비스하고 있다.

5) 기내 의료 지원 서비스

해외여행의 보편화로 노약자를 비롯한 유·소아들의 항공 여행이 많아지면서, 항공기의 제약적인 환경 속에서 급작스러운 승객들의 건강 문제 발생을 항공사로서는 방치할 수 없게 되었다. 이러한 이유로 각 항공사들은 승객들의 건강한 항공 여행을 돕기 위해 스트레칭 체조 시간, 비행 스트레스 방지 센터 운영, 기내 건강 안내 비디오 상영, 사전 주문을 통한 건강식 제공, 기본적인 의약품 배치 등의 자체적인 의료지원 프로그램들을 운영하고 있으며 위급한 환자 발생 시를 대비하여 간단한 수술 도구 구비를 비롯하여 응급 처치를 위한 승무원 교육을 의무적으로 시행하고 있다.

항공사는 일반적으로 지상에 연락 가능한 24시간 응급지원시스템을 구축해 기내 환자가 발생하면 언제든 항공 전문의사로부터 원격 진료를 받거나 의학적 자문을 구하고 있고 탑승객 중 의료인이 있다면 도움을 얻어 지상과 협의 진료를 하기도 한다. 또한 질환을 가진 승객의 경우 여행 전에 철저한 준비가 필요한데, 당뇨나 고혈압 등의 지병이 있는 경우엔 반드시 여행 전에 의사의 진단을 받고 필요한 약을 챙기도록 해야 한다.

Q 얼마 전 대한 항공 기내에서 한 미국인이 아들을 출산했다는 기사를 봤는데, 이처럼 기내에서 응급 상황이 발생하면 어떻게 하나요? 기내에는 어떤 응급조치 장비들이 갖춰져 있는지요.

A 당시 승객은 임신 33주였습니다. 갑자기 복통을 호소해오자 승무원들은 우선 기내 방송으로 승객들 가운데 의사를 찾았고, 다행히 외과 의사가 탑승해 있어 도움을 청해 기내에 비치된 간이 수술 장치를 이용해 무사히 분만할 수 있었습니다. 이 과정에서 기내 위성 전화로 지상의 항공전문 의사와 수시 연락으로 환자의 상태를 살피고 도착 공항에 인큐베이터 장착 앰뷸런스를 대기시키는 등과 같은 필요 조치들을 취했음은 물론입니다.

출처: Skynews 2008. 6. 14

(1) Portable Oxygen Bottle (PO$_2$ BTL)

항공기 비상감압으로 산소 공급이 필요한 응급 상황 및 의료용으로 사용된다. 감압 현

상 발생 시 승무원이 산소통을 휴대하고 승객의 안전 상태를 확인하며, 응급처치를 원활
히 하기 위해 탑재되어 있다.

주의사항

- 기름 등과 같은 물질이 접촉되지 않도록 한다.
- 화기를 멀리하여야 한다.
- 떨어뜨리지 않도록 한다.
- 완전히 다 사용하지 않도록 하고, 500Psi 정도는 남겨둔다.

(2) Medical Bag

비행 중 사용 빈도가 높은 의약품으로 필요 시, 승객에게 신속히 제공하기 위해 지정된
승무원이 항상 휴대하여야 하며 내용물은 소화제, 두통약, 진통제, 지사제, 일회용 밴드
등의 간단한 구급상비약으로 구성되어 있다.

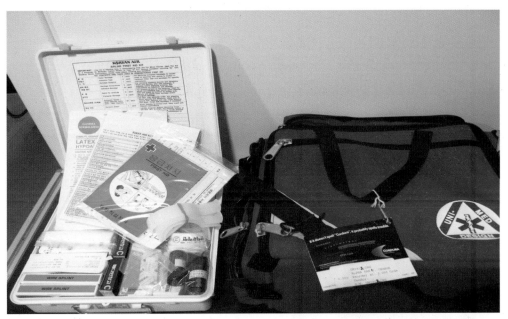

▲ Medical Bag

(3) First Aid Kit (FAK): 구급 의료함

항공법에 의해 탑재가 의무로 규정되어 있는 장비로, 비행 중 발생할 수 있는 응급 상황
에 대비하여 승객의 응급 처치를 위해 탑재되며 의사의 처방 없이 사용이 가능하다.

▲ First Aid Kit (FAK)

FAK는 납으로 된 Seal로 밀봉되어 있으며 Seal이 뜯겨져 있는 경우 FAK의 탑재로 간주되지 않아 비행 전 객실 승무원의 각별한 점검이 필요하다. 만약 Seal이 풀어져 있다면 새것으로 교환해야 한다. First Aid Kit은 먼지나 습기로부터 안전하게 보존되어야 하며 승무원이 쉽게 접근할 수 있도록 항공기 내 골고루 분산 배치되어야 한다.

(4) Emergency Medical Kit(EMK) : 비상 의료함

비행 중 위급한 응급 환자 발생 시 사용되는 의료함으로 전문적인 치료를 목적으로 하기 때문에 의사 면허를 소지한 자만이 사용할 수 있다. 오랫동안 Banyan에 의해 공급되어 Banyan Kit이라고도 불리기도 한다. FAK이 단순 초기 구급조치를 신속하게 하기 위해 존재하는 의료장비라고 한다면, EMK는 의사가 환자의 상태를 진단하여 약물을 주사하고 간단한 수술까지 가능한 의사용 진료함이다. 한 항공기에 하나의 비상용 의료함을 비치하도록 하였으며, 장비가 미비된 상태에서는 비행을 할 수 없는 장비이므로 반드시 점검되어야 한다. EMK 안의 포함내용은 아래와 같은 장비들이 해당된다.

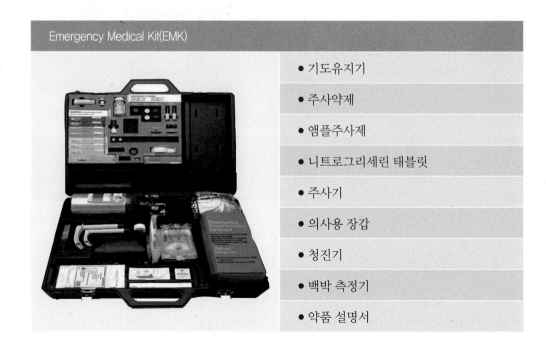

Emergency Medical Kit(EMK)

- 기도유지기
- 주사약제
- 앰플주사제
- 니트로그리세린 태블릿
- 주사기
- 의사용 장갑
- 청진기
- 백박 측정기
- 약품 설명서

(5) Automated External Defibrillator (AED): 자동심실제세동기

심장마비가 발생한 지 4분 내에 치료하면 생존율이 80% 이상인 반면 10분이 지나면 뇌에 혈액이 공급되지 않아 생존율이 10%에도 미치지 못하는 것으로 알려져 있다. AED는 기내에서 심장이 마비된 환자에게 순간적으로 고압 전기적 충격을 가해 심장 조직이 다시 활동할 수 있도록 하는 장치이다. 미국연방항공국(FAA)에 의해 모든 항공기에 의무적으로 탑재하도록 하고 있으며 의사나 일정 시간의 의료 교육을 이수한

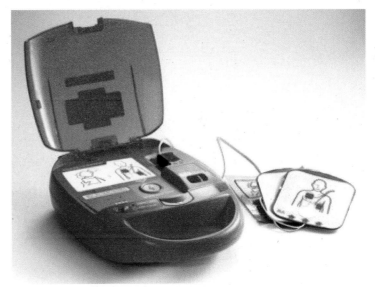

▲ Automated External Defibrillator(AED)

승무원들만 사용하도록 규정돼 있다. 미국 내에서는 사람들이 많이 모이는 장소를 비롯한 공공기관 등에 의무적인 비치를 실시하고 있으며 우리나라도 2008년 6월부터 AED와 같은 응급처치 장비의 비치가 의무화되어 공공보건기관, 구급차, 항공기, 철도 차량, 선박, 지하철 등에 비치된 AED를 쉽게 찾아볼 수 있다.

(6) Resuscitator Bag

인공호흡 실시 시 사용하는 보조 기구로서 환자의 호흡을 유도하고, 산소를 추가적으로 공급하기 위해 사용된다. 청진기, 탈지면, 얼음주머니, 혈압계, 압박 붕대, 체온계 등이 있다.

◀ Wheel Chair

(7) Universal Precaution Kit (UPK)

환자의 체액이나 혈액, 이물질의 직접적인 접촉을 막아 오염 발생 가능성을 줄이기 위해, 비행 중 환자로부터 발생할 수 있는 의료 폐기물을 별도로 수거하기 위해 사용되는 물품이다. UPK는 Resuscitator Bag 내에 탑재되어 있으며 내용물은 장갑, 오염물 처리 Bag, 알코올 스펀지, 보호가운, 마스크, 사용 설명서 등이 있다.

(8) Wheel Chair

항공기의 좁은 통로(Aisle)에서 사용할 수 있는 접이식 Wheel Chair를 기내에 탑재하였으며, 이는 전 기종의 탑재화가 규정화 되어 있다. Wheel Chair는 기내에서 승객의 활동 및 이동을 용이하게 하여 좋은 호응을 얻고 있다.

6) Special Care 서비스

항공기에 탑승하는 승객들은 일반인 승객들과 더불어 장애 승객, 유아 동반 승객, 보호자가 탑승하지 않는 비동반 소아, 환자 등 다양한 형태의 승객들이 탑승하게 된다. 이렇게 도움이 필요한 승객들에게 좀 더 세심한 서비스와 배려를 제공하기 위해 각 항공사들 마다 Special Care 서비스를 시행하고 있다.

Special Care 서비스는 항공기 객실에서 뿐만 아니라 예약, 발권, 운송 등 항공사 전 분야가 연계하여 서비스되어야 한다. 해당 승객과의 사전 약속이므로 약속된 서비스는 철저하게 제공될 수 있도록 승무원 및 해당 직원들은 서비스 내용을 정확히 숙지하여 제공할 필요가 있다.

7) Complementary Service

각 항공사에서는 항공 여행을 기념할 수 있는 기념품을 제작하여 승객에게 제공하고 있다. 항공사에 따라서 약간의 차이가 있기도 하지만 어린이를 위한 탑승 기념품에는 어린이 잡지, 퍼즐 게임, 인형, 모형 비행기 등이 있고, 상위 클래스 승객에게는 Over Night Bag, 스카프, 넥타이, 편의복, 문구 세트 등을 제공하고 있다. 또한 항공사에서는 계절에 맞는 기념품을 기획하여 기념품을 제공하고 있는데 특히 여름철에는 필수품인 물티슈를 무료로 증정하기도 하고, 비행기 모양의 비치볼을 어린이 탑승객에게 선물하기도 한다.

항공기를 이용하는 모든 승객에게 제공되는 기념품으로는 자사의 기내지, 칫솔, Slumber Mask 등이 있고 그 종류나 모양은 항공사의 특색에 맞게 다양하다. 또한 항공기 모형과 세계 여러 관광지가 그려진 엽서와 우편 봉투를 제공하고 있으며, 그 외에도 승객이 직접 작성한 편지를 항공사의 경비로 Mail해주는 Passenger Mail 서비스도 시행되고 있다.

▲ Complementary Service

제주항공의 FUN FUN한 기내 엔터테인먼트 서비스

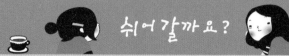

제주항공에는 다른 항공사와 차별화된 FUN 서비스가 있다.

제주항공 J팀은 7명의 승무원으로 구성되어있습니다.

제주항공 승무원 중 테스트와 면접을 통과한 각 분야 최고의 달인들만 모여 다른항공사에서는
절대 볼수 없는 제주항공만의 특화된 기내 서비스를 손님들에게 제공하며,
매달 새로운 기내서비스를 만들고 있습니다.

FUN 바이러스 가득한 비행

손님과 함께하는 레크레이션의 달인, 흥사의 **박기홍**
개그맨보다 웃긴, 유머의 달인, 이빨남 **조경진**
마술의 달인, 기발남 **모상엽**
군복, 가발, 교복 등 재미있는 변장의 달인, 수러킹 **김수희**
아트풍선과 타투의 달인, 미소천사 **민세정**
18000피트 상공에서 보는 경치 안내의 달인, Funny JJ~ **황현란**
빙고게임의 달인, 마린대위 **나 린**...

다양한 능력을 가진 승무원들이 힘을 이루어 시너지 효과를 발휘하며
어느 누구도 상상할 수 없는 기발하고 유쾌한 기내 서비스를
고객분과 함께하고 있습니다.

❝ 개그맨 뺨치는 승무원의 유머감각!
   기내에서 180도 변신도 문제 없다!
   기내 손님의 배꼽을 다 빼놓는 포복절도의 비행! ❞

그 **FUN FUN** 한 비행을 위해 저희 끼넘치는 멤버들이 모여 J팀이 탄생했습니다!!

풍선아트, 스티커 서비스 그리고 특별한 사진 찍기까지~
제주항공만의 기내 특화 서비스를 소개합니다.

제주항공에서는 기내에서도 기쁨이 두 배입니다.
제주항공을 탑승하였다는 것만으로 특별한 날, 특별한 즐거움을 선사해 드리겠습니다.

[제주항공의 Star J팀 만나러가기]

🎈 기내 서비스

- 풍선아트 : 꽃, 동물, 칼, 활 등 다양한 모양의 풍선 선물
- 사진촬영 : 모두에게 소중한 하루하루, 기억하고 싶은 오늘! 즐거운 여행길의 추억을 사진으로 남겨 드립니다.
  객실 승무원들이 다양한 소품을 활용하여 사진을 찍어드립니다.

즐거운 비행시간을 더욱 즐겁게~ Enjoy your flight 제주항공!
어린이는 물론 신혼부부, 어르신들, 그리고 여행길에 마음이 즐거우신 모든 분들께 또 다른 기쁨이 될 것입니다.

MEMO

최·신·항·공·객·실·업·무·론

Chapter

Chapter 03

객실**서비스**의
절차

1 Domestic Cabin Service Flow

Preparation before FLT	Pre Take-off Duties	After Take-off Duties	After Landing Duties
● 출근 ● Show-up ● Briefing 준비 ● Grooming Check (Appearance Check) ● Cabin Briefing ● Cockpit Briefing ● 보안검색	● 승무원 탑승 및 개인 소지품 정리 ● Pre-flight Check ● Ground Service 준비 ● 승객탑승 ● Ground Service ● Door Close 및 Slide Mode Check ● Welcome Announcement & Greeting ● Safety Demonstration ● 이륙준비	● Fasten Seatbelt Sign off ● Beverage Service ● Cabin Patrol (Walk Around) ● 착륙준비	● Farewell Announcement ● Duties During Taxing ● Slide Mode Check & Door Open ● Ship Pouch 인계 및 승객하기 ● After Landing Check ● Debriefing

1) Preparations Before Flight(비행 전 준비)

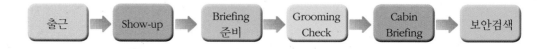

출근 → Show-up → Briefing 준비 → Grooming Check → Cabin Briefing → 보안검색

(1) 출근

객실 승무원은 비행에 준한 유니폼을 입고, 회사에서 정한 Make-up과 Hair-do를 갖추고 충분한 시간적 여유를 갖고 출근한다. 사복을 착용하는 경우에도 항공사의 승무원 품위를 유지하기 위해 단정한 정장 차림에 항공사 규정에 맞는 Make-up과 Hair-do를 유지한다.

◀ 객실 승무원의 올바른 출퇴근 복장

(2) Show-up(Sign-on)

Cabin Briefing전에 회사 컴퓨터 단말기를 이용하여 본인의 ID와 Password를 입력하여 출근 여부를 확인한다.

▲ Show-up

알아볼까요?

"Miss(결근), Late(지각)은 곤란하죠!"

▶ MISS FLIGHT   운항 브리핑을 마칠 때까지 SHOW-UP을 하지 않은 상태

▶ LATE SHOW UP   객실 브리핑 시간에서 운항 브리핑 시간 전까지 SHOW UP 하는 것

(3) Briefing 준비

객실 승무원들은 해당 비행편 Cabin Briefing에 참가하기 전 반드시 비행정보 및 공지사항 등을 숙지하고 메모하여 각자 Briefing 준비를 한다. 최근 업무 지시사항, 서비스 정보 등 공지사항, 기타 해당편 특이사항 등을 회사 전산 단말기를 이용하여 확인할 수 있다.

Cabin Briefing 준비사항

>> Flight Information(해당 비행일정, 비행시간, 목적지 정보, 기종)
>> Crew List & Duty Assignment
>> Port, Route & Service Information
>> Review Safety & Service Procedures of Aircraft Type
>> Updating with the Latest Notice & Information

(4) Grooming Check (Appearance Check)

유니폼과 구두의 청결상태, Make-up, Hair-do 상태를 다시 점검하고, 비행에 필요한 준비물과 개인 지정 휴대품을 확인하며, 기내 서비스에 필요한 앞치마는 다림질 상태와 청결상태를 확인한 후 명찰 부착을 확인한다.

필수 비행준비물

>> Passport, 승무원등록증(Crew Registration Card), ID Card
>> 객실 승무원 업무규정집, 기내방송문
>> Apron, Low-heel Uniform Shoes(기내화)
>> Time Table, 승무원 비행수첩
>> Safety Certificate
>> 개인지정휴대품(Make-up Kit, 볼펜, 메모지, 세면도구, Alarm Clock, Stockings)

(5) Cabin Briefing

Cabin Briefing ▼

비행출발시간을 기준으로 김포, 인천, 기타공항 출발, 기종에 따라 객실 브리핑 시간이 차이가 있기도 하지만, 대체로 국내선은 1시간10분~1시간30분 전, 국제선은 2시간10분 전에 실시하므로 비행 전에 반드시 확인하도록 한다. 객실 사무장/캐빈 매니저가 주관하는 Cabin Briefing에 참석하기 전 비행업무에 적합한 용모를 갖추고, 해당 비행편에 관한 비행정보 및 최신 공지사항 등을 숙지하여야 한다. 객실 사무장/캐빈 매니저는 승무원의 건강상태, 해당 노선 비행가능 자격, 비행휴대품 준비상태, 해당 비행기종 탑승근무에 관한 지식 등을 확인한다.

Cabin Briefing 내용

- Introducing Crews to Each Other(승무원 소개)
- Crew List Check & Duty Assignment(승무원 명단 확인, 방송담당자 및 업무할당)
- Flight Information(해당 비행일정, 비행시간, 목적지 정보 및 날씨, 기종)
- Pax Loading(예약상황 및 특이사항, VIP/CIP, SPML 신청 승객확인, 면세품 사전 주문 신청자 확인, 운송 제한승객 정보파악)
- Service Procedures & Information(서비스절차 및 내용, 기내 방송 및 영화 상영물 확인)
- Updating with the Latest Notice & Information(최신 공지사항 및 지시사항)
- Review Safety & Security Checklist(해당편 안전 및 보안 사항 확인)
- Travel Documents, Manual & Personal Luggage (여권, 승무원 등록증, ID Card, 필수 휴대품)
- Grooming Check : Appearance Check(용모체크)

(6) 공항보안검색

Cabin Briefing이 끝난 후 Cockpit Briefing이 간단하게 진행되거나 혹은 공항의 승무원 전용 보안검색대를 통과하여 항공기로 이동한 후 Cockpit Briefing을 진행하기도 한다. 보안검색대를 통과할 때 객실 승무원은 반드시 ID Card를 착용하도록 하며, 항공기 안전운항에 저해되는 위험물의 탑재를 방지하고자 모든 소지품과 가방을 X-ray 검색대에 올려서 검사를 받는다. 문형의 금속탐지대를 통과하는 보안검색을 받고 휴대용 금속 탐지기를 이용한 Body Check을 받기도 한다.

▲ 공항보안검색대

2) Pre Take-off Duties(이륙 전 업무)

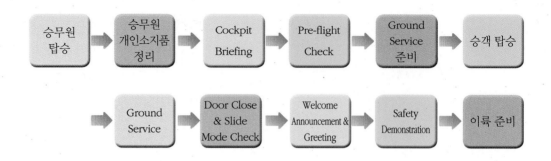

객실 승무원들이 공항 보안검색대을 통과한 후 항공기에 탑승하여 승객이 탑승하기 전까지 수행하는 업무로써 승무원의 탑승 후 소지품정리, Pre-flight Check, 탑재물품 확인 및 서비스 준비, Pax Boarding, Door Close, Welcome Announcement & Greeting, Safety Demonstration, 이륙 전 최종 안전점검 등의 업무를 말한다.

(1) 승무원 탑승

보안검색을 마친 승무원의 항공기 탑승시각은 객실 사무장/캐빈 매니저의 판단에 따라 당겨질 수 있으며 연결편 관계로 근무 예정인 항공기의 도착이 지연될 경우, 해당편 출발 시간의 지연이 발생되지 않도록, 가능하면 항공기가 도착할 예정 장소 근처 탑승구 혹은 주기장 근처의 버스 안에서 대기하여 탑승을 준비하여야 한다.

항공기 탑승시각		
국제선		항공기 출발 55분 전
국내선	B747	항공기 출발 50분 전
	기타 기종	항공기 출발 40분 전

(2) 승무원 개인소지품 정리

객실 승무원의 휴대수하물은 승객의 제한기준과 동일하게 준수되어야 한다. 특히 국내선을 운항하는 기종이 소형기종이 대부분이므로 공간 활용 및 보안을 위해, 각자 업무 할당된 Zone별 최후방 좌석의 뒤편 하단에 보관하고, 공간이 부족한 경우에는 Overhead Bin 또는 Coatroom에 보관한다.

(3) Cockpit Briefing

항공기에 탑승한 후 해당 항공편 기장의 주관하에 운항승무원과 객실 승무원의 합동브리핑이 항공기 출발 40분 전에 실시된다. 합동브리핑은 항공기가 지연되거나 주기장에 주기되어 있지 않을 경우, 승객과 분리된 장소인 객실 전방 혹은 공항 Gate 입구에서 실시되기도 한다.

▲ Cockpit Briefing

Cockpit Briefing 내용

- » Flight Information(비행시간, 항로 및 고도)
- » Weather Condition on the Flight Route & Destination(항로상 목적지 기상)
- » How to Contact & Password in an Emergency(비상시 연락방법)
- » Safety, Security & Emergency Procedures(안전, 보안사항 및 비상절차)
- » Access to Cockpit(조종실 출입절차)
- » Timing & Coordination of PA(기장 및 객실승무원 간 협조사항)
- » Cargo Loading & Condition(화물탑재량 및 상황)
- » Pax Loading, VIP, CIP, Special Care Pax, Extra Crew

표 Cockpit Briefing 시간

구 분	국내선		
	GMP	ICN	Layover Station
시 간	40분 전	전기종 40분 전	40분 전

B747기종은 ICN 출발을 제외하고 국내선 합동브리핑은 항공기 출발 50분 전 실시.

(4) Pre-flight Check

Cockpit Briefing 실시 후 객실 사무장/캐빈 매니저의 방송 지시에 따라 객실 승무원들은 각자 근무를 배정받은 담당구역에서 비행 전 비상/보안장비 점검, Door/Slide 위치 확인, 기타 장비 및 시스템점검, Catering Item 점검 등을 실시하고 그 결과를 객실 사무장/캐빈 매니저에게 보고하여야 한다. 안전운항을 위하여 가장 우선하여 해당 기종의 비상보안장비의 제 위치 여부 및 사용가능여부, 비상장비의 종류 및 사용법, 비상구 작동 등을 우선 확인하고 객실 사무장/캐빈 매니저에게 보고하면, 객실 사무장/캐빈 매니저는 이를 기장에게 보고한다. 이어 서비스 관련 장비와 시스템 및 용품, 기내설비 작동상태, 객실의

청결상태 등을 확인하고 이상이 있으면 Cabin Discrepancy List에 해당하는 경우 기장에게
보고하고 Cabin Log에 기입한 후, 즉각 조치를 하여야 한다.

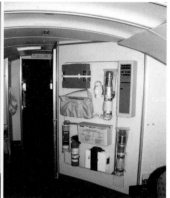

▲ 비상보안 장비 Check

비상/보안장비 점검

>> Fire & Smoke Equipment(화재진압장비: BCF
Extinguisher, H_2O Extinguisher, PBE, Protective
Gloves, Crow Bar)

>> Ditching & Evacuation Equipment(비상착수 및 탈
출장비: Emergency Flashlight, Radio Beacon,
Megaphone, Baby Floatation Cot, Additional
Survival Pack, Infant Life Jacket, Spare Life Jacket)

>> First Aid Equipment(응급조치장비: AED, Portable
Gaseous O_2, First Aid Kit, Splint Pack, Resuscitation
Equipment Bag, In-flight Doctor Kit)

>> Demonstration Kit(Live Demo장비)

>> Security Equipment(보안장비: Taser Gun, Rope,
Gas Gun, Handcuffs, Bomb Fragmentation Blanket,
Bullet Proof Jacket)

기타 장비 및 시스템 점검

>> Communication System(Interphone & PA)
>> Cabin Lighting System(Light Control System)
>> Temperature Control System
>> Pre Recorded Announcement System
>> Audio/Video System & Air show
>> Water Gauge & Lavatory Tank Gauge

Catering Item Check

>> SVC Cart/Compartment/Carry-on Box Tag & Contents
>> Standard Loading(SVC Goods/Item, Drinks Loading)
>> Video Tape(Safety Demonstration Video)

객실설비 점검

>> Lavatory System & Cleaning(Water Faucet, Flushing, Smoke Detector, Call Button, Mirror)

>> Galley Equipment(Galley Power, Coffee Maker, Oven, Water Boiler, Air Bleeding)

>> Curtain, Coatroom, Compartment, Aisle Cleaning

>> Pax Service Unit System(Call Button, Reading Light, Seat Audio, Monitor)

>> Pax Seat Area(Life Vest, Tray Table, Foot Rest Folder, Head Rest Cover, Seat Pocket Item, Overhead Bin In & Out, Window & Blind)

(5) Ground Service 준비

최종적으로 객실 사무장/캐빈 매니저는 승객탑승 시작을 알리는 방송과 함께 Boarding Music을 켜고 객실 승무원들은 Duty Code에 지정된 Boarding Position에서 대기한다.

❶ Newspapers Setting on Trolley(항공기 출입구 바깥쪽 Air-Bridge 혹은 Step Car 상단 에 Trolley를 비치하고 신문제호가 승객에게 보이도록, 한글과 주요 일간지 상단, 영 자신문과 스포츠신문은 2단, 기타 신문은 하단 배치한다.)

❷ Magazines Setting On Magazine Rack(잡지꽂이에 제호가 보이도록 종류별로 가지런히 배열)

❸ Lavatory Setting(화장품 Setting 및 청결상태 점검)

❹ Open Overhead Bins(승객 탑승 시 빈 곳을 찾아 짐 정리를 신속하게 하도록 열어둔다)

❺ Pillow & Blanket in Forward & Backward Overhead Bin(담요나 베개를 요구하는 승 객에게 제공)

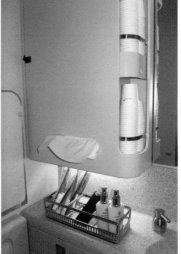

▲ Over Headbins 확인 및 Lavatory Setting

(6) 승객탑승

▲ 승객탑승안내

국내선 탑승은 비행출발 15~30분 전에 시작된다. 승객탑승 시 객실 사무장/캐빈 매니저는 탑승구에 위치하여 탑승이 원활하게 진행되도록 안내 업무를 지휘하며 승객들을 제일 먼저 맞이하며 환영인사를 한다. 출입구에서 환영인사를 하는 승무원은 환영인사와 함께 좌석 방향을 안내하며, 나머지 승무원들은 담당 구역 비상구 주변을 중심으로 승객이 도움을 요청할 때 유연성 있게 이동하며 안내하고 휴대수하물을 적절한 장소에 보관하도록 협조한다.

Passenger Boarding Priority

① Stretcher Pax	② UM, 운송제한승객	③ 노약자, 유아동반승객
④ VIP, CIP	⑤ F/C Pax	⑥ B/C Pax
⑦ 객실 뒷열 E/Y Pax	⑧ 객실 앞 열 E/Y Pax	

❶ Welcome Greeting

승객 탑승 전 Grooming Check 후, 각자의 Boarding Position에서 밝은 미소와 환영의 마음을 담아 친절한 목소리로 승객을 맞이한다.

❷ Assist Pax Seating

승객의 탑승권을 보여 달라고 한 후, 편명, 좌석번호, 이름, 날짜 등을 확인하고, 좌석번호에 따라 왼쪽, 오른쪽 방향을 안내하며 손끝을 모아 손바닥이 보이도록 하여 방향을 안내한다. 복도가 막히지 않도록 탑승의 원활한 진행을 유도하고 특히 노약자, 환자, 어린이, 유아동반 승객 등은 적극적으로 안내한다. 비상구 열 좌석 탑승 제한 규정에 의거하여 비상구 열 좌석에 앉은 승객이 착석 불가 승객인지 확인하고, 비상탈출 시 행동요령에 대한 브리핑을 하고, 가방이나 짐을 비상구 주변에 두지 않도록 안내한다.

❸ Assist Pax Baggage

객실 승무원은 승객이 기내반입 수하물을 Overhead Bin, Coatroom, Restraint Bar가 설치된 좌석 밑에 보관할 수 있도록 안내한다. 가벼운 짐은 Overhead Bin, 무거운 것이나 깨지기 쉬운 물건은 좌석 밑, 부피가 큰 것은 Coat Room 또는 Restraint Bar가 설치된 좌석 밑에 보관한다.

비상구 좌석배정 불가 승객

- 15세 미만이거나 동반자의 도움없이 탈출용 슬라이드 조작장치를 조작하기 어려운 승객
- 글 혹은 그림 형태로 제공된 비상탈출에 관한 지시를 읽고 이해하지 못하거나 승무원의 구두 지시를 이해하지 못하는 승객
- 시각장애 혹은 청각장애로 인해 승무원의 탈출지시를 수행하거나 이해하지 못하는 승객
- 다른 승객들에게 정보를 적절하게 전달할 수 있는 능력이 부족한 승객
- 활동성, 체력, 민첩성 등이 충분하지 않은 승객
- 유아나 어린이를 동반한 승객 등 비상탈출 기능을 수행하기 힘든 상태인 승객
- 비상탈출 기능을 수행할 수 있는지 상태를 알 수 없는 승객
- 비상 탈출 시 협조자의 기능을 수행하는 것을 거부하는 승객

승객의 위탁품 보관시 유의사항

» 위탁품을 보관할 때는 내용물을 확인하여 적절한 장소에 보관하도록 한다.

» Tag을 이용하여 승객의 좌석번호, 목적지를 표시한 후 보관하고, 보관한 위치를 승객에게 알려준다.

» 모든 위탁품은 승객하기 시 탑승구 앞에서 반환한다는 것을 미리 안내하고, 도착 전 다시 한 번 안내한다.

» 위탁품에서 현금, 유가증권, 중요서류, 복용이 필요한 약품 등은 꺼내서 승객이 소지하도록 한다.

» 승무원 교대가 있을 경우, 승객이 부탁한 냉장물품 및 보관 물품은 중간 기착지에서 승무원 교대시점에 반드시 승객에게 일단 반환해 주고, 다음 교대 승무원에게 다시 맡기도록 한다.

» 기내 허용 휴대 수하물
(폭: 40cm, 길이: 55cm, 높이: 23cm)

▲ Assist Pax Baggage

▲ Newspaper Trolley Setting

7) Ground Service

신문을 항공기 출입문 입구에서 직접 가져가실 수 있도록 Trolley Setting 을 하고, 탑승이 80% 이상 이루어진 시점에서 By Hand Service로 신문의 제호가 승객에게 보이도록 하여 Aisle에서 제공한다.

(8) Door Close & Slide Mode Check

❶ Door Close

승객탑승이 완료되면 지상직원이 객실 사무장/캐빈 매니저에게 Ship Pouch를 인수받은 후 Head Counting한 탑승객 수와 대조한 후 특이사항 등을 기장에게 보고한다. 모든 휴대수하물의 정위치 보관과 Overhead Bin의 닫힘 상태를 확인하고, 지상직원에게 '객실준비완료'를 통보한다. 기장에게 보고하고, 동의를 구한 후, 지상직원이 하기한 것을 확인한 후 항공기 Door Close방송을 실시 후 탑승출입구를 닫는다. Door Close 전에는 반드시 추가 탑재 서비스 용품의 탑재 여부, 출항서류, 지상직원의 Weight & Balance 전달 여부 등을 확인한다.

❷ Slide Mode 변경

Door Close 직후에 객실 사무장/캐빈 매니저가 방송을 통해 Slide Mode 변경을 실시한다. 전 승무원은 지정된 담당 Door Slide Mode를 지상모드에서 비행모드로 변환한 후 보고한다. 이어 객실 사무장/캐빈 매니저는 기장에게 'Push Back'준비가 완료되었음을 보고한다.

▲ Door Close

▲ Slide Mode 변경

알아볼까요?

Ship Pouch

▶ 출항에 필요한 여객 및 화물 운송관련 Document

▶ Flight Coupon

▶ Company Mail & Document

▶ Pax Mail Envelope

▶ SHR(Special Handling Request) : 승객인적사항, 서비스요구사항, 임산부 및 고령자의 서약서, 병약
   승객 운송신청서 및 의사소견서, UM, VIP/CIP, TWOV 등 승무원이 고객 서비스를 위해 참고해야
   할 사항 등이 표기 되어 있다.

▶ Restricted Item

▶ 귀중품 인수인계서

(9) Welcome Announcement & Greeting

최상위 방송자격자가 기내방송을 담당한다. 방송담당자를 제외한 전 객실 승무원은 담
당 Zone의 정해진 위치에서 Welcome Announcement의 첫인사 문구에 맞추어 승객들에
게 정중하게 환영인사를 실시한다. Welcome Announcement의 내용은 편명, 목적지, 비행
시간, 기장 및 승무원소개, 안전규정, 유의사항 등으로 구성된다.

(10) Safety Demonstration

항공기가 Push Back한 직후, 비행안전에 관한 Safety Demonstration을 직접 시연하거나
항공기에 장착된 Video Projector를 이용하여 Video Tape를 상영한다.

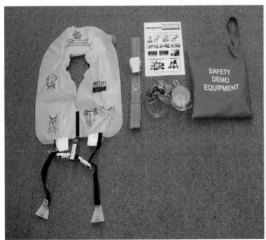

▲ Safety Demonstration

Safety Demonstration 순서 및 내용

① 좌석벨트 사용법　　　　② 비상등 및 비상탈출구 위치　　③ 비상구열 좌석 승객의 의무
④ 구명복 위치 및 사용법　　⑤ 산소마스크 위치 및 사용법　　⑥ 전자기기 사용금지 안내
⑦ Safety Briefing Card

Safety Demonstration 실시 요령

>> Safety Demonstration Video Tape를 Screen으로 상영할 때 객실조명은 Dim으로 어둡게 조절하고, 객실 승무원은 Jump Seat이나 주변 Side Wall에 비켜 서 있는다.

>> Safety Demonstration을 객실 승무원이 시연하는 경우, 객실조명은 Full Bright로 밝게 조절하고, 각자 지정된 비상구 좌석 주변 위치에서 내용이 정확하게 전달될 수 있도록 방송에 맞게 절도 있는 동작으로 실시한다.

>> Safety Demonstration이 끝난 후, 객실 승무원은 Life

Vest를 착용한 채로 담당 Zone별 Aisle을 통과하며, 승객의 좌석벨트 착용, 등받이, 발받침, 팔걸이, 테이블 등 정위치 상태, 수하물 보관상태 및 Overhead Bin Locking 상태 등을 점검하고, Lavatory 내 승객의 유무를 확인한다.

>> 담당 Zone에 UM, 노약자, 장애인 승객 등 비상탈출 시 도움을 필요로 하는 승객 및 객실 구조상 Demo를 볼 수 없는 좌석에 착석해 있는 승객에게는 개별 Briefing을 실시하도록 한다.

(11) 이륙준비

▲ Jump Seat 착석 후 이륙방송 실시

객실 승무원은 안전한 이륙을 위해 이륙 전 담당 Zone 승객들의 Safety Check를 한다. 최종 이륙준비 점검이 끝나면, 지정된 승무원좌석에 착석하여 충격방지를 위해 좌석벨트와 Shoulder Harness를 착용하고 이륙 시 30 Seconds Review를 실시한다. 객실 사무장/캐빈 매니저는 전 객실의 이륙준비를 최종 순회점검하고, 기장의 Take-off Signal이 나오면 Boarding Music을 끄고 객실조명을 Dim 상태로 조절한다. 이륙안내방송을 실시한 후 기장에게 '이륙준비완료'를 보고한다.

Safety Check for Pre Take-off

>> 승객 좌석벨트 착용상태, 좌석등받이, 테이블, 발받침, 팔걸이 정위치 상태 확인
>> Overhead Bin Locking
>> 휴대수하물 및 유동물건 고정
>> 화장실 승객 유무 확인 및 변기 덮개 고정
>> Galley 내 탑재물 및 유동물 고정, Compartment & Serving Cart Locking, Curtain 고정

Critical 11 & 30 Seconds Review

항공기 이륙 3분간과 착륙 8분간이 항공기 사고의 78%를 차지하는 가장 위험한 순간으로 이것을 'Critical 11'이라고 한다. 이륙과 착륙 시의 11분을 제외한 나머지 시간은 이륙한 후 목적지 공항에 도착할 때까지 일정한 고도와 속도에서 순항하고 있는 가장 안정된 상태라고 할 수 있다. 따라서 객실 승무원들은 이륙과 착륙준비를 위해 승무원 좌석에 착석해 있는 동안 'Critical 11'에는 이륙 직전과 착륙 직전 각각 30초씩 '침묵의 30초'라고 불리는 '30 Seconds Review'를 행하며, 발생 가능한 비상사태를 가상하고 자신이 취할 행동을 머릿속으로 되새긴다.

3) After Take-off Duties(이륙 후 업무)

항공기가 이륙 후 순항 고도에 진입하게 되면 Fasten Seat Belt Sign이 꺼지고, 이륙 후 업무절차가 시작된다. 이륙 후 In-flight Service는 항공사, 노선, 비행시간에 따라 다소 차이가 있으며 반드시 비행 전에 서비스 절차와 내용에 대하여 숙지하여야 한다. 특히 국내선 저비용 항공사들은 이륙 후 In-flight Service에서 음료서비스 외에도 차별화된 다양한 서비스를 제공하고 있다.

(1) Beverage Service

여승무원과 남승무원은 서비스복장을 착용하고 음료서비스 준비를 시작한다. 먼저 커피메이커에 커피를 Brew시켜서 커피의 온도와 농도가 적절한지 확인하고 뜨거운 물을 준비한다. 차가운 음료의 Chilling 상태를 확인하고 청결하게 닦은 후 음료와 Dry Item을 항공사 Manual에 맞게 Cart 위에 Setting한다. 객실 사무장/캐빈 매니저는 음료서비스 직전 Cabin Light를 Full Bright로 조절한다.

표
국내선 항공사
기내서비스
음료

항공사	KE	OZ	LJ	BX	7C	TW	ZE
기내음료	M/W 녹차 Coffee O/J T/J Coke Milk/Soy Milk (조조편)	M/W Coffee O/J T/J Coke 감귤주스(제주) Milk(조조편) 녹차	M/W 녹차 감귤주스	M/W 감귤주스 Coffee (부산)	M/W 감귤주스	M/W Coffee 감귤주스 O/J T/J	감귤주스

※ KE(대한항공), OZ(아시아나항공), LJ(진에어), BX(에어부산), 7C(제주에어), TW(티웨이항공), ZE(이스타항공)
※ Milk, Soy Milk는 조조편에서만 제공한다.

표
Domestic
Beverage Cart
Top Setting

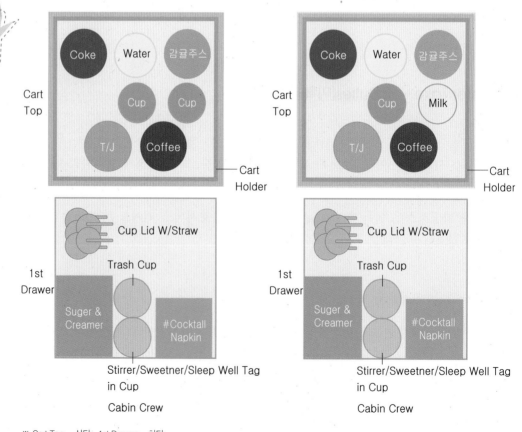

※ Cart Top – 상단, 1st Drawer – 하단

음료서비스 시 유의사항

>> 서비스 순서는 창측 승객부터 통로 측 손님 순으로 주문받고 서비스한다.

>> 노인, 어린이, 여자, 남자 순으로 서비스한다.

>> Cart를 승객이 잘 보이도록 위치한 후 준비된 메뉴를 이야기한다.

>> 주문 시 밝은 표정과 공손한 태도를 유지한다.

>> 음료 서비스 전 반드시 Tray Table을 펴고, Napkin을 놓은 후 음료를 제공한다.

>> 뜨거운 음료를 제공할 때는 승객에게 주의를 시킨 후 제공한다.

>> 조조편의 빵 서비스를 하는 경우, 빵을 먼저 서비스하고 음료를 주문받는다.

>> 음료를 쏟은 경우, 먼저 사과와 함께 즉시 조치를 취한 후, 사무장/캐빈 매니저에게 보고하고, Cleaning Coupon 발급 등의 조치를 취한다.

>> 주무시는 승객에게는 시선의 정면 위치에 SleepWell Tag을 부착하고, 수시로 확인한다.

>> Used Cup Collection 시 Tray Mat를 Full Tray에 깔고 승객에게 간단한 대화와 함께 Refill을 권유하며, 회수하도록 한다.

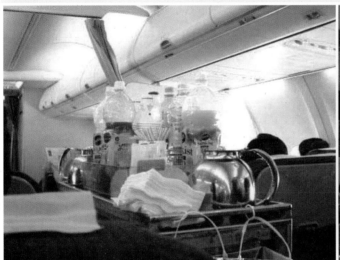

▲ 국내선 음료 카트

▲ 음료 서비스

(2) Cabin Patrol(Walk Around)

음료서비스가 끝나면 승객들의 동향을 파악하기 위하여 미소를 지으며, 천천히 Aisle을 통과한다. 승객좌석 주변 및 화장실의 청결상태가 유지될 수 있도록 Aisle을 통과한다. 빈 컵을 회수할 때는 승객의 의향을 물어본다. 어린이나 노약자에게는 더욱 세심한 배려와 관심을 보이며, 어린이에게는 Giveaway를 제공하고, 대화를 시도한다. 야간비행 시에는 독서를 하시는 승객에게 의향을 확인하고, Reading Light를 켜드린다.

(3) 착륙준비

기장의 Approaching Signal이 주어지면, 승객과 승무원의 안전을 위해 이륙준비와 마찬가지로 Safety Check을 한다. Safety Check이 끝나면 승무원은 지정된 Jump Seat에 착석하여 좌석벨트와 Shoulder Harness를 착용한 후 30 Seconds Review를 실시한다. 객실 사무장/캐빈 매니저는 전 객실 착륙준비 상태를 순회점검하고, 객실 조명을 Full Bright에서 Dim으로 조절한다.

Approaching Signal 후 업무

» 방송담당자는 Approaching Announcement 실시
» 승객의 좌석벨트 착용, 등받이, Table, Armrest, Footrest 원위치
» 서비스용품 회수 및 정리
» Jacket/Coat 등 Baggage를 제외한 보관품 반환(취침 승객은 Landing Signal전까지 반환)
» Overhead Bin Locking 및 기타 유동물 고정
» Galley장비, Compartment, Cart Locking
» Lavatory 승객 유무 확인 및 변기 덮개 고정

---

4) After Landing Duties(착륙 후 업무)

Farewell Announcement 및 Taxing 중 조치사항 → Slide Mode Check & Door Open → Ship Pouch 인계 및 승객 하기 → After Landing Check → Debriefing

(1) Farewell Announcement 및 Taxing 중 조치사항

방송 담당승무원은 항공기의 엔진의 역회전(Engine Reverse)이 끝나는 시점에 Farewell 방송을 실시한다. 전 승무원은 Taxing 중 착석하고, Fasten Seatbelt Sign이 꺼질 때까지 모든 승객의 착석을 유도한다. 객실 사무장/캐빈 매니저는 Farewell 방송이 끝나는 시점에 Boarding Music을 켠다.

(2) Slide Mode Check & Door Open

객실 사무장/캐빈 매니저는 항공기가 완전히 멈추고, Step Car 혹은 Air Bridge가 접근하

는 것을 확인한 후 PA를 이용하여 Slide Mode 변경을 지시하고 전 승무원은 방송에 맞추어 Slide Mode를 비행모드에서 지상모드로 변경한 후 상호점검을 한다. Fasten Seat Belt Sign이 Off 되었는지 확인한 후 지상직원에게 Door Open 수신호를 주어 지상직원이 외부에서 Open하도록 한다.

(3) Ship Pouch 인계 및 승객 하기

객실 사무장/캐빈 매니저는 지상직원에게 Ship Pouch를 인계하고 중요 승객이나 제한 승객에 대한 정보를 전달한 후, 승객 하기를 실시한다. 지정 승무원은 탑승구에서, 다른 승무원들은 각자의 Jump Seat 주변에서 하기 인사를 실시하며, 노약자 및 유아동반 승객, 제한승객 등은 보다 적극적으로 도움을 드린다. 이 때 객실조명은 Full Bright로 조절한다.

Standard Deplaning Priority

① 응급환자	② VIP, CIP	③ UM, Special Care 승객
④ B/C 승객	⑤ E/Y 승객	⑥ 운송제한승객
⑦ Stretcher 및 Wheel Chair 승객		

---

(4) After Landing Check

모든 승객이 하기한 후 전 승무원은 담당구역별로 화장실 내 잔류 승객 유무를 확인하고, 좌석 주변과 Overhead Bin, Coatroom 등에 L/B(Left Behind) 유무를 점검한다. L/B를 발견하면, 먼저 객실 사무장/캐빈 매니저에게 보고하고 도착지 지상직원에게 인계하거나, L/B창구에 인계한다. 객실 사무장/캐빈 매니저는 보고받은 유실물의 내용, 형태, 개수, 발견 장소, 인계한 지상직원의 인적사항 등을 Purser's Flight Report에 기재하고 회사에 보고한다. 전 승무원은 담당 구역별로 Slide Mode가 지상모드인지 확인하고, 기내보안 점검을 실시한다.

(5) Debriefing

전 승무원은 항공기에서 하기한 후 객실 사무장/캐빈 매니저의 주재하에 Debriefing을 실시한다. 비행 중 특이사항이나 서비스 중 발생한 문제점들에 대한 상호 의견을 교환하고, 마무리 인사를 하며 비행업무를 종료한다.

국내선
서비스절차
및 방송순서

시 점	Announcement	Service Procedure
승무원 탑승	• PA Test	• 비상 및 보안장비 점검 • 기타 장비 점검 • 서비스물품 점검 • 서비스준비

승객 탑승	• 탑승편 Announcement
	• Slide Mode Check
	  Announcement
	• Welcome Announcement
	• Safety Demonstration
	  Announcement
		• 인사 및 좌석 안내
		• 신문서비스
		• Ship Pouch 인수
		• Door Close
		• Slide Mode 변경
		• Safety Demonstration
		• Cabin Light 조절(Dim)

Pre Take–off	• Take-off Announcement	• 승객 좌석벨트 착용 및 객실 이륙준비 • Galley, Lavatory Check • 승무원 Jump Seat 착석
Inflight	• Seatbelt 상시 착용 Announcement • Approach Announcement • Landing Announcement	• 음료서비스 • Used Cup Collection • Cabin Patrol(Walk Around) • 승객 좌석벨트 착용 및 객실 착륙준비
Landing	• Farewell Announcement • Slide Mode Check Announcement	• 항공기가 완전히 정지할 때까지 승객 착석 유지 • Door Open • Slide Mode 변경
Deplane	• Deplane Announcement	• Ship Pouch 인계 • 승객 하기 • 유실물 확인 및 기내 점검

Standard Communication Signals

구 분	Signal	발신자	대응행동
Intephone	Chime 1회	전 승무원	• 가까운 Handset 신속히 받음
Cockpit Entry	Interphone 연락 후 노크 3회	승무원	• 기장은 Viewing Port 통해 확인
Take-off	Fasten Seat Belt Sign On & Off 3회 → On	Captain	• 객실 이륙준비 • 승객, 승무원 착석
상승중 10,000ft 통과	Seatbelt Sign Off	Captain	• 'Seatbelt 상시착용 Announcement' 실시
	Seatbelt Sign On+Chime 1회 (A330: Interphone 이용)		• 승객 착석 유지 • Turbulence Announcement 불필요
	Seatbelt Sign On+Chime 2회		• 승객, 승무원 착석유지 • Turbulence Announcement 불필요
Approaching	Fasten Seatbelt Sign On & Off 3회 → On/Off	Captain	• 객실 착륙준비
Landing	Fasten Seatbelt Sign On & Off 3회 → On	Captain	• 객실 착륙준비 완료 • 승객, 승무원 착석 • Sterile Cockpit 시작 시점
Brace Position Signal	Fasten Seatbelt Sign 4회	Captain	• "Brace"라고 Shouting하기 시작
Emergency Signal	All Call 3회	전 승무원	• Handset 신속히 받음
비상탈출	Evacuation Horn 작동/비상등 작동	Captain	• 탈출 신호음 소거 • 즉시 탈출 지시

* B737 - Evacuation Horn 기능이 없으므로 PA로 탈출명령 지시
* 그 외 중대형 항공기는 PA로 탈출명령 지시 후 Evacuation Horn ON
* A330 기종의 경우, Take-off, Approaching, Landking Signal - Fasten Seatbelt Sign 4회

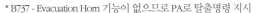

International Cabin Service Flow ②

국제선 비행절차에서는 국내선 비행절차와 중복되는 내용은 반복 언급하지 않고, 추가되는 내용만 부연 설명하고자 한다.

Preparation before FLT	Pre Take-off Duties	After Take-off Duties	After Landing Duties
• 출근 • Show-up • Briefing 준비 • Grooming Check 　(Appeanance Check) • Cabin Briefing • Cockpit Briefing • 탑승수속 및 C.I.Q.	• 승무원 탑승 및 개인 　소지품 정리 • Pre-Flight Check • Galley briefing • Ground service 준비 • 승객탑승 • Ground Service • Door Close & Slide Mode 　Check • Welcome Announcement 　& Greeting • Safety Demonstration • 이륙준비	• Fasten Seatbelt Sign Off • Food & Beverage SVC • Entry Documents Service • In-flight Sales • In-flight Movie & Rest • Cabin Patrol 　(Walk Around) • 착륙준비	• Farewell Announcement 　및 Taxing 중 조치사항 • Slide Mode Check & 　Door Open • Ship Pouch 인계 및 　승객하기 • After Landing Check • Debriefing

▼ 항공기의 비행단계

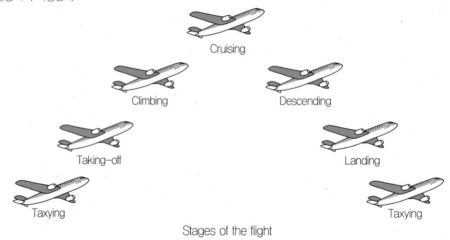

Stages of the flight

1) Preparations Before Flight(비행 전 준비)

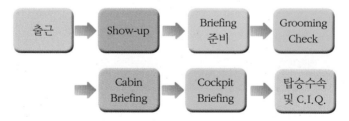

(1) 출 근

객실 승무원은 매달 할당된 본인의 비행 스케줄에 따라 계절, 기후, 교통 혼잡 등 여러 출근 상황을 고려하여 충분한 시간적 여유를 가지고 출근하여야 한다. 이때 비행에 준하는 유니폼을 착용하고 회사에서 정한 Make-up과 Hair-do를 갖추고 있어야 한다. 해외에서 체재하는 비행 스케줄의 경우에는 근무에 필요한 물품 이외에 개인 여행 용품도 준비하여야 한다. 개인 여행 용품의 경우에는 체재지의 기후와 일정, 상황에 맞추어 준비하는 것이 중요하다. 회사의 Crew 정보 시스템을 통하여 해당 비행 편수에 대한 정보, 최근 업무 지시, 목적지 공항 정보, 날씨, 환율, 교통정보, 유명 관광지에 대한 정보 등 다양한 정보를 얻을 수 있다.

(2) Show-up(Sign-on)

정시성을 중요시 여기는 항공사의 특성상 객실 승무원이 할당된 탑승 근무를 위하여 회사에 출근한 후 최초로 수행하는 임무로써 지정된 장소에서 Crew Show Up System에 본인이 직접 Check하여 입력하여야 한다. Show-up은 항공기 출발시각을 기준으로 한 회사의 규정에 따르며, 정해진 출근시간보다 30분 이상 여유 있게 출근하는 것이 바람직하다. Cabin Briefing 실시 전에 우선되어야 하며 비행근무를 위한 유니폼 착용 상태를 완전하게 갖추어야 한다.

(3) Briefing 준비

유니폼을 착용한 후 해당 비행편 Cabin Briefing에 참가하기 전 반드시 비행에 준한 용모와 복장을 한 후 최근 업무 지시 및 공지사항 등의 서비스 정보를 수집하고 비행에 필요한 필수 휴대품의 이상 유무를 확인한다. 자택에서 Crew 정보 시스템을 통하여 Briefing에 대한 전반적인 준비를 하고 회사에서는 재확인한다.

(4) Grooming Check(Appearance Check)

객실 승무원은 Cabin Briefing에 참석하기 전 유니폼과 구두의 청결상태, Make-up, Hair Style의 단정한 상태가 흐트러지지 않았는지 다시 점검하고, 비행에 필요한 준비물과 개인 지정 휴대품을 확인한다. 기내 서비스에 필요한 Apron은 다림질 상태와 청결상태를 확인한 후 필요하다면 다림질을 하고, 명찰의 부착도 확인하도록 한다. 항공기에 탑승 후 비행 중에도 수시로 복장상태와 용모를 단정하게 유지하기 위해 스스로 점검을 철저히 하여야 한다. 만약의 경우 비행스케줄의 변경이 있을 수 있으므로 당일 단거리 국제선 비행일지라도 장거리 국제선 비행을 위한 개인지정 휴대품들을 구비하여 항시 갑작스러운 스케줄 변경을 대비하여야 한다.

국제선 객실승무원 필수 비행준비물
• Passport & Visa
• ID Card & Crew Registration Card
• Cabin Operations Manual(Service Standard Handbook/Inflight Announcement Manual)
• Time Table, 비행수첩
• 기내화, 앞치마, 메모지
• Make-up도구, 세면도구, Alarm Clock, Stockings, 여벌의 Uniform, 사복과 구두

(5) Cabin Briefing

객실 사무장/캐빈 매니저가 주관하는 Cabin Briefing은 근무의 첫 출발점이며 함께 비행할 팀원과의 첫 만남이 이루어지는 시간이므로 사전에 비행 스케줄과 Cabin Briefing 시간을 확인하고 지각하지 않도록 주의하여야 한다. 개인별 비행준비를 마친 승무원은 정해진 시간에 지정된 장소에서 해당 비행편 승무원을 공식적으로 첫 대면하게 되는 Cabin Briefing을 갖게 된다. 비행 및 서비스에 관한 정보는 항상 최근 Up-Date된 내용을 개인적으로 숙지하고 있어야 하며 특히 Safety 관련 사항은 Cabin Briefing 시 있게 될 Random Check에 대비하여 철저한 학습이 필요하다. 일반적으로 Home Port에서는 Crew Building에서 실시되나 해외 Station에서는 지정숙소인 Hotel이나 Airport에서 이루어지기도 한다. Cabin Briefing의 활용도에 따라 해당 편의 서비스 품질이 좌우되기도 하므로 그 중요성은 근무 전반에 걸쳐 상당히 높은 비중을 차지한다고 할 수 있다. 모든 팀원은 Team Power를 극대화시켜 고객감동 객실 서비스를 창출하기 위하여 한정된 시간 내에 최대의 효과를 올리기 위한 전략적 사고와 자세를 견지하고 Cabin Briefing에 임해야 한다. 객실 사무장/캐빈 매니저는 승무원 상호간에 도착지 Station에 관한 정보를 공유하도록 하며 적절한 동기부여로 노선 특성에 입각한 서비스가 이루어질 수 있도록 독려한다.

국제선 Cabin Briefing 시간

구 분	국제선			
	ICN		GMP/PUS	기타
	00:00~11:00	11:01~23:59		
시 간	1시간10분 전	2시간 전	1시간50분 전	1시간10분 전
장 소	객실전방(Ship Side)	브리핑실	브리핑실	객실전방(Ship Side)

* 국제선 Cabin Briefing시간은 국내외 항공사별로 ±10분 정도 차이가 있다.

국제선 Cabin Briefing 순서	국제선 Cabin Briefing 내용
승무원 소개	• 인원확인 • 직급, 성명, 담당 업무 등 소개 • 업무 배정
비행준비 사항 점검	• 용모 및 복장 점검 • 필수휴대품 소지여부 • Passport & Visa, ID Card, Crew Registration Card • Time Table • Cabin Operations Manuals • 승무원 비행수첩
비행정보	• 비행일정, 비행시간, 시차, 목적지 공항 정보 • 항공기 기종 관련 사항 • CIQ 관련 사항 • 승객예약사항(VIP, CIP, SPCL Care Pax, SPML)
비행안전 및 보안	• 해당 기종의 비상장비 종류, 위치, 사용법, 비상절차 • 해당 기종의 비상구 작동법 및 특성 • 기타 안전 및 보안관련 강조 사항
객실서비스 관련 정보	• 할당된 Duty별 서비스업무 • 해당 노선 서비스 절차 및 내용, 메뉴, 특별식 • 기내 방송 및 영화상영물 • 기내면세품 판매 관련 사항 • 신규 변경된 서비스 내용 • 기타 서비스 관련 강조사항

(6) Cockpit Briefing(합동 브리핑)

객실 브리핑을 마치고 나서 객실 승무원 전원은 운항 승무원과의 합동 브리핑에 참석하여야 한다. 해당 비행편의 기장의 주관하에 운항 승무원과 객실 승무원이 모두 함께 참석하여 지정된 장소에서 실시되며, 일반적으로 Cabin Briefing 종료 후에 실시된다. 일부 항공사는 출국수속을 마친 후 출발 Gate 혹은 해당 항공기에 탑승한 후 객실전방에서 실시하기도 한다. 해당 비행편의 총 책임자는 기장으로, 객실 사무장/캐빈 매니저는 객실에서 일어나는 특이사항 및 객실 내 응급환자 발생 등의 상황을 기장에게 최종 보고하여야 한다.

(7) 탑승 수속 및 C.I.Q.

국제선청사 출국장에 도착하여 승무원의 빠른 탑승수속과 출국수속을 위해 마련되어 있는 항공사직원 전용 Counter를 이용하여 Flight Bag과 Hanger를 제외한 모든 Baggage를 Check-in 한다. 반드시 Crew Tag를 부착하여 도착지 공항에서 가장 먼저 Crew Baggage를 찾을 수 있도록 한다. Duty Crew는 별도의 탑승수속 절차를 거치지 않고, Baggage Check-in 절차만 거치면 되지만, Extra Crew인 경우 항공사직원 전용 Counter에서 Boarding Pass 발급과 Baggage Check-in까지 함께 하여야 한다.

Baggage 탁송수속 후 승무원 출국절차에 따라 승무원 전용라인을 통과하여 관세청, 법무부, 보건복지가족부에서 심사하는 일련의 출국수속 절차를 거쳐야 한다. C.I.Q 통과 후 객실 승무원들은 해당편의 출발 Gate로 이동한다. 이때 서류 담당 승무원은 해당 카운터에서 출발편명을 밝히고 도착지 입국에 필요한 승객 관련 서류를 지상직원으로부터 수령하여 항공기로 향한다.

▲ 보안검색

구 분	출국수속 절차
Customs Check (세관심사)	• 고가의 물품 소지 시 • 미화 10,000불 이상을 반출 시
Security Check (보안검색)	• 안전운항에 저해되는 기내휴대제한품목의 기내반입 방지(무기류, 폭발물) • 외화 해외 불법반출 방지(미화 10,000불 이상) • 휴대수하물 검색(X-Ray 검색대 통과) • 신체부착물 검색(Gate형 금속감지기 통과 및 Bar형 휴대용 금속감지기)
Immigration Check (출국심사)	• 법무부 출국심사 • 승무원용 General Declaration 제출 및 여권심사

승무원
출국수속 절차

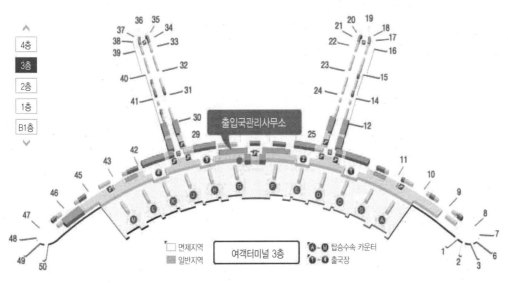

▲ 인천공항 여객터미널 청사

2) Pre Take-off Duties(이륙 전 업무)

국제선 비행을 위해 객실 승무원의 항공기 탑승시각은 전 기종 항공기 출발 55분 전이며, 이륙 전 업무는 객실 승무원이 항공기에 탑승한 시점부터 승객이 탑승하기 전까지의 업무를 말한다. 승무원 각자 개인소지품 정리, Pre-Flight Check으로 비상/보안 장비 점검을 한 후, 각 Galley 담당 Senior가 주관하는 Galley Briefing에 참석하여 해당 비행편의 같은 Galley에서 근무하는 객실 승무원들이 협업함으로써 안전하고 원활한 서비스가 이루어지도록 한다. Galley Briefing 후 각자 할당된 업무를 수행하도록 한다. 승객탑승 시 제공하는 Reading Material Service 준비 및 객실 서비스를 위한 준비를 신속하게 마치고 탑승시각에 맞춰 승객 탑승이 끝나면 안전운항을 위한 Safety Demonstration을 실시한다. 이륙을 위한 객실점검이 완료되면 전 승무원은 이륙을 위해 지정된 Jump Seat에 착석하도록 한다.

이륙 전 업무

단 계	기내방송	이륙 전 서비스 절차
승무원 탑승	• PA Test 방송	• 승무원 개인 소지품 정리 • Pre-Flight Check • Ground Service 준비
승객 탑승	• 탑승편 안내 Announcement (승객탑승 80%) • Slide Mode Check Announcement • Welcome Announcement • Safety Demonstration Announcement	• 승객 탑승 • Ground Service • Door Close & Slide Mode 변경 • Welcome Announcement & Greeting • Safety Demonstration
이륙 전	• Take-off Announcement	• 이륙준비 • 승객 좌석벨트, 등받이, 테이블 원위치 점검 • Galley, Lavatory Check • 승무원 Jump Seat 착석

(1) 승무원 탑승 및 개인 소지품 정리

객실 승무원은 항공기 탑승 후 기내화로 탈착한 후, 객실 승무원이 기내반입 가능한 휴대수하물인 Flight Bag, Hanger 등 승무원 개인 소지품을 정리한다. 개인 소지품은 회사지급품으로 개수와 규격이 정해져 있으며 승객의 수하물과 구분하기 위하여 반드시 Crew

Tag이 부착되어야 한다. 승무원의 기내반입 수하물은 승객의 안전과 편의를 최우선으로 고려하여 Overhead Bin, Door가 장착된 Coatroom, 전방과 통로 측 방향에 고정 장치가 설치되어 있는 좌석 하단에 안전하게 보관하여야 한다. 또한 비행 중 업무에 필요한 개인용품은 보안과 편의를 위해 Galley 주변 Compartment 내에 보관한다.

(2) Pre-Flight Check

객실 승무원은 항공기 탑승 후 개인소지품을 정리한 후 객실 사무장/캐빈 매니저의 PA를 통한 Pre-Flight Check에 대한 지시가 내려지면, 승객의 안전한 여행과 객실 승무원의 원활한 업무수행을 위해 승무원 각자 배정된 Duty에 따라 담당 Zone에서 안전 및 보안, 서비스 분야에 대한 신속하고 정확한 비행 전 점검을 실시하고 객실 사무장/캐빈 매니저에게 결과를 보고하여야 한다. Pre-Flight Check 해야 할 비상장비, 보안장비, 객실 시스템 점검, 객실 설비 점검, 객실 Cleaning 작업 상태 점검, Catering Item의 점검 및 준비를 확인하여야 한다. 비상/보안 장비는 정해진 점검요령에 의해 점검하고 이상이 발견되는 경우 객실 사무장/캐빈 매니저에게 지체 없이 PA 혹은 구두로 보고하여 적절한 조치가 취해지도록 하여야 한다. 객실 사무장/캐빈 매니저는 전 승무원의 비행 전 점검 실시 여부를 포함한 전반적인 기내장비와 시스템의 이상 유무를 기장에게 보고하며, 이상 발생 내용을 정비사에게 알린다. 보안장비는 우선 비행한 후 조치가 가능하며, 처리결과에 대해서 사후보고를 실시하도록 한다.

알아볼까요?

JUNIOR CREW의 업무는?

▶ 담당 Door, 비상장비, 보안장비 Check
▶ Lavatory Check (화재진압장비, 물비누, Flushing 등)
▶ Extra Blanket & Pillow, Bassinet 수량, 위치확인
▶ Report Senior
▶ Bulk Item Check & 정리 신문, 잡지, 헤드폰, 서류, 타올, 고추장 박스, 메뉴 Unicef Pouch, Trash Compactor Box, Dry Items, Plastic & Paper Cup, 안대 등 Aisle/ Seat/ Cabin Cleaning Check
▶ 신문 & 잡지 Setting
▶ Cold Beverage 확인 및 Chilling
▶ Lavatory Item Setting 스킨, 로션, 꽃과 화병, 칫솔 & 치약
▶ Headphone Setting

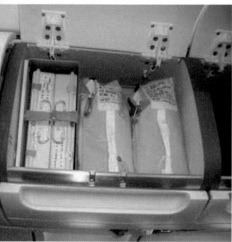

▲ 비상장비 & 보안장비 Check

❶ 비상 · 보안장비 Check

객실 승무원은 항공기 탑승 후부터 승객의 탑승 전까지 항공기 사고를 사전에 방지하고, 만일의 비상사태 발생 시 신속하게 장비를 이용해 대처하기 위하여 탑재된 각종 비상 · 보안장비의 위치, 작동법, 이상 유무를 점검하여야 한다. 각자 근무를 배정받은 담당 구역의 승무원 Jump Seat 주변의 비상 · 보안장비 Check을 실시한 후 그 결과를 객실 사무장/캐빈 매니저에게 보고하여야 한다. 비상 · 보안장비는 화재예방 및 진압장비, 비상탈출 및 착수장비, 응급의료장비, 보안장비, 일반 안전장비 등으로 크게 나누어 볼 수 있으며, 점검 시에는 장비의 Up-Date 상태는 물론 탑재 수와 이상 유무 점검을 꼼꼼히 하여야 한다.

[표] 비상 · 보안장비 Check 사항

구 분	비상/보안장비	점검 사항
화재예방 및 진압장비	BCF소화기 : 전기, 전자 장비, 기름으로 인한 화재 시 대처	● Sealing ● Gage 표시가 Green Band에 위치 ● 보관상태
	H_2O소화기 : 일반 의류나 종이로 인한 화제 시 대처	● Sealing ● 보관상태
	PBE(Protective Breathing Equipment) : 기내 화재 진압 시 연기와 유독 가스로 인한 안면과 호흡 보호 장비	● 정위치 ● 보관상태(진공상태)
	Smoke Detector : 화장실 열 감지 장치	● 위치 ● 작동여부 ● 이물질 유무

비상탈출 및 착수장비	Exit Door	● Slide Mode Position(Disarmed) ● Locking 상태
	Emergency Light System	● 위치
	ELT(Emergency Locator Transmitter) : 물과 접촉 시 자동으로 구조요청 전파 발산 장비	● 정위치 ● 탈 · 장착법 ● 포장상태
	Megaphone : 승객 탈출 지휘	● 정위치 ● 작동여부 ● 고정상태
	Flash Light : 비상사태 시 탈출 지휘 및 신호를 보내기 위한 야간 시야확보 장비	● 정위치 ● 작동여부 ● 충전지시등 점멸상태
	Infant Life Vest	● 보관상태
응급의료 장비	AED(Automated External Defibrillator)	● 정위치 ● Battery 상태(녹색 점등) ● 유효기간
	EMK(Emergency Medical Kit)	● 정위치 ● Sealing ● 보관상태
	FAK(First Aid Kit)	● 정위치 ● Sealing
	Resuscitator Bag & Universal Precaution Kit	● 정위치 ● 상태
	Medical Bag	● 내용물 ● 수량
	PO₂Bottle(Portable Oxygen Bottle)	● 정위치 ● 압력 Gage ● Mask와 PO₂Outlet 연결상태 ● Mask와 Tube상태
보안장비	비상벨	● 위치 　　　　● 사용법
	방폭담요	● 수량 　　　　● 보관상태
	방탄자켓	● 수량 　　　　● 보관상태
	수갑(열쇠), 포승줄, Tie Wrap, 가스분사기, 전자충격총(미주노선)	● 보안 장비 보관함 잠금 상태 ● 장비 사용가능 상태
안전장비	Crew Life Vest	● 정위치 ● 수량 ● 상태
	Safety Demo장비	● 수량(Seatbelt, Life Vest, 산소 Mask, Safety Instruction Card) ● 내용물 상태

기내의 비상·보안 장비

▲ Megaphone

▲ H₂O소화기

▲ PO₂Bottle(Portable Oxygen Bottle)

▲ Life Vest & Flash Light

▲ FAK(First Aid Kit)

▲ P.B.E(Protective Breathing Equipment)

❷ 객실 시스템 점검

객실 승무원들은 Pre-Flight Check 시 객실조명시스템, Communication 시스템, Entertainment 시스템 등 객실시스템을 점검하여야 한다. 객실 사무장/캐빈 매니저는 객실조명을 Cabin Attendant Panel에서 단계별로 조절하여 작동이상 유무를 확인한다.

Communication System Check은 Pax Call System 및 PA/Interphone 시스템 등을 점검하

는 것이다. 객실 승무원 전원이 자신의 담당 Station에 설치되어 있는 Handset과 Panel을 점검하고 방송 담당자가 PA 작동 상황을 점검하고 PA Test 방송을 실시하면, 나머지 승무원들이 담당 Zone에서 Monitoring해 준다.

Entertainment 시스템 점검은 기내에서 승객에게 즐거운 항공여행을 위해 제공하는 기내 상영물과 관련하여 Audio/Video 시스템 및 Video Screen과 Monitor 등의 기능과 상태를 점검하는 것이다.

▲ Video System Check

❸ 객실 설비 점검

항공기에는 승객 좌석의 다양한 편의시설과 기내서비스 제공을 위해 객실 설비가 되어 있다. Pre-Flight Check는 운항에 필수적인 객실 설비를 사전에 점검하여 이상이 있는 경우 적절한 조치를 취할 수 있도록 전 객실 승무원에 의하여 실시되는 업무이다. 기종에 따라 객실 설비의 사양과 작동방법이 다소 상이하므로 사전에 이를 숙지하여야 한다. 객실 전체의 청소상태 및 유해물질 탑재 여부 확인, 승객좌석 주변 설비의 상태 및 Seat Pocket Item 확인, Galley 장비의 정상 작동여부 및 인화성물질 여부 확인, Lavatory 장비의 위치, 작동 및 이물질 여부 및 청결상태 등을 점검하여야 한다.

Galley 장비는 Galley Duty가 Galley에 설치되어 있는 장비의 작동여부를 확인하는 방식으로 점검이 이루어진다.

Lavatory System은 화장실이 위치한 담당 구역의 승무원이 화장실의 청결 상태 및 설비의 작동여부를 확인한다. 그리고 승객 좌석 위와 통로 측에 돌출되어 비상탈출에 지장을 주는 Monitor와 Screen은 해당구역의 승무원이 점검하며 승객 탑승, 하기, 이착륙 시는 반드시 원위치한다.

객실 설비
점검 사항

Area	점검사항
Cabin	● Cabin Floor, Overhead Bin, Coatroom, Crew Rest Area 유해물질 탑재 여부 ● Window & Blinder ● 청결상태
Galley	● Galley Power, Circuit Breaker, Water Boiler, Coffee Maker, Oven, Chiller, Hot Cup, Trash Compactor, Sink 정상 작동 여부 ● 인화성 물질 여부 ● Waste Container, Floor, Galley Top, Compartment 청결상태
Lavatory	● Smoke Detector, Call Button, Waster Faucet, Flushing 정상작동 여부 ● 유해물질 탑재 여부 ● Toilet Bowl, Mirror, Water Basin, Floor 청결상태
Pax Seat	● 구명복, Seatbelt, Tray Table, Seat Back, Arm Rest 탑재 및 정상 작동 여부 ● PSU(PCU: Pax Control Unit), 개인 Monitor 정상작동 여부 ● 담요, 베개 Setting ● Seat Pocket Item 탑재 ● 청결상태

▲ Galley 내 각종 장비 점검

▲ Galley 내 각종 장비 점검

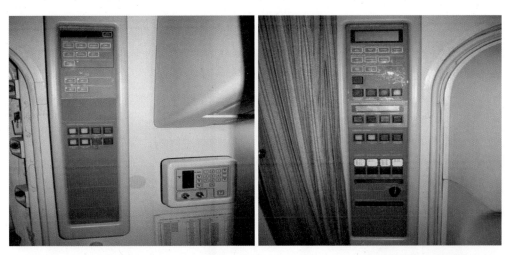

◀ Water Gage Check

▲ A380 bar

▲ Trash Compactor Check

❹ Cabin Cleaning Check

기내 청소와 각종용품 탑재는 도착 항공기의 승객이 하기한 후 지상 조업원이 실시하며 객실 승무원은 승객들의 쾌적한 여행을 위해 담당구역별로 청소 작업 상태를 점검하여야 한다. 지상조업원의 기내 청소 후 승객 좌석에 Blanket과 Pillow 비치, Headrest Cover 교체, 화장실 Roll Paper, Tissue, Paper Towel, 3 oz Cup, Disposal Toilet Seat Cover Setting, Galley 및 Lavatory 바닥 청소상태와 Plastic Trash Bag 교체, Pillow Cover, Entrance Mat 정리, Seat Pocket Item 및 기내지의 탑재, Carpet, Window, Tray Table의 청결상태 등을 확인하여야 한다. 객실 승무원은 승객 탑승 전 점검뿐만 아니라 비행 중에도 수시로 청결과 정돈 상태를 살펴보아야 하며 필요한 비품들은 즉시 비치하여 승객들의 쾌적한 여행을 위해 노력하여야 한다.

▲ Cabin Cleaning Check

Area	Cabin Cleaning Check List
Cabin	• Cabin Floor Carpet & Entrance Mat • Overhead Bin In & Out • Window & Blinder • Crew Rest Area(Crew Bunk) • Crew Station Handset • Coat Room • Jump Seat • Partition & Class Divider(Curtain)
Galley	• Galley Top & Floor • Galley Sink • Oven In & Out • Chiller In & Out • Waste Bin
Lavatory	• Toilet Bowl, Toilet Cover, Wash Basin, Vanity Shelf & Rack, Mirror • Toiletries Holder • Diaper Shelf • Liquid Soap Dispenser • Waste Bin • Lavatory Floor
승객 좌석	• Seat, Seatbelt, Tray Table, Seat Back, Arm Rest, Foot Rest folder, Head Rest Cover • Monitor Front & Back • Seat Pocket In & Out, Seat Pocket Item Package • Blanket & Pillow

표
Cabin Cleaning Check List

* Seat Pocket Item - Airline Magazine, Sky Shop Guide Book, Stationary Folder, Air Sickness Bag, Safety Information Card

❺ Catering Item Check

각 Galley 담당 승무원은 해당 비행편의 승객 서비스에 필요한 기물, 서비스 Item, 기내식, 기내판매 면세물품, Video Tape 혹은 DVD 등의 탑재 내역을 점검하여야 한다. 객실 승무원의 모든 점검업무들은 무엇보다 정확성을 요구하며 그 중 Catering Item Check은 기내 물적 서비스와 직결되는 업무이므로 매우 중요하다고 할 수 있다. 특히 기내식은 해당 편의 승객 수에 따라 탑재량이 정해지므로 탑승객 수, Meal 횟수, Special Meal 등을 정확하게 확인하고 점검하여야 하며, 객실 사무장/캐빈 매니저는 승객 탑승 종료 시 당일 탑승객에게 제공될 적정량의 기내식이 탑재되었는지 정확하게 확인하여야 한다. 기내식탑재 확인서와 실제 탑재 내역이 동일하지 않은 경우, Catering Supervisor를 통해 해당사유를 확인서에 기록하고 서명을 받은 후, 객실 사무장/캐빈 매니저가 최종 확인하고 서명하도록 한다.

Catering Item Check은 Carry-on Box, Cart, Compartment 외부에 기재되어 있는 품목의 수와 내용이 그 내부의 것과 일치하는지를 확인하는 방법으로 실시되며 각 Galley Duty는 해당 노선에 필요한 서비스 기물과 서비스 용품 그리고 기내식의 탑재내역을 최종적으로 확인하고 객실 부사무장에게 보고한다. 만일 서비스 용품의 추가 탑재가 필요한 경우에는 객실 사무장/캐빈 매니저에게 보고하고 Catering Supervisor에게 필요한 만큼의 수량을 주문할 수 있으나 서비스 용품 탑재가 항공기의 출발지연을 가져오지 않도록 용품 수송시간을 잘 고려하여 주문하여야 한다.

▲ Meal Cart & Bread Cart Check　　　　　　　▲ In-flight Sales Cart

  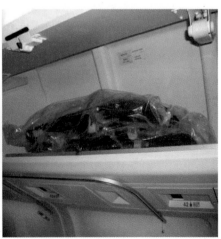

▲ Extra Blanket & Pillow, Bassinet 수량, 위치확인

구 분	Catering Item	점검사항
서비스물품	서비스기물	상태, 수량, 탑재여부
	Menu Book, 기내식	상태, 수량, 탑재여부
	기내음료	상태, 수량, 탑재여부
	서비스용품	상태, 수량, 탑재여부
화장실 용품	Toiletories(스킨, 로션, 면도기, 빗, 칫솔과 치약 세트)	수량, 탑재여부
	Roll Paper, Facial Tissue, Paper Towel, 변기커버	수량, 탑재여부
	Sanitary Napkin	수량, 탑재여부
	방향 Spray	수량, 탑재여부
기내판매품	기내판매품	Cart, Compartment, Bulk 내용물과 수량
	계산기, 영수증, Shopping Bag	수량, 탑재여부
	카드단말기(POS System)	탑재여부, 작동가능 여부

(3) Ground Service 준비

비상 보안 장비점검과 서비스 용품 탑재점검이 일차적으로 마무리되면 객실 승무원들은 지상에서 제공될 서비스 준비를 하게 된다. 클래스별로 제공되는 서비스의 내용은 다르지만 안전한 항공기 이륙을 위해 지상 서비스는 간단히 진행된다.

항공사마다 서비스 내용은 다르지만 대부분의 항공사의 일반석에서는 신문, 잡지서비스를 제공하고 상위클래스에서는 Welcome Drinks와 신문, 잡지서비스, Amenity Kit를 제공하고 있다.

❶ 신문 · 잡지 서비스 준비

신문, 잡지 Setting 업무를 담당하는 승무원은 항공기 탑승구 바깥 Air-Bridge 접속부분이나 Step Car상단에 Trolley를 준비하고 한글신문, 영자신문 등을 Setting한다. Trolley 상단에는 한글신문, 중단에는 영자신문, 하단에는 기타 신문을 Setting하되, 신문 제호가 승객에게 보이도록 Setting하여 승객 탑승 시 승객이 직접 집어갈 수 있도록 가지런히 배열한다. 탑재되는 신문의 종류는 항공사마다 차이가 있으며, 대체로 출발지 현지 신문 위주로 하여 해당 항공사의 국적 신문, Major 영자신문들 위주로 10여종 정도가 탑재된다.

잡지는 한글 및 영자 주간지, 계간지, 월간지 등이 탑재되며, 시사지와 패션지 등의 종류대로 고루 분포시켜 승객에게 제호가 보이도록 Zone별로 설치되어 있는 기내 Magazine Rack에 가지런하게 Setting하여 승객들이 직접 선택하도록 한다.

▲ 신문 & 잡지 Setting

❷ Headphone Service 준비

다양한 Audio와 Video Program을 즐기실 수 있도록 제공한다. Audio, Video, Game 등의 Channel 종류 및 수는 항공사, 기종, 노선별로 다소 상이하며 Channel 안내는 Seat Pocket Item Package의 항공사의 기내지 내 Entertainment Service 안내를 참고한다. 일부 항공사는 Entertainment Guide Book을 별도로 제작하여 비치하기도 한다. 객실 승무원은 사전에 해당 기종 및 노선의 Audio및 Video Channel별 음악장르와 영화 Title, 단편 상영물, Game Program 등을 확인하고 숙지한다.

중장거리 비행에서는 이륙 후 Towel Basket에 Setting하거나, Trolley에 Setting하여 제공하거나, Seat Pocket에 미리 Setting되어 제공하는 등 항공사, 기종, 노선별로 다소 상이하다. 비행시간이 2시간 이상~3시간 미만의 단거리 노선인 경우에는 상대적으로 이륙 후 서비스 시간이 짧기 때문에 지상에서 승객의 90% 정도가 탑승을 완료한 시점에 담당 Zone 별로 앞쪽부터 준비하여 Headphone을 제공한다. Headphone Service 준비는 각 Galley 마다 객실승무원들이 Towel Basket에 담당 Zone의 승객 수만큼 Setting하여 서비스하지만, 장거리노선에서는 이륙 후 Headphone서비스를 실시하거나, Ground에서 승객의 Seat Pocket에 미리 Setting해 두는 항공사들도 있다.

❸ Lavatory 용품 Setting

Lavatory 내 지정된 장소에 탑재된 스킨, 로션, 칫솔과 치약, 빗, 면도기 등의 간단한 화장품과 세면도구 등을 Rack에 비치한다. 이때 스킨과 로션은 승객이 사용하기 편리하도록, 뚜껑을 열어서 Setting하도록 한다. Roll Paper, Facial Tissue, Paper Towel의 끝은 단정하게 삼각형 모양으로 끝을 마무리하여 접어두고, 변기 Cover에 위생 Paper Cover를 깔고 변기뚜껑은 덮어두어 다른 승객이 사용하지 않은 위생적인 상태임을 강조한다. 마지막으로 방향 Spray를 살포하여 쾌적한 환경을 조성한다.

▲ Lavatory Check

❹ Wine & Beverage Chilling

각 Zone별 Galley 담당 승무원은 승객 수와 서비스 횟수를 고려
하여, 필요한 White Wine, Rose Wine, Desert Wine, Champagne, Beer
및 Soft Drinks 등을 Dry Ice를 사용하여 Chilling하고, Chiller와 냉장
고에 보관한다. Wine, Beer, Coke, Juice 등이 지나친 Chilling으로
인해 언 상태에서는 승객에게 제공하지 않도록 유의한다.

▲ Wine & Beverage Chilling

❺ 기내판매 면세물품 인수

기내판매 업무담당 승무원은 판매일보에 의거하여 기내판매 물
품의 품목 및 수량, 보조용품 등이 충분히 탑재되었는지 확인하도록 한다. 기내판매 물품
이 탑재된 Cart, Compartment 등은 보안을 위하여 반드시 Sealing 및 Locking이 되어있으
므로, 담당 승무원은 Locking 상태 및 Seal No.를 확인한 후 판매일보에 기재된 물품 품목
과 수량을 탑재된 물품 품목 및 수량과 대조하여 이상 유무를 꼼꼼하게 점검한다.

❻ 승객 탑승 준비

해당 노선에 어울리는 Boarding Music을 켜면, 전 객실 승
무원은 정복을 착용하고 지정된 Boarding 위치에서 승객을 맞
이할 준비를 한다. 객실 내 모든 Overhead Bin을 열어두어 승객
이 비어있는 Overhead Bin을 쉽게 찾아 휴대수하물을 정리하
고 원활한 탑승흐름이 이루어질 수 있도록 배려한다. 객실 사
무장/캐빈 매니저는 Boarding Music을 승객 탑승 직전에 켜고,
Volume은 크지 않도록 은은하게 1을 기준으로 작게 조절하며,
Safety Demonstration 상영 전에 끈다.

구 분	ON	OFF
출발 시점	승객 탑승 직전	Safety Demonstration 상영 직전
도착 시점	Farewell 방송 직후	승무원 하기 직전

표

Boarding
Music ON/OFF
시점

(4) 승객 탑승

대부분 항공사들은 항공기 출발시간 기준으로 30분 전에 승객 탑승을 시작한다. 전 객
실 승무원은 각자 지정된 Boarding 위치에서 승객들을 맞이하며, Welcome 인사와 함께
Eye Contact를 하며, 좌석안내 및 승객의 휴대수하물 정리를 돕는다. 탑승객과 첫 대면이

이루어지는 시점이므로 탑승 시 밝은 환영인사와 더불어 정성껏 좌석안내를 하여야 한다.

지상에서의 객실 승무원의 임무는 서비스 업무보다는 전반적인 항공기 운항과 이륙을 위한 안전업무에 비중을 두고 있으므로 안전요원으로서 보안업무를 충실히 이행하여야 한다. 승객이 탑승하는 동안 객실 승무원은 수상한 행동을 하는 승객이나 의심스러운 물품을 소지한 승객이 있는지 잘 관찰하고, 소유자가 불분명한 의심스러운 물건이 기내에 있는지, 항상 관심을 가지고 살펴보아야 한다. 만약 거동이 수상한 승객이나 소유자가 불분명한 물건을 발견했을 때는 즉시 기장에게 보고하도록 한다. 또한 항공기 출입 관련 서류 인수나 특별 승객 응대 시 지상 운송직원과의 업무협조에도 소홀함이 없어야 한다.

❶ Welcome Greeting

승객 탑승이 시작되면 전 승무원은 정복을 입고 각자의 Boarding 위치에서 승객 한분 한분을 맞이할 때마다 밝은 미소와 함께 Eye Contact를 하며, 환영인사말과 함께 정중한 인사를 드린다. 객실 사무장/캐빈 매니저는 탑승구 바깥에 위치하여 승객들을 맞이하며 환영인사를 드리고, 전반적인 승객 탑승이 원활히 진행되도록 객실 승무원을 배치하고 안내 업무를 지휘한다.

선임승무원은 탑승구 입구에 위치하여 승객 탑승 안내 업무 및 Special Passenger의 탑승을 안내한다. 탑승구 입구에서 환영 인사를 하는 담당 승무원은 주 탑승구에 위치하여 탑승하는 승객에게 환영 인사를 실시하고 탑승권을 참고로 해당 좌석 방향을 1층, 2층, L Side, R Side로 나누어 안내한다. 객실 내 승무원은 담당 Zone 비상구 주변 Boarding 위치에서 환영인사를 드리며, 원활한 승객 탑승을 위하여 도움을 필요로 하는 노약자, 유아동반 승객들은 적극적으로 안내한다. 또한 승객 중 만취한 승객이나 항공여행이 부적절하다고 판단되는 승객을 발견하면, 객실 사무장/캐빈 매니저는 기장에게 보고하고, 기장이 육안으로 판단한 후, 지상 운송책임자와 협의하여 탑승 여부를 결정하여야 한다.

탑승 거절 가능 승객

- 건강상 이유로 항공여행이 부적합해 보이는 승객(신장질환자, 생후 2주 미만의 신생아, 대수술 후 10일 미만자)
- 술에 취해 보이거나, 약물에 의해 영향을 받은 것으로 보이는 승객
- 타인에게 불쾌감을 주는 기괴한 특성을 보이는 승객
- 탑승권이 없거나 적절한 신분증을 제시하지 못하는 승객
- 정신적으로 불안정하여 타인에게 위해한 행동을 하거나 자살을 시도할 우려가 있을 것으로 판단되는 승객
- 전염병을 앓고 있는 승객

RPA(Restricted Passenger Advice)

- Incapacitated Passenger(환자 승객)
- UM(Unaccompanied Minor; 성인 동반 여행자 없는 만 5세 이상~12세 미만 소아)
- 임산부(임신주기 32주 이상인 경우)
- Stretcher 승객
- 보행 장애 승객(Wheel Chair Pax)
- Deportee(추방자)
- Blind(시각장애인)
- TWOV(Transit Without Visa; 중간 기착지 국가의 입국 비자가 없는 통과여객)

❷ Assist Pax Seating

탑승구에서 환영인사를 하는 객실 승무원은 좌석을 안내할 때 먼저 승객 탑승권의 좌석 번호를 신속하게 확인하고 공손한 태도로 L Side, R Side로 구분하여 해당 좌석의 방향을 안내한다. 승객 탑승이 원활히 진행될 수 있도록 승객이 Aisle을 막고 있지 않도록 유도하고 특히 노약자, 환자, 어린이, 유아동반 승객은 적극적으로 안내한다.

만일 좌석이 중복된 승객이 있을 경우는 먼저 승객의 탑승권을 보고 날짜, 편명, 이름, 좌석번호를 확인하고 좌석 중복이 판명되면, 우선 정중히 사과드린 후, 나중에 탑승한 승객은 Jump Seat으로 안내하고 기다리실 장소로 안내한다. 상황을 객실 사무장/캐빈 매니저에게 보고하여 객실 사무장/캐빈 매니저가 지상 직원에게 좌석 재배정을 요청한다. 좌석 여유가 있는 경우 나중에 탑승한 승객을 선호 좌석으로 재배정하여 안내한 다음, 다시 한번 불편을 끼쳐드린 점에 대해 정중하게 사과 드린다.

▲ 승객 좌석 안내

▲ Exit Door Seat

비상구열 좌석에 착석한 승객에게는 비상시 행동요령에 대하여 안내하고, 만약 어린이, 노약자, 환자 등 비상구열 좌석의 착석 승객 규정에 의거하여 부적합한 승객이 착석한 경우에는 객실 사무장/캐빈 매니저에게 보고하여 반드시 좌석의 재배정이 이루어지도록 하여야 한다.

❸ Assist Pax Baggage

객실 승무원은 승객 탑승 시 좌석 안내와 동시에 휴대 수하물 보관안내 및 협조 업무를 수행하여야 한다. 승객의 기내 반입 휴대수하물은 승객이 직접 관리해야 하며, 항공사는 분실이나 파손에 대해 책임이 없다. 휴대수하물은 Overhead Bin, Coatroom 또는 Restraint Bar가 설치된 좌석 밑에 보관되어야 하며, 객실 승무원은 Overhead Bin에 보관된 물품이 떨어져 승객이 상해를 입지 않도록 휴대수하물의 안전한 보관을 돕고, 보관 상태를 철저히 확인한다. 승객의 짐이 비상구 주변이나 객실통로 주변에 방치되어 비상사태 발생 시 비상구나 통로를 막아 신속한 탈출에 방해가 되지 않도록 승객이 짐을 적정장소에 보관할 수 있도록 안내하며, 외견상 도움이 필요하다고 판단되는 승객이나 도움을 요청하는 승객에게는 짐을 올리거나 옮기는 등의 직접적인 도움을 제공한다.

일반적으로 기내 휴대가 허용되는 수화물은 승객의 좌석 밑이나 기내 선반에 올려놓을 수 있는 물품으로 그 크기가 3면의 합이 118㎝이내인 수화물 1개로 제한되며, F/C 및 B/C 등 상위 클래스 승객은 2개까지 허용된다.

승객 탑승 중 초과 휴대 수하물 발견 시 해당 승객에게 초과수하물의 기내반입이 불가함을 설명한 후, 지상운송 직원에게 Cargo 내 탑재 조치를 요청하여 승객의 최종 목적지까지 일반 화물로 운송하도록 조치한다. 이때 현금, 유가증권, 고가품, 비행 중 필요한 의약품 등은 승객이 꺼내서 직접 소지하도록 권유하며 깨지기 쉬운 수하물은 승객의 서명을 받은 후 'Fragile' Tag을 부착한다.

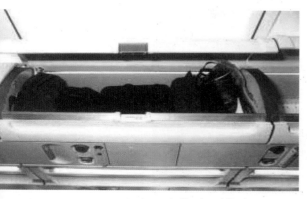

▲ Overhead Bin Arrangement

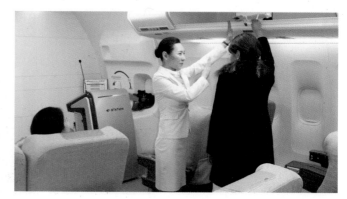

▲ 수하물 보관 방법 안내

표
수하물 규정

수하물 구분	규정내용
무료휴대수하물	• Carry-on Baggage, Hand Carried Baggage • 승객이 기내까지 직접 휴대하는 수하물 • 좌석 밑이나 선반에 보관할 수 있는 물품으로 승객이 직접 보관·관리 • 운송 도중 파손, 분실 등에 대하여 항공사 책임 없음 • 무료 휴대수하물 허용량: 3면의 합 118cm이내, 1개(F/C, B/C 2개 허용)
제한적 기내반입 가능 품목	• Coat, 카메라, 서류가방, 핸드백, 지팡이, 유아용 요람, 소형악기, 목발 등 휴대수하물에 추가 허용 • 소량의 개인용 화장품, 용기 당 0.5kg의 향수, Hair Spray 등 반입가능 • 개인적 목적으로 사용하기 위한 1개 이하 라이터 및 성냥 반입가능 (출발지 국가별로 상이) • 여행 중 필요한 의약품, 항공사 승인을 받은 의료용품, Dry Ice 등 기내반입 휴대수하물 규격 초과하는 의료용 수송 Unit, Incubator 등도 사전 절차에 의거하여 반입가능
위탁수하물 탁송제한 품목(휴대만 가능)	• 위탁수하물에 포함될 수 없으며, 필요시 직접 휴대해야 하는 품목 • 운송 도중 발생한 파손, 분실 및 인도지연에 대하여 항공사 책임 없음 • 노트북 컴퓨터, 핸드폰, 캠코더, 카메라, MP3 등 고가의 개인 전자제품, 화폐, 귀금속, 보석류, 유가증권, 기타 고가품, 견본류, 서류, 도자기, 전자제품, 유리병, 액자 등 파손되기 쉬운 물품, 음식물 등 부패성 물품 등 • 자전거, 서핑보드 등 스포츠용품, 애완동물 등 특수물품은 사전에 반드시 항공사에 알려야 함
제한품목(SRI) (반입, 탁송 금지)	• 출국수속 중 보안검색에서 발견된 총포류, 칼, 가위, 송곳, 톱, 골프채, 건전지 등 타 고객에게 위해를 가할 수 있고, 인명 또는 항공기 안전 및 보안을 위해할 가능성이 있는 물품으로 기내반입 불가, 위탁수하물로 탁송해야 함 • X-Ray 통과 시 발견되는 물품은 직원에 의해 수거, 승객이 목적지 도착 후 공항 수하물 찾는 곳에서 반환
운송금지 품목	• 항공운항 안전상의 이유로 폭발성 물질, 인화성 액체·고체 가스, 인화성 고체, 산화성 물질, 독극성·전염성 물질 등은 위탁 및 휴대수하물로 모두 불가 - 페인트, 라이터용 연료와 같은 발화성·인화성 물질 - 산소캔, 부탄가스캔 등 고압가스 용기 - 총기, 폭죽, 탄약, 화약, 호신용 최루가스 분사기 등 무기 및 폭발물류 - 기타 탑승객 및 항공기에 위험을 줄 가능성이 있는 품목

(5) Ground Service

지상서비스는 승객탑승 후 항공기가 Push-Back하기 전까지 안전업무 수행이 지장이 없는 범위 내에서 실시하며, 항공사별, Class별로 제공되는 서비스의 내용에 약간의 차이가 있으며, 안전하고 신속한 항공기 이륙을 위해 지상서비스는 대체로 간단하다는 공통점을 지닌다. 주로 일반석에서는 신문이나 잡지 등의 독서물을 제공하며 상위클래스에는 탑승 환영 음료와 슬리퍼, 헤드폰, 신문, 잡지서비스가 실시된다.

❶ 신문, 잡지 서비스(Reading Materials)

승객 탑승구 입구의 Air Bridge 혹은 Step Car 상단에 Trolley를 설치하고, 신문제호가 잘 보이도록 종류대로 가지런히 Setting하여 탑승하는 승객들이 직접 신문을 선택하여 가져가실 수 있도록 제공하며, 탑승 중간에 Refill하여 나중에 탑승하시는 승객들에게도 원하시는 신문을 제공할 수 있도록 준비한다. 승객 탑승이 80% 이상 완료된 후 남은 신문은 신문제호를 잘 보이도록 정리하여 By Hand로 제공하고, 여분의 신문은 Magazine Rack에 잡지와 함께 비치하도록 한다.

잡지는 종류대로 승객에게 제호가 잘 보이도록 객실 내 Magazine Rack에 가지런히 Setting하여 승객들이 직접 가져갈 수 있도록 준비해두며, 수시로 잘 정리·정돈하여야 한다.

▲ 신문·잡지 서비스

❷ Headphone Service

단거리 국제선 노선에서는 예약 승객의 90% 정도 탑승이 완료되면 담당 Zone별로 앞 열부터 Headphone Service를 실시한다. Headphone 서비스 시 승객에게 사용법을 설명한다. 사전에 기종별로 제공되는 음악 Channel 및 각 Channel별 음악장르를 확인해두고, 영화 상영에 대해서 문의하는 승객을 위해 해당편 영화의 제목과 상영순서를 안내한다.

❸ Welcome Drink & Amenity Kit Service

First Class와 Business Class에서는 승객 탑승 시, 좌석안내와 함께 승객의 휴대수하물 정리를 도와드린다. 승객의 의향을 여쭤보고 Jacket과 Coat를 건네받아 Tag에 좌석번호를 기재하고 Coat Room에 보관해드리고 승객의 착석이 이루어지고 나면 Welcome Drink를 제공한다.

▲ Headphone Service

(6) Door Close & Slide Mode Check

객실 사무장/캐빈 매니저는 항공기 내 승객의 탑승이 완료되고 지상 서비스가 마무리가 되면 지상 운송직원이 승객 탑승 완료를 통보하고, 지상직원으로부터 Ship Pouch를 인수받는다. Ship Pouch는 여객 및 화물 운송 관련 서류, Flight Coupon, S.H.R 등을 포함한 서류들이 담긴 가방이다. 이때 도착지 Entry Document(출입국 카드, 세관 신고서, 검역 설문서) 탑재 여부 및 탑재량을 다시 한 번 확인하여야 한다.

S.H.R(Special Handling Request)

>> 탑승객에 관한 정보가 기재된 서류
>> Flight Coupon
>> 해당편수, 날짜, 출발지 탑승객 수
>> 승객의 인적사항, 개인별 인적사항
>> 특별한 서비스 요구사항, Special Meal 주문승객
>> 기내판매 사전주문 승객의 이름 및 좌석번호 기재
>> VIP, CIP, UM, TWOV, 환자, 단체 등의 정보 표기한 List
>> 남아있는 빈 좌석 번호
>> 객실 승무원의 대고객서비스에 있어서 중요한 서류

❶ Door Close

객실 사무장/캐빈 매니저는 승객의 탑승이 완료된 후 지상 직원으로부터 탑승완료 보고를 받고, Ship Pouch를 인수한 후 내용을 확인한다. 서류상의 탑승객수와 Head Counting 한 승객의 수와 대조하여 이상 유무를 확인한다. 지상직원은 Weight & Balance를 기장에게 전달하고, 객실 사무장/캐빈 매니저는 휴대수하물의 보관 상태와 Overhead Bin Locking 상태, 서비스용품의 탑재가 확인되어 객실 내 출발 준비가 완료되면 지상 직원에게 객실준비 완료를 통보한다. 그리고 기장에게 탑승객 수와 특이사항, 객실준비 완료를 보고하여 기장의 동의를 얻어 탑승구를 닫는다. 탑승구를 닫기 전에 반드시 PA를 통해 지상 직원의 잔류여부를 확인한 후, 항공기 Door Close 방송을 실시하고, Door Close를 실시한다.

항공기 Door Close 전 유의사항

- 지상 운송직원, Catering 직원 및 정비사 잔류여부
- 객실 승무원 및 탑승객 수 확인(화장실 내 승객 유무 확인)
- 추가 탑재 서비스 용품의 탑재 여부
- 지상직원의 Weight & Balance 전달 여부
- Ship Pouch의 이상 유무
- 출항 허가 제출 서류 확인(G/D, P/M, C/M)

---

❷ Slide Mode 변경

Door Close 후 Air-Bridge 혹은 Step Car와 항공기가 분리되면, 객실 사무장/캐빈 매니저는 방송을 통해 전승무원 Slide Mode(Automatic Position) 변경을 지시한다. Slide Mode 위치를 Disarmed Position(Manual Position)에서 Armed Position으로 변경하고, L Side, R Side 승무원이 상호 점검하고 엄지손가락을 들어 올려서 상호 점검을 재확인한 후 객실 사무장/캐빈 매니저에게 최종 보고를 한다. 보고는 객실사무장의 All Attendant Call에 응답하여 Slide Mode 변경 완료 및 확인 을 보고하거나, 항공사에 따라서는 수신호로 객실 후방에서 전방으로 순서대로 전달하여 객실 사무장/캐빈 매니저에게 최종 보고하는

▼ A380 door

A380의 Slide Mode 변경

① 사무장/ 캐빈 매니저의 "Crew Door side standby please"를 방송이 실시되면 각 도어별 담당 승무원은 해당 위치로 이동한다.

② "Change Slide Mode to Armed Position"의 지시에 따라 각 도어 담당별 승무원들은 다음과 같이 한다.
　≫ Slide Mode lever의 Cover를 오픈하고 Safety Pin을 뽑는다
　≫ Slide Mode Lever를 Armed position으로 변경한다
　≫ Safety Pin은 보관위치(Jump seat 하단부)에 보관하고 Slide Mode Lever의 cover를 close한다

③ 각 도어 담당 승무원들은 확인 후 사무장/캐빈매니저에게 'Armed Position"이라고 보고한다.

형식으로 진행하기도 한다. 객실 사무장/캐빈 매니저는 객실 준비사항을 재확인한 후 기장에게 Push-Back 준비완료를 보고하여 기장이 신속하게 Push-Back 준비를 할 수 있도록 한다. 객실승무원은 항공기 제작사와 기종에 따라 slide mode의 형태와 작동법이 각기 다르므로 항공기 탑승 전 반드시 숙지하여야 한다.

(7) Welcome Announcement & Greeting

항공기 Door Close 후 Slide Mode 변경을 하고 난 직후, 방송담당 승무원이 Welcome 방송을 실시한다. Slide Mode 변경과 보고를 마친 전 승무원은 담당 Zone의 지정된 위치에서 Welcome Announcement의 시작을 기다리며 Stand By한다. 방송자격을 갖춘 담당 승무원이 승객의 탑승을 진심으로 환영하는 마음을 담아 Welcome Announcement를 실시한다. Welcome Announcement는 탑승 환영 인사말과 간단한 비행 관련 정보로 구성된다. 방송이 시작되는 첫 인사말에서 전 승무원은 밝은 미소와 함께 정중하게 인사를 한다.

Welcome Announcement 내용

» 인사말
» 비행편명, 목적지, 비행시간, 기장 소개
» 좌석벨트 착용, 등받이, 테이블 원위치
» 전 좌석 금연안내
» 전자기기 사용제한(휴대전화 전원 Off)

(8) Safety Demonstration

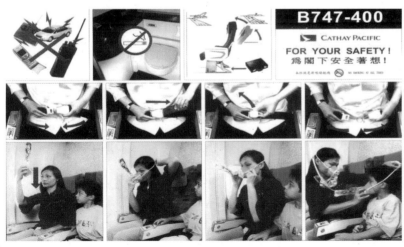

▲ Safety Briefing Card

Safety Demonstration은 항공규정에 의거한 항공사의 의무규정으로 일상 비행안전에 관한 안내, 비상 시 항공기 비상 착륙 및 착수, 갑작스런 기류변화, 기내 감압상황 발생 시 승객들에게 필요한 정보를 제공하고 비상사태에 대비하도록 하기 위하여 실시된다. 좌석벨트, 산소마스크, 비상구, Life Vest 등의 위치와 사용 방법 등이 구체적으로 제시되며, 항공기 기종별로 혹은 System 상태에 따라 VTR Film 상영 또는 승무원의 시연으로 실시된다.

Safety Demonstration은 Multi-Portion인 경우 중간 기착지에서 신규 탑승한 승객여부에 관계없이 모든 구간에서 실시하며, Diversion과 회항 후 재출발 시에도 반드시 실시한다.

(9) 이륙준비

Push-Back 전까지 지상 서비스와 Safety Demonstration이 종료되면 객실 승무원은 본격적인 항공기 이륙을 위하여 비상탈출 대비 객실 안전점검을 수행하게 된다. Galley 내의 유동물을 고정하고 모든 Compartment와 Cart의 고정 및 Locking 상태를 확인하고 Safety Strap을 장착한다. 담당구역 승객의 이륙준비 상태와 화장실 점검업무를 종료하는 즉시 지정된 승무원 Jump Seat에 착석한 후 Seatbelt와 Shoulder Harness를 착용하고 이륙하는 동안 가상 시나리오를 설정하고 30 Seconds Review를 실시한다.

객실 사무장/캐빈 매니저는 Take-off Signal이 나오면 객실 및 Galley 내 유동물 고정, Lavatory 내 승객유무 및 변기 덮개 고정, 승객 좌석의 원위치(Seat Back, Foot-Rest, Tray Table, Individual Monitor 등), 전 승무원 착석 상태(Seatbelt, Shoulder Harness)를 최종적으로 확인하고 이륙 안내방송을 실시하며 기장에게 객실 이륙준비 완료를 보고한다. 그리고 이륙 전 객실조명을 외부 밝기에 맞도록 적절하게 조절한다. 최종 점검 사항은 국내선과 동일하다.

3) After Take-off Duties(이륙 후 업무)

After Take-off Duties란 항공기가 이륙하고 적정고도에 이르러 승객들에게 기내식, 기내 엔터테인먼트, 면세품 판매 등의 여러 가지 기내 서비스를 제공하고, 항공기가 목적지 공항에 Landing하기 전까지의 객실 승무원의 비행 중 업무인 In-flight Service를 말한다.

서비스 내용과 절차나 방법은 항공사, 노선, 기종별로 다소 상이하다. 장거리 비행의 In-flight Service는 크게 두 차례의 식음료 서비스와 영화 상영, 기내면세품 판매 등으로 이루어진다. 그리고 승객의 편의를 도모하기 위해 목적지의 입국서류를 배포하고 작성을 안내한다. 이어서 승객의 안락한 휴식과 쾌적한 기내환경 유지를 위해 수시로 객실을 순회하며 승객의 요구에 응대하고, Aisle에 떨어져있는 담요나 Headphone 비닐포장지 등을 줍고, Lavatory 내 Cleaning 상태를 쾌적하게 유지하기 위해 수시로 점검한다.

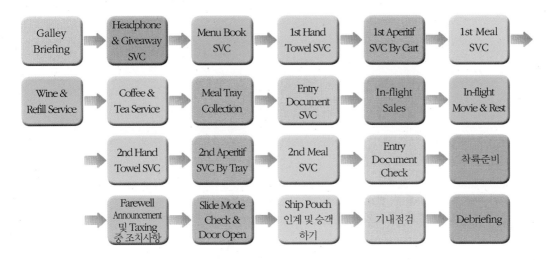

(1) Galley Briefing

항공기가 이륙하여 적정고도에 이르면 조종실에서는 Fasten Seatbelt Sign을 꺼서 객실 승무원에게 서비스 업무가 가능하다는 신호를 준다. 각자의 서비스 담당 Galley에 모인 객실 승무원들은 In-flight Service를 위한 복장으로 앞치마를 착용하고, 남승무원은 조끼를 착용한 복장으로 해당 비행의 In-flight Service를 위한 Galley Briefing을 갖는다.

Galley Briefing은 서비스 시작 전 Galley별로 상위 Class에서는 해당 Class의 Senior가 주관하여 실시하고, 일반석에서는 Galley 담당 승무원의 주관하에 승객들에게 편리하고 원활한 기내 서비스를 제공하기 위하여 실시한다. 탑승객 정보, 기내식의 내용과 탑재수량, 해당구역의 Special Meal 내용 및 수량, 서비스 진행방법과 유의사항 등을 상호 점검하여 기내 서비스 시 착오가 발생하지 않도록 담당 승무원에게 전달한다. 이 내용들은 Cabin Briefing에서 이미 전달된 내용이지만 해당구역의 정보를 In flight Service 전에 다시 한 번 숙지하는 것이다.

Galley Briefing 내용

- 담당 Zone의 승객 수, 정보 및 특이사항
- 탑재된 기내식의 내용물 및 수량
- Special Meal의 내용 및 수량, 주문한 승객 정보(좌석번호와 성함, 국적)
- 담당 Zone의 서비스 진행방법 및 유의사항
- 기내 서비스 시 유의사항 및 특이사항

Galley 담당 승무원은 Galley 내 서비스 준비 업무수행과 동시에 Aisle 서비스를 담당하는 승무원들도 도와주며, 균형 있는 서비스가 이루어지도록 서로 협업한다.

Meal Service Procedure

- Menu Book
- Meal Tray
- Meal Tray Collection
- Towel
- Wine, Water
- Aperitif
- Coffee, Tea

---

(2) Headphone & Giveaway Service

Giveaway는 탑승기념품으로 상위 클래스 승객과 만 2세 이상~만 12세 미만의 어린이 승객들에게 제공하는 항공사 로고가 새겨진 다양한 선물세트이다. 항공사, 노선별로 Headphone & Giveaway Service의 시점은 다소 상이하나, 장거리 노선에서는 이륙 후 서비스하는 것을 원칙으로 하고 있다. 하지만 객실 사무장/캐빈 매니저의 판단에 따라 비행 출발시각이 이른 아침이나 늦은 밤일 경우이고 Ground에서 서비스 가능한 경우 이륙 전에 Headphone & Giveaway 서비스가 제공되기도 한다.

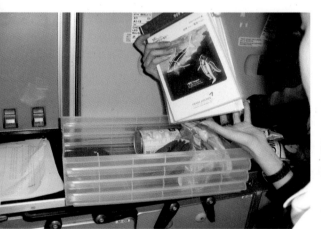

▲ Giveaway Service

(3) 1st Meal Service

❶ Menu Book Service

국내외 항공사의 중장거리 노선에서는 기내식 서비스를 하기 전에 Menu Book을 먼저 제공한 후 식사를 서비스한다. 탑재된 기내식 Menu와 대조하고 확인한 후, 청결한 장소에 Menu Book을 보관하고, 같은 Galley 승무원들과 정보를 공유한다.

Menu의 조리방법과 내용을 사전에 숙지하여 승객들에게 안내할 수 있도록 한다.

▲ Menu Book

❷ Hand Towel Service

기내식 서비스 전에 제공하는 Hand Towel은 노선, 비행출발시각에 따라 Cotton Towel 혹은 Disposable Towel로 구분하여 탑재되어 승객에게 제공된다. Cotton Towel은 Oven 에 Heating시켜 Basket에 Setting하여 Towel Tong을 이용하여 집어서 둥글게 말려있는 상태로 승객에게 제공한다.

Disposable Towel은 1매씩 개별 포장된 상태로 Basket에 가지런히 Setting하여 손으로 1매씩 집어서 승객에게 공손하게 제공한다. 회수할 때는 승객이 직접 Basket에 담을 수 있도록 Basket을 승객 가까이 내밀어서 회수한다.

Cotton Towel 서비스 방법

➤➤ 날씨가 더운 여름이나 기온이 높은 출발지에서는 Heating 하지 않고, 차가운 상태로 제공한다.

➤➤ 왼손은 Towel Basket의 바닥부분을 받치고, 오른손은 Towel Tong을 이용하여 둥글게 말린 상태로 1매씩 제공한다.

➤➤ Heating된 Cotton Towel은 매우 뜨거우므로, 승객에게 제공할 때 '뜨거우니 조심하십시오'라고 반드시 주의를 당부한다.

➤➤ Used Towel을 회수할 때는 Table에 놓여있는 Towel은 Towel Tong을 이용하여 회수하고, 승객이 직접 줄 때는 Towel Basket을 내밀어 승객이 Basket에 담을 수 있도록 한다.

➤➤ 남은 Towel은 다시 보관하여 나중에 원하는 승객에게 제공한다.

➤➤ 회수된 Towel은 Towel Bag에 보관하여 비행이 끝난 후 반드시 하기하도록 한다.

▲ Hot Towel Service

❸ Aperitif Service(Beverage Service)

Meal Service 시점을 기준으로 식전에 Aperitif 음료를 제공하고, 식사 중에는 Meal Type에 따라 Wine이나 기타 음료를 제공한다. 식후에는 Coffee나 Tea를 제공한다. 기내식 서비스 전에 제공하는 음료는 식전음료로 기내에 탑재된 다양한 알코올 음료와 비알코올 음료들이 준비되어 있다. Galley 담당 승무원은 Beer, Soft Drinks, Juice, M/Water, White Wine, Champagne 등은 반드시 서비스 전에 Chilling하여 차게 준비해 두어야 한다. 객실 서비스 담당 승무원들은 Aperitif Service를 위해 기내에 탑재되는 Liquor, Liqueur, Mixer, Soft Drink 종류 등을 감안하여 사전에 다양한 Cocktail 제조방법을 숙지하고 서비스에 임하도록 한다. Meal Type이 Breakfast나 Brunch일 경우 Aperitif로 Cold Beverage 외에 Coffee와 Tea 등의 Hot Beverage를 함께 제공한다.

비행출발시각과 비행시간, 식사서비스 시간대에 따라 서비스 방법에 다소 차이가 있으나, 음료 Cart 혹은 Large Tray를 이용하여 Setting한 후 제공한다.

▲ Aperitif Service

Aperitif Service By Cart

≫ Cart 상단에 Drawer를 올리고, 각종 W/Wine, R/Wine, Whisky, Vodka, M/Water, Plastic Cup, Lemon Slice, Ice Bucket with Ice Tong을 Setting하고, Cart 내 1st Drawer에 Cocktail Napkin, Muddler, Nuts Pack을 Setting한다.

≫ Beer, White Wine, M/Water, Juice, Soft Drink는 차갑게 Chilling이 잘 된 것을 제공하고, 탄산음료는 얼음과 함께 제공한다.

≫ Wine은 서비스하기 전 승객수와 승객 성향을 고려하여 미리 Open하여 Breathing시켜서 서비스하도록 한다.

≫ 먼저 승객에게 준비된 음료의 종류를 설명해준 후 주문을 받는다.

≫ 승객의 Table위에 Napkin을 깔고, 주문한 음료수 컵을 승객의 오른쪽 위편 오목한 자리에 놓아주며, Nuts는 음료수 컵의 왼쪽에 놓는다.

≫ 다 드신 승객에게는 먼저 빈 컵을 회수해도 되는지 의향을 물어본 후 회수하고 동시에 Refill을 권유한다

❹ 1st Meal Service

국제선 장거리 비행에서는 평균적으로 2회의 식사 서비스가 이루어지며, 항공기 출발 시간을 고려하여 적정의 식사가 제공된다.

Galley 담당 승무원은 해당편의 Menu Book을 확인하여 탑재된 Entree의 내용물과 대조하여 확인한 후, Entree의 수, Meal Tray의 수, 승객의 수를 감안, Entree의 Menu에 따른 Heating 시간, Service Procedure와 진행속도, Entree Setting 시점을 감안하여 승객에게 적정온도의 식사를 제공할 수 있도록 사전에 준비한다.

Meal Tray 위에 빵이 Setting되어 있는 것은 Entree만 Oven에서 Heating하여 Tray에 Setting한 후 Food Cart 상단에, 음료를 Drawer안에 준비하여 Cart Top Setting 후 식사 서비스를 제공한다. 빵이 Bulk로 탑재된 경우에는 Oven에 빵을 Heating한 후 Bread Basket에 Linen을 깔고 Heating한 빵을 모양이 보기 좋게 Setting한 후, 승객에게 Meal Tray를 서비스할 때 Bread Tong을 이용하여 함께 1개씩 제공한다.

승객 탑승 후 Zone별 Galley담당 승무원은 S.H.R을 참고하여, Special Meal 주문승객에게 승객의 주문내용, 성명, 좌석번호를 확인한 후 Special Meal Tag에 동 내용을 기입하여 승객의 Head Rest Cover 위에 부착한다.

표 Meal Service

Meal Type	Meal 서비스 방법
양식 Tray	• 먼저 승객의 Tray Table을 펴 준다. • Entree 종류, 내용, 조리법을 설명하고, 승객으로부터 주문을 받는다. • 빵을 별도로 제공하는 경우 Tray를 서비스하기 전 먼저 빵을 Tray 위의 Bread Bowl에 놓는다. • Tray를 서비스할 때, Entree가 승객 앞쪽으로 놓이도록 제공한다. • Tray를 서비스한 후 Wine과 음료를 권한다.
한식(비빔밥)	• 승객의 Tray Table을 펴 준다. • 외국인 승객에게는 비빔밥을 취식하는 법을 간단히 설명한다. • 한식Tray를 꺼낸 후 Tray 위의 국 용기뚜껑을 제거한다. • 국 용기에 Hot Water를 부은 후 Tray를 손님 Table에 놓으며, 국이 뜨겁다는 것을 안내한다. • Tray의 밥과 나물이 승객 앞쪽으로 놓이도록 제공한다. • Wine과 기타 음료를 권하고 제공한다.
Special Meal	• 승객이 탑승한 시점에 착석한 것을 확인하면, 성함, 주문내용, 좌석번호를 확인하고, Special Meal의 탑재를 알려드린다. • Ground에서 Tray를 제공할 때 함께 드실 음료를 미리 주문받아 준비한다. • 이륙 후 일반 Meal서비스 시점에 함께 제공하는 것이 원칙이지만, 객실 사무장/캐빈 매니저의 판단하에 먼저 제공하기도 한다.

Meal Service 시 Wine Serving 방법

▲ Meal Service 시 Wine Service 방법

• 먼저 Cart Top Setting된 Red & White Wine을 소개한다.
• 주문받은 Wine Label을 Showing한다.
• 병과 Glass입구가 닿지 않도록 약간 거리를 두고 Glass의 7부 정도 따른다.
• 병을 Twist하여 Wine이 병 외부로 흘러내리지 않게 한다.
• Meal Tray Service 후 2nd Wine Service를 실시한다.

❺ Wine & Water Refill Service

Meal Tray Service가 완료되면, Galley에 돌아와 Meal Cart를 원래 위치에 보관하고 Coffee와 Tea를 Brew시킨다. Coffee와 Tea가 Brew되는 동안 W/Wine과 R/Wine Bottle을 각각 양손에 들고 나가 담당 Zone 승객들에게 Refill을 권유하고 서비스해드린다. 이어 M/Water Bottle을 양손에 들고 나가 승객들에게 충분히 제공해 드린다.

❻ Coffee & Tea Service

Hot Beverage Service를 위해 Galley 담당 승무원은 Serving할 Pot의 내부를 뜨거운 물로 헹구어내고, Warming을 시키고, 서비스 나가기 직전에 준비하여 뜨거운 음료는 청결하고 뜨겁게 제공할 수 있도록 한다. 대체로 Coffee를 먼저 서비스하고, 이어서 Tea Pot을 들고 나가서 제공한다. 모든 노선에서 Tea Service는 홍차를 제공하며, 다른 종류의 차는 Order Base로 제공하고, 일본노선에서의 Tea Service는 녹차를 제공한다. Coffee와 Tea 서비스는 충분한 Refill Service를 제공하여야 한다.

Coffee & Tea Service

» 식사를 모두 마치기 전에 Desert를 즐길 수 있도록 식사서비스의 흐름이 끊기지 않고 연결되어서 제공될 수 있게 서비스 준비를 하여야 한다.

» Small Tray 위에 Coffee잔을 놓을 공간을 두고, 승무원의 몸 가까이에 Sugar & Creamer Pot을 Basket에 Setting하여 승객이 집어갈 수 있도록 승객 가까이로 Tray를 낮추어 서비스한다.

» Coffee나 Tea는 컵의 2/3 정도의 분량만 채운다.

» Tea서비스 시 Sugar & Creamer Pot Basket 옆에 Lemon을 Bowl에 Setting하여 함께 제공한다.

» Hot Beverage Service는 항상 주의하여야 하며, 승객에게도 뜨겁다는 것을 안내한다.

» 유아를 동반한 승객이 Hot Beverage를 요청하면, 매우 위험하다는 것을 알려주고 되도록 다른 음료를 권하거나, 아주 소량만 제공한다.

▲ Coffee & Tea Service

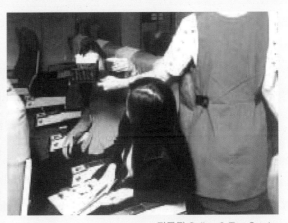
▲ 잘못된 Coffee & Tea Service

❼ Meal Tray Collection

식사를 마친 승객들은 Table위에 Meal Tray를 올려둔 상태로 휴식을 취하거나, 화장실을 이용하기 불편하므로 최대한 신속하게 Tray Collection을 실시한다. Cart 위에는 M/Water와 Plastic Cup만 Setting하고 요청하는 승객에게 Water를 제공한다. Used Cup과 Trash가 Drawer에 Setting된 새 Cup과 닿지 않도록 유의한다.

(4) Entry Document Service

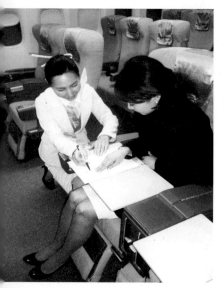

기내식 서비스를 마무리하고 난 후 담당 구역별로 승객의 입국편의를 위해 항공기 도착 전 해당 도착국의 입국에 필요한 서류를 승객에게 안내하고, 배포하여 작성에 협조한다. 일반적으로 입국서류는 입국카드와 세관신고서가 있고 일부 국가에서는 검역관련 설문서가 추가로 요구된다. 각 도착지 국가의 출입국 규정에 따른 작성요령을 사전에 숙지하여 작성안내와 협조 시에 승객의 여행목적 및 소지 수회물의 종류 등을 정확히 작성할 수 있도록 한다. 입국서류 배포 시 승객의 Transit 여부와 최종 목적지를 확인하고 적합한 입국서류를 제공하여야 하며, 목적지 공항 도착 전 입국서류 작성 안내방송을 실시하면, 담당 Zone 승객의 입국에 필요한 서류소지 및 작성 여부를 반드시 재확인한다.

▲ 입국 서류 작성 서비스

(5) In-flight Sales

면세품 판매를 시작하기 전 안내방송을 실시하고, 해당 구간의 비행시간과 서비스 절차를 감안하여 진행한다. 비행시간이 1시간 이내인 국제선 구간과 단거리 구간에서는 일부품목만 판매를 한다. 판매담당 승무원들은 Cart에 면세품을 준비하여 객실을 순회하며 구입을 원하는 승객에게 면세품을 판매하고 객실 승무원은 해당국의 입국 허용 면세량을 숙지하여 안내한다. 기내 면세품판매는 전체 객실 서비스의 일부이나 휴식을 취하는 다른 승객에게 방해가 되지 않도록 하며, 일반석 객실조명만을 밝히거나 기내판매 Cart만을 비추는 간접조명을 이용하여 진행하는 것이 바람직하다. 아울러 객실 내 다른 구역에 서비스 공백이 발생하지 않도록 객실 서비스담당 승무원을 배치하여 근무하도록 한다. 대부분의 객실 승무원들은 After Galley의 면세품 Cart와 Compartment가 탑재된 곳에서 면세품판매 담당 승무원을 도와 Packing 및 Delivery를 도와준다. 이때 객실 서비스 담당승무원을 지정하여 Galley별로 최소 1명의 승무원은 Refreshment Drink 서비스를 수행하며,

승객들의 요구에 응대하고, 수시로 Lavatory의 비품을 Refill하고 Cleaning을 실시하여 쾌적한 환경을 조성한다.

　최근에는 승객들의 보다 편리한 기내면세품 구입을 위해 기내에 탑재된 귀국편 예약주문서로 예약주문을 받아 귀국편 기내에서 물품을 전달하는 귀국편 예약주문제도와 사전에 승객이 원하는 품목을 전화나 팩스, 인터넷으로 접수받아 기내에서 전달하는 사전 예약주문제도를 실시하여 승객들에게 쇼핑편의를 제공하고 있다.

기내면세품 판매 시 유의사항

» 기내면세품 판매에 너무 치중하는 듯한 인상을 주지 않도록 Galley별로 1명의 승무원을 배치하여 Cleaning 및 Refreshment 서비스를 수행하도록 한다.

» 구매한 면세품을 Delivery 할 때 승객과 물품과 주문서 내용을 대조하여 금액을 지불하도록 하고, 잔액이나 카드 영수증을 곧 가져다드린다는 사실을 안내한다.

» 현금을 수수할 때는 반드시 승객 앞에서 액수를 확인하고 현금영수증 발급여부를 확인한다.

» 카드접수 시, 카드만기일과 서명을 확인하고, 직불카드와 체크카드는 접수 불가임을 안내한다.

▲ 기내 면세품 안내 책자

(6) 영화상영 및 승객휴식(In-flight Movie & Rest)

　기내 면세품판매 서비스를 하고 난 뒤 객실에서 승객들에게 영화 상영을 시작해도 좋은 상태인지를 판단하여 영화상영 안내방송을 통해 이용 채널 및 영화제목을 안내한다. 객실 전체를 담당 구역별로 정리한 뒤 객실 조명을 단계별로 조절하고 주간과 야간 비행시간대에 따라 Window Shade의 Close 여부를 결정한다. 비행시간에 따라 상영물의 내용을 결정하는데 일반적으로 단거리 비행일 경우는 Short Subject, 장거리일 경우는 최신 Feature Movie를 선정하여 1개월 혹은 2개월 주기로 새로운 상영물을 선정하고, 출발편과

▲ Movie Showing

입국편 상영물을 교체하여 상영한다. 영화 상영 이외에도 비행 중 승객들에게 해당 비행에 관련된 각종 정보를 안내하는 시스템인 Air show가 기내 스크린을 통해 영사되는데 비행속도, 고도, 현재위치, 목적지까지의 거리와 남은 시간, 현지 시각 등을 실시간으로 제공한다.

승객들은 자신이 원하는 개인 시간을 보내며 항공 여행을 즐길 수 있다. 주로 영화 관람을 하거나 독서, 취침을 하는 승객이 대부분이다. 영화 상영 시 승무원은 Galley Light를 Dim 상태로 유지해야 한다. 상위 클래스의 승객 좌석에는 대부분의 기종에 개인용 모니터가 장착되어 있어 승객이 원하는 상영물을 선택해서 볼 수 있게 되어 있고 일부 항공사에서는 서비스 차별화를 위하여 일반석의 좌석에도 이러한 시스템을 도입하고 현재 서비스를 실시하고 있다. 승객의 편안한 여행을 위해 객실 담당구역을 순회하며 상황에 맞는 응대를 해야 하며 승객 개개인의 쾌적성을 최대한 배려하고 안전한 비행을 위한 수시점검도 잊지 말아야 한다.

❶ 영화상영

영화상영 안내방송을 실시하고 승객들 중 필요한 분에게는 Headphone을 다시 제공해드리고 상영물 및 Channel 등을 안내한다. Day Flight인 경우에는 영화를 관람하는 승객들이 선명한 화면으로 관람할 수 있도록 하고, 취침하는 승객들에게 방해가 되지 않도

▲ Window Shade Close

록 반드시 전 Cabin의 Window Shade를 Close하도록 조치한다. 개인용 Monitor가 장착된 AVOD System 장착 기종과 미장착 기종에 따라 기내 Entertainment Service 방법이 다르다. 개인 Monitor가 장착된 기종에서 승객들이 AVOD 사용법을 문의하는 경우에 승무원은 사전에 사용법을 정확히 숙지하여 정확한 안내를 하도록 한다.

표

비행시간별
상영물 기준

비행시간	상영편수
4시간 미만	단편물
4~8시간	단편물 + 영화
미만	1편
8~13시간	단편물 + 영화
미만	2편
13시간 이상	단편물 + 영화
(주간 FLT)	3편

❷ Cabin Patrol(Walk Around) 및 Refreshment 서비스

청결하고 쾌적한 객실을 유지하기위하여 Cabin Patrol을 주기적으로 실시한다. 승객들의 기호를 파악하여 Juice, Water, Soft Drink 등을 Large Tray 위에 가지런히 Setting하여 제공해드리고, 따뜻한 음료를 원하시는 승객은 주문을 받아 제공해드린다. 2nd Meal 서비스 직전까지 Intermission 시 전 Galley의 Curtain을 열고 Snack Bar를 Setting하여 승객들에게 제공한다.

객실의 조명이 Night 상태의 어두운 Aisle에서는 안전사고가 발생할 소지가 있으므로 천천히 걸으며 Service를 수행하고, Aisle에서 Walk-around 할 때는 바닥을 향해 개인용 Flash Light를 준비하여 사용하는 것이 좋다.

Cabin Patrol(Walk Around) 요령

» 담당 Zone을 정기적으로 순회하며 여유 있게 천천히 실시하되, 객실 안전과 쾌적성을 유지하고, 승객의 Request를 즉시 해결해준다.

» 객실 적정온도는 24℃로 유지함을 원칙으로 하나 승객들이 수면할 때 춥다고 불평을 하는 경우 개개인의 온도차를 감안하여 Cabin Attendant Station Panel에서 적절하게 온도를 조절한다.

» Crew Rest 시에는 Memo지와 볼펜을 준비하여 승객의 요구사항을 메모하고, 매 15분 간격으로 객실을 순회한다.

» Lavatory, 비상구 주변, 객실 후방 등 안전취약지역을 수시로 점검하여 갑작스러운 환자 발생 및 화재의 발생을 예방한다.

» Aisle에서 Used Cup, Headphone 줄 혹은 비닐포장지 등은 사고의 원인이 될 수 있으므로 반드시 Clear 시킨다.

» 수면을 취하지 않는 승객들에게는 독서물, 오락기구 등을 권유하거나, 따뜻한 음료를 권유한다.

» 수면 중인 승객에게는 담요, 베개 사용을 도와주고, Screen 근처 승객들에게 Eye Mask를 제공한다.

» Aisle을 지나다닐 때 승객들을 방해하지 않도록 유의한다.

» Galley에서 잡담은 피하고, 서비스 준비를 할 때 소음을 내지 않도록 유의한다.

» 수시로 음료, 베개, 모포 등을 필요로 하는 승객의 요구에 응한다.

» 항상 객실의 쾌적성을 유지를 위해 조명 및 온도 조절을 하며 승객 좌석주변 및 Galley, Lavatory 등을 수시로 점검하고 청결한 상태를 유지한다.

» Crew Rest Area에 승무원들이 휴식을 취하고 있을 때나, 비어있을 때라도 승객이 출입하지 않도록 유의한다.

Lavatory Check Duty 담당자의 Check 시점

시점	Duty	Check Point
Beverage SVC 직전	Zone 별 Junior	청결유지
Meal SVC 직전	Zone 별 Junior	Item Refill
Meal Collection 직후	Zone 별 Junior	Safety Check
Intermission 시	Zone 별 근무자	Cabin Patrol(Walk Around)시마다 매 15분 간격, 수시점검
2nd SVC 직전	Zone 별 Junior	매 15분 간격, 수시점검
2nd Meal Collection 직후	Zone 별 Junior	

❸ 승무원 휴식

승객들이 편안히 휴식을 취하고, 개인 시간을 보내는 동안 객실 승무원들도 2개조로 나누어 교대로 휴식을 취하게 된다. 단 비행시간이 10시간 이상인 직항편의 경우에 승무원의 교대가 없을 시 객실 사무장/캐빈 매니저가 기내 서비스 절차를 고려하여 실시할 수 있다. 중대형 기종의 항공기에는 승무원들이 장거리 10시간 이상의 비행근무를 할 경우를 대비하여 승무원들이 휴식을 취할 수 있는 Crew Rest Area(Crew Bunk)가 기종별로 Upper Deck 혹은 Lower Deck에 설치되어 있다. 2층 침대구조를 장착하여 승무원들이 2개조로 나뉘어 교대로 휴식을 취하도록 한다. Crew Rest 중 Rest조 승무원은 개인적인 여가 활동을 할 수 없으며 다음 근무를 위해 충분한 휴식을 취해야 한다.

근무조 승무원은 Rest조 승무원의 담당구역에 결원으로 인한 공백이 발생하지 않도록 비행 안전 및 승객 서비스에 만전을 기해야 하며, 휴식 종료 시에는 자신의 용모를 재점검하고 단정한 모습으로 근무에 임해야 한다.

2개로 편성된 객실 승무원은 휴식조가 휴식을 취하는 동안 업무공백을 고려하여 두 번째 식사 서비스 준비 및 비행업무관련 서류를 작성하여야 한다. 2nd Meal Service 준비는 앞서 언급한 내용과 동일하며 서비스 절차 또한 크게 다르지 않다.

비행과 관련하여 일반 객실 승무원이 작성해야 하는 서류는 Order List, 기내판매 Inventory 및 신송사항, 서비스 용품 Inventory List와 Liquor Inventory List이다. 서비스 용품 Inventory List는 서울 출발편(Out-bound Flight)에서 작성하는 서류로 기내에서 서비스하고 난 후 소모품의 잔량을 점검하여 인수인계 때 교대 승무원 팀이 이를 참고하도록 작성하는 모든 서비스 용품의 잔여량에 대한 서류이다. 서비스 용품 및 음료 등은 Return Flight의 서비스를 감안하여 Order Item List에 반드시 적정량을 기재하여 연결편 및 교체팀 서비스의 원활한 진행을 위하여 Request한다.

Liquor Inventory List는 일부국가의 세관에 의한 요구에 의해 작성되어진다. 이는 기내 서비스 용도에 한해 사용될 수 있는 기내의 면세주류가 보세구역 이외로 반출되는 것을 방지하기 위한 것이다. 객실 승무원은 항공기 내에 있는 모든 Liquor류의 잔량을 파악하여 해당 서류에 정확하게 기입해야 하며 목적지 도착 전 기내 주류가 담겨있는 Compartment를 서류에 기입한 번호의 Seal과 자물쇠를 이용하여 이중으로 잠가야 한다. 교체팀 준비사항은 연결편의 원활한 서비스를 위하여 서비스 Item을 정리하여 위치 및 준비사항, 특이사항 등을 기재하여 신송사항에 남긴다.

(7) 착륙준비

항공기의 착륙 시점은 가장 사고의 위험이 높은 위험단계이다. 안전한 착륙을 위한 객실승무원의 안전 점검이 매우 중요하다는 것을 알 수 있다.

❶ 기장 Approaching Announcement 후

기종, 노선, 비행시간대별로 감안하여 승객들이 휴식을 마치고 2nd Meal Service를 시작하는 시점은 보통 2시간30분~3시간 전에 실시한다. 객실 사무장/캐빈 매니저의 판단하에 먼저 주무시는 승객들이 놀라지 않도록 작은 소리로 Wake-up 방송을 시작하면, 사무장은 조명을 점차적으로 밝게 조절한다. 2nd Aperitif는 미리 2~3종류 정도의 음료를 담당 Zone 승객의 수보다 약간 적게 준비하여 Large Tray에 Setting한 후 Wake-up 방송에 맞춰서 서비스를 실시한다. 컵 회수 후 2nd Meal을 제공하고 난 후 Coffee & Tea Refill Service와 Meal Tray Collection까지 마치면 목적지 도착이 가까워진다.

도착 40분 전 기장이 목적지의 도착을 알리는 안내 방송을 하고, 기내 서비스를 마무리하고 착륙을 준비하라는 신호를 준다. 이때 객실 방송 담당자는 규정에 의거하여 도착지 입국서류 안내 방송, Headphone, 기내 도서 및 잡지 회수 방송과 도착지 안내 방송 및 공항 안내방송을 실시하고 담당 Zone 승무원들은 회수하여야 할 서비스 물품을 회수하여 정해진 위치에 보관한다. 도착 지 공항에 필요한 입항 서류를 최종적으로 정리하고 승객들의 입국서류 작성도 재확인한다.

Galley Locking & Latch

❷ Approaching Signal 후

항공기가 지상 고도 20,000ft에 도달하고, 착륙 20분 전 기장은 객실 승무원들에게 Approaching Signal을 준다. 이때 방송 담당자는 Approaching 방송 및 기내면세품 판매 담당 승무원은 기내판매 업무를 종료하며 Inventory를 철저하게 하고 Sealing과 Locking을 한다.

또한 승객들이 맡긴 Jacket, Coat 및 가방이나 부피가 큰 짐은 제외하고 보관물품을 반환해 드린다. 사용하신 베개와 담요, 그리고 승객 좌석주변도 함께 정리해 드리고 Galley 내 용품들도 정리하고 유동물의 고정 상태를 점검한다. 담당 Zone에 Special Pax가 있는 승무원은 해당 승객의 착륙준비를 도와드리고 지상에서 도움이 필요한 승객은 지상직원에게 안내해드린다는 것을 알려드리고, 아쉬움을 담아 작별인사를 미리 드린다.

각 Zone의 선임승무원과 Galley Duty는 Liquor Inventory List, Dry Item Inventory List, Order Item List에 기재한 서비스 용품의 잔량, 기내설비 상태, 기내판매품과 Liquor Cart의 Sealing 및 Locking 상태 등을 최종 확인한 후 연결편 혹은 항공기 인수인계 시 필요한 내용들을 잘 정리하여 객실 사무장/캐빈 매니저에게 보고한다. 각 Galley 담당 승무원은 교체팀에게 특이사항 및 전달사항, 객실 설비 및 시스템상의 이상 유무, Order Item List 등 전달사항을 기록하여 신송사항 메모지를 눈에 잘 띄는 곳에 부착해 둔다. Approaching Signal 후 업무는 국내선과 같다.

❸ Landing Signal 후

항공기가 지상 고도 10,000 ft에 도달하면 기장은 객실에 Landing Signal을 준다. 이때 방송 담당자는 Landing 방송을 실시하고 객실 승무원들은 승객의 좌석 벨트 착용상태, 좌석 등받이와 Tray Table의 정위치, 개인용 Monitor의 원위치, Footrest의 원 위치 등 최종적인 객실 안전 점검을 수행하며 제반 안전점검이 끝난 후 승무원은 지정된 Jump Seat에 착석하여 Seatbelt와 Shoulder Harness를 착용하고 30 Seconds Review를 실시한다.

4) After Landing Duties(착륙 후 업무)

(1) Farewell Announcement 및 Taxing 중 조치사항

방송 담당자는 착륙 후 항공기 엔진의 역회전이 끝난 시점에 Farewell 방송을 실시하며 객실 사무장/캐빈 매니저는 Farewell 방송 직후에 Boarding Music을 On 한다. 전 승무원은 항공기가 목적지 공항 활주로에 안전하게 Touch Down하여 승객이 하기할 공항 터미널까지 Taxing하는 동안 객실 승무원은 Fasten Seatbelt Sign이 꺼질 때까지 모든 승객의 착석 상태를 유지하여야 한다. 이때 객실 승무원은 Jump Seat에 착석한 상태에서 담당 Zone 승객들을 Watch하며 비행안전 취약단계 규정을 준수한다.

(2) Slide Mode Check & Door Open

항공기가 완전히 정지한 후, 모든 객실 승무원은 객실 사무장/캐빈 매니저의 PA를 통한 방송에 따라 Slide Mode 변경을 하고 All Attendant Call에 응답한다. 기내조명 System이 설치된 Station의 선임승무원은 기내 조명을 Full Bright로 조절하여 승객의 하기를 원활하게 돕는다. 객실 사무장/캐빈 매니저는 Door를 열기 전 Slide Mode의 정상위치 여부, 장애물 유무, Fasten Seatbelt Sign Off를 확인한 후 항공기 외부 지상 운송직원에게 Door Open Sign을 준다. Door Open은 일부 기종을 제외하고는 외부에서 지상직원이 Open하도록 규정되어 있다.

(3) Ship Pouch 인계 및 승객하기

항공기 Door Open 후, 지상 운송직원에게 Ship Pouch를 인계하고 운송제한승객이나 특별 승객에 대한 정보 등을 전달하고 CIQ 관계기관 직원에게 입항서류를 제출한 후, 검역 또는 세관의 하기 허가가 필요한지 여부를 확인한다. 공항 당국의 하기 허가를 득한 후 승객하기 방송을 실시한다.

▲ 승객 하기 안내

(4) After Landing Check

객실 승무원은 승객의 하기 완료 후 담당 Zone의 화장실이나, 객실, 좌석에 잔류 승객이 있는지 확인한다. 주변, Seat Pocket, Overhead Bin, Coat Room 등을 돌아보며 승객 유실물 유무를 꼼꼼하게 점검한다. 승객 하기 후 유실물을 발견했을 때에는 먼저 객실사무장에

▲ 승객 하기 후 기내점검

게 보고하며 유실물을 도착지의 운송직원에게 인계한다. 운송직원과의 연락이 불가능한 경우 출/도착지 공항의 INFO Desk또는 L/B 창구에 인계해야 하며 객실 사무장/캐빈 매니 저는 유실물의 내용, 형태, 개수, 발견 장소, 인계 운송 직원의 인적 사항 등을 Purser's Flight Report에 기재하여 회사에 보고한다. 비행 중이나 후, 객실 설비에 이상이 발생하였을 경우, CDL에 결함 내용과 위치를 구체적으로 기록하고 White Copy를 절취하여 기장에게 전달한다. 각각의 승무원은 담당 Zone별로 기내보안 점검을 실시하고 Slide Mode의 정상위치를 재확인한 후 지상 직원과의 인계인수가 필요한 Item을 인계한다.

(5) Debriefing

비행근무를 마친 객실 승무원은 모기지(ICN, GMP)에서는 특별한 임무를 갖지 않은 승무원의 경우, 공항에서 퇴근을 하게 되고 각종 서류 제출이나 기내면세품 판매대금 반납, 도착 보고 등의 임무를 띤 승무원은 Crew Building에서 해당 업무를 수행한다.

모기지를 제외한 기타 지역에서는 승무원 전원이 함께 Hotel Shuttle 버스를 이용하여 Hotel에 도착 후 다음 비행편의 Pick-Up Time을 확인한 후 해당일까지 개인적인 휴식시간을 갖는다. 해외 체재 시에는 회사 규정을 준수하여 승무원의 안전 및 보안문제가 발생하지 않도록 유의한다.

표
Debriefing
시점과 장소

구 분	국내선 및 국제선	
시 점	Turn-around FLT	Long/Over Night FLT
	In-bound FLT 종료 후	매편 종료 후
장 소	객실 전방 혹은 Air Bridge Slot	

이륙 후
비행단계별
서비스 절차

단계	기내방송	이륙 후 서비스 절차
이륙 후	• Seatbelt 상시 착용 Announcement • SVC Plan & Duty Free Sales Announcement	• Galley Briefing
In-flight SVC	• Entry Document Announcement • Duty Free Sales Announcement • Movie 상영 Announcement	• Headphone SVC • Giveaway SVC • Menu Book SVC • Hand Towel SVC & Collection • Apefitif SVC By Cart • 1st Meal SVC • Meal Tray Collection • Entry Document SVC • Housing & Toilet Dressing • In-flight Sales • In-flight Movie & Rest • Cabin Patrol
	• Wake-Up & 2nd Meal SVC Announcement • Entry Document Announcement • Approaching Announcement • Headphone Collection Announcement • Duty Free Sales 종료 Announcement • Landing Announcement	• 2nd Hand Towel SVC & Collection • 2nd Aperitif SVC By Tray & Collection • 2nd Meal SVC • Tray Collection • Entry Document Check • 착륙준비 • 승무원 Jump Seat 착석(30 Seconds Review)
Landing	• Farewell Announcement • Slide Mode Check Announcement	• Cabin Watch(항공기가 완전히 멈출 때까지) • Slide Mode Check & Door Open
Deplane	• Deplane Announcement	• Ship Pouch 지상직원 인계 • 하기인사 • 기내점검(유실물 확인)

182

표
국제선 서비스
절차 및 업무

시점	방송	서비스 절차	주요 업무
비행 전	-	Show-up	● 단말기에 Sign-on, Briefing 준비
		Cabin Briefing	● 비행정보/서비스절차, 내용/비상장비, 비상처리절차/업무지시 및 공지사항 숙지
		Cockpit Briefing	● 비행관련정보/기상/비상절차 숙지
		CHK-IN/CHK Baggage, CIQ	● Crew Baggage CHK-IN, 출국수속
		서류수령	● 도착지 국가 입국서류 수령
이륙 전	PA Test	Pre-FLT CHK	● 비상보안장비 점검 ● Cabin System/Galley장비 점검 ● Catering Item 점검
	-	Ground Service 준비	● 신문/잡지 Setting, Headphone 준비, Lavatory 용품 Setting, Beverage Chilling, 기내면세품 인수
	탑승편 안내 Announcement	환영인사 및 좌석안내	● Boarding Position에서 인사 및 좌석안내
		휴대수하물 안내	● 수하물 보관안내, 위탁품 보관
		Ground Service	● 신문, 잡지 SVC
	Slide Mode Check Announcement	Door Close & Slide Mode 변경	● Ship Pouch 인수 & Door Close ● Slide Mode 변경(정상위치→팽창위치)
	Welcome Announcement	Welcome Announcement & Greeting	● 환영인사 및 승객 및 수하물보관 협조
	Safety Demo Announcement	Safety Demonstration	● Safety Demo 상영 혹은 실연
	Take-off Announcement	객실 이륙준비	● 승객 좌석벨트, 등받이, 테이블, 발받침 원위치 ● 유동물 고정 및 Overhead Bin Locking ● Galley/Lavatory 점검, 승무원 Jump Seat 착석
이륙 후	Seatbelt 상시착용 Announcement & SVC Plan Announcement	Galley Briefing	● Fasten Seatbelt Sign Off 후 ● Galley별 승객수/서비스방법/유의사항 점검
	-	1st Aperitif SVC	● Headphone/Giveaway/Menu Book SVC ● Towel SVC/1st Aperitif SVC

	Announcement	Service	세부 내용
이륙 후	–	1st Meal SVC	● 1st Meal By Food Cart SVC ● Wine & Water/Coffee & Tea/Refill SVC
	입국서류안내 Announcement	입국서류 SVC	● 도착지 국가 입국서류 배포 및 작성 협조
	In-FLT Sale Announcement	In-FLT Sales	● 기내면세품 객실순회 판매/Cabin Patrol
	영화상영 안내 Announcement	Movie & Rest	● 영화상영 및 승객 휴식/Cabin Patrol
	–	Housing & Cabin Patrol	● Cabin Cleaning 및 Lavatory 용품 Refill ● Walk Around 및 Refreshment SVC
	기장 Approaching Announcement	Approaching Announcement	● 승객 위탁품/Coat 반환 ● 승객Seatbelt/등받이/발받침/테이블 점검 ● Galley 및 Lavatory 비품 회수 및 점검
	Headphone Collection Announcement	Headphone Collection & In-FLT Sales 종료 Announcement	● Headphone Collection/Unicef봉투 회수 ● 입국서류 작성 확인 ● 면세품 판매 종료 및 Sealing/Locking
	In-FLT 종료 Announcement		● Headphone Collection/Unicef봉투 회수 ● 입국서류 작성 확인 ● 면세품 판매 종료 및 Sealing/Locking
	Landing Announcement	객실 착륙준비	● 승객Seatbelt/등받이/테이블/발받침원 위치 ● 유동물 고정/Overhead Bin Locking ● Galley/Lavatory 점검/승무원 Jump Seat 착석
착륙 후	Slide Mode Check Announcement	Slide Mode 변경 & Door Open	● Slide Mode 변경(팽창→정상위치)/Door Open
	Deplane Announcement	Ship Pouch 인계 승객하기	● 지상직원 Ship Pouch 인계/승객하기
	–	After Landing Check	● 기내잔류승객유무/보안점검/유실물 점검
	–	Debriefing	● 특이사항 및 개선사항 보고

MEMO

최·신·항·공·객·실·업·무·론

Chapter 04

항공**운송업무**

1 항공사의 업무

1) 항공운송사업

(1) 항공사

항공사는 항공운송이라는 상품을 판매하여 얻은 수입으로 기업의 경영을 유지하며 항공기의 일정한 공간인 승객 좌석을 제공하여 사람이나 물건을 운송한다. 그러나 항공기의 일정한 공간 또는 좌석만을 항공운송상품으로 이야기하는 것은 단편적인 관점이다. 좌석보다 그 밖의 서비스가 더욱 상품으로서의 가치가 있기 때문에 항공운송이라는 상품은 항공기의 일정한 공간과 인적 서비스가 결합되어진 복합적인 상품이라고 할 수 있다. 따라서 항공사는 항공기를 사용하여 승객과 화물을 안전하게 목적지까지 운송해주는 데 그 목적을 두지만 그 과정에서 항공예약 및 발권, 탑승 수속, 기내식음료 및 객실 승무원들의 서비스, 그리고 수하물 인도 등 다양한 서비스를 필요로 한다. 항공사는 여객과 화주들에게 쾌적한 기내 분위기, 안정운항, 항공좌석 및 화물공간의 제공, 그리고 신속 정확한 화물운송을 약속함과 동시에 항공사 직원에 의한 구체화된 친절 서비스도 함께 상품으로 판매한다.

항공운송상품은 좌석과 인적 서비스의 결합물이라 할 수 있으며 고정적 상품과 유동적 상품의 양면성을 가지고 있다. 고정적 상품으로서의 공간은 항공기종, 승객좌석과 화물칸을 포함하는 기내 공간, 운항 스케줄 및 기체 관리 등 다분히 물리적, 관리적 요소가 강한 부분들이 포함된다. 유동적 상품인 서비스는 항공기 출발지로부터 목적지 간에 제공되는 모든 서비스를 말한다. 즉 여객의 경우 좌석 예약, 시내와 공항 간 육상수송, 공항 체크인, 기내서비스, 수하물 인도 서비스 등이 모두 포함되는 것이다.

항공운송은 기내공간의 판매로부터 시작해서 최종 목적지에 운송객체를 수송하는 데 필요한 모든 서비스를 제공해야만 상품가치의 발현이 가능해지고 더불어 지불된 운임에 대한 대가도 완료할 수 있다.

요컨대 항공사는 최상의 공간 확보와 인적 서비스를 제공하기 위하여 최선을 다하여야만 비로소 상품가치를 인정받을 수 있다.

(2) 항공사 서비스 분류

❶ 항공사 서비스의 대분류

✈ 서비스 대상에 따른 분류

- 여객 운송서비스(Passenger) 여객 즉 승객을 운송하는 서비스이다.
- 화물 운송서비스(Freight) Cargo Service라고 일컬어진다. 화물이란 영리목적으로 제품을 운송하는 사업 활동으로 항공화물을 Freight이라고 일컫는다. 대표적인 화물항공사는 Fedex Express, United Parcel, DHL, Atlas Air, Cargolux 등을 들 수 있다.

✈ 서비스 지역에 따른 분류

- 국내선 서비스(Domestic) 국적기가 자국 영토 내에서 항공 서비스를 제공하는 형태이다.
- 대륙 내 국제선 서비스(Intracontinental) 대륙 내에서 국제선 항공 서비스를 제공하는 형태이다. 유럽의 경우 대륙 내 국제선 항공 수요가 가장 많은 지역이다.
- 대륙 간 국제선 서비스(Intercontinental) 대륙과 대륙을 연결하는 항공서비스를 제공하는 형태이다. 예를 들면, 대한항공이 인천에서 미국 뉴욕으로 운항서비스를 하는 것을 들 수 있다.

✈ 운항 형태에 따른 분류

- 정기 항공운송 서비스(Scheduled) 한 지점과 다른 지점 사이에 노선을 정하여 정기적으로 항공기를 운항하는 항공운송 서비스를 일컫는다.
- 부정기 항공운송 서비스(Chartered) 정기항공운송 외의 항공운송 서비스를 일컫는다. 부정기 항공은 전세기 혹은 특별기로 불리기도 한다.

❷ 항공사 서비스의 소분류

✈ 항공권 예약 서비스(Reservation)

전화 또는 전산망을 이용하여 항공권을 미리 구입하는 것으로 항공권을 포함한 관광 상품을 예약하는 업무를 말한다. 항공권 예약방법은 전화, 인터넷, 팩스, 직접 예약방법으로 나뉜다.

✈ 항공권 발권 서비스(Ticketing)

항공권 발권 권한(Authority)이 있는 항공사, 여행사 또는 기타 대리점이 고객에게 기기나 수작업을 통해서 이름, 항공편명, 운임, 예약상태, PNR(Passenger Name Record) 등이 명시된 항공권을 발행하여 교부하는 서비스이다. 항공사는 승객들이 편리하게 항공권을 구입할 수 있도록 발권카운터와 지점을 두고 있다.

✈ 공항 서비스(Airport Service)

운영서비스, 승객·화물 처리서비스, 공항 내 각종 영리활동으로 나눈다. 항공사마다 다소 차이가 있으나, 대체로 여객운송처리서비스, 화물운송처리서비스, 라운지 서비스, 출입국서류 서비스, 도심공항터미널 서비스, 국제선 연결서비스, 기타 서비스 등이다. 공항은 안전과 효율성 확보가 중요하고, 공항 내에서 이루어지는 다양한 활동들은 서로 상호·관련되어 있는 종합시스템이다.

✈ 수하물 서비스(Luggage Service)

수하물 안내, 수하물 보관센터, 공동운항 서비스, 수하물 사고와 처리, 수하물 요금 안내 서비스 등이다.

✈ 기내 서비스(In-flight Service)

기내식 서비스, 기내 면세품 판매 서비스, 기내 엔터테인먼트 서비스, 기내 편의시설 안내서비스, Class별 서비스 등이 있다.

✈ 특수 고객 서비스(Special Care Service)

Family, UM(Unaccompanied Minor), 만 2세 미만의 유아를 동반한 승객, 장애인 승객, 임산부 승객, 환자 승객, 노약자 승객 등 도움이 필요한 승객들에게 제공하는 서비스이다.

2) 항공사의 업무

(1) 판 매

항공사는 직접 운영·관리하는 지점과 영업소, 대리점 또는 인터넷을 통하여 항공상품을 판매한다.

(2) 예 약

1919년 네덜란드의 KLM 항공사로부터 시작된 예약(Reservation) 업무는 초기에는 수작업으로 시작되었으나, 최근에는 컴퓨터 예약시스템(CRS: Computer Reservation System)으로 발전하였다. 예약은 항공운송상품의 특성 중 하나인 소멸성을 극복하고 효율적인 재고 관리를 위하여 발생한 것이다. 항공예약의 기능은 고객 서비스, 좌석판매, 수익의 제고 및 운송의 사전준비 등이다.

(3) 운송

운송(Traffic) 업무란 승객의 안전하고 쾌적한 여행을 위해 공항에서 지상직원에 의해 제공되는 일련의 서비스, 즉 공항서비스를 말한다. 여객의 탑승수속과 관련된 업무를 담당하는 여객운송(Passenger Traffic)과 화물의 탑재와 관련된 화물운송(Cargo Traffic)으로 구분된다. 화물운송은 신속하고 안전한 화물의 탑재와 하기를 위해 공항에서 이루어지는 일련의 서비스로써, 항공기와 장비의 구조, 탑재력과 항공화물의 규정·요율, 항공화물 예약, 항공화물 운송절차, 특수화물 취급, 사고화물 및 Claim 처리 등의 제반 업무를 처리한다.

▲ 사우스웨스트항공의 공항 서비스

▲ 아시아나항공의 공항 서비스

(4) 객실서비스

객실 서비스(Cabin Service & Catering)는 승객에게 제공되는 기내식과 인적 서비스 요소인 객실 승무원(Cabin Crew)의 기내 서비스가 핵심이다. 특히 객실 승무원에 의한 기내 서비스는 항공사 서비스의 질(Service Quality)을 결정짓는 매우 중요한 사항이다. 이러한 이유 때문에 각 항공사는 양질의 서비스 제공을 위해 부단한 노력을 경주하고 있다.

▲ 항공사 객실 서비스

(5) 운 항

운항부문은 항공기에 탑승한 승객과 화물을 안전하게 목적지까지 운항하는 데 있어 매우 중요한 부문으로 안전운항의 매우 중요한 역할을 수행한다. 일반적으로 민간 항공사의 경우 기장(Captain)과 부기장(Co-Pilot)이 상호 유기적인 협력관계를 가지고 근무한다. 기종에 따라 항공기관사(Flight Engineer)가 함께 근무하기도 하고, 장거리의 경우에는 두 팀이 탑승하여 전반과 후반으로 나누어 근무한다. 운항 승무원은 고도의 기술과 풍부한 경험 등을 바탕으로 수많은 인명과 고가의 항공기를 다루는 전문 직업인 만큼 양성에 있어서도 엄격한 기준과 소정의 교육훈련을 거쳐야 함은 물론 교통안전진흥공단에서 실시

▲ 운항 승무원

하는 자격증 시험에 합격하여야 한다. 운항 승무원이 된 후에도 매년 정기적으로 실시하는 훈련심사와 수시훈련을 통해 비행지식과 기량을 향상하고 사회적·국가적 책임을 다할 수 있도록 인격교육과 윤리교육이 병행되어야 한다.

운항부문에 있어 또 하나 중요한 것은 지상에서의 비행 계획의 수립과 각종 운항 정보를 제공하는 운항관리 업무이다.

▼ 항공 정비

(6) 정 비

정비(Maintenance)는 항공기의 안전하고 쾌적한 운항을 위하여 항공기 기체의 품질을 유지·향상시키는 검사, 점검, 서비스, 청소, 수리, 교환 등의 작업을 총칭하는 것이다. 정비부문은 안전운항이라는 항공사의 최우선 과제

와 직결되는 부서이며 서비스 품질 중 중요한 요소인 정시성을 확보하는 데 있어서도 매우 중요한 부문이다. 항공기 정비의 목적은 사후 고장 수리가 아닌 사전의 철저한 점검으로 사고를 예방하고 정시성을 확보하며 승객에게 보다 안전하고 쾌적한 여행을 할 수 있도록 하는 것이다.

3) 항공운송사업의 분류

우리나라 「항공법」(전문개정, 2009. 6. 9.)은 「"항공운송사업"이란 타인의 수요에 맞추어 항공기를 사용하여 유상(有償)으로 여객이나 화물을 운송하는 사업을 말한다.」(제2조 제31호)이라고 규정하고 있다.

항공법은 2009년 개정되기 이전까지 항공운송사업을 정기항공운송사업, 부정기항공운송사업, 항공기사용사업, 항공기취급업, 항공기정비업, 상업서류송달업, 항공운송총대리점업, 도심공항터미널업으로 분류하고 있었다. 하지만 2009년 국제민간항공기구(ICAO)의 항공안전평가에 따른 후속조치로 항공안전 의무보고 및 항공안전 자율보고 제도를 도입하여 항공사에 대한 안전관리를 강화하고, 항공기 외에 경량항공기 제도를 도입하여 레저·스포츠 항공기 활성화 및 이용자의 안전을 도모하였다.

또한 항공운송사업의 시장진입 완화 및 이용자의 편의 도모, 국제 경쟁력 제고를 위해 항공운송사업 면허체계를 국내·국제 운송사업으로 개편하고, 소형항공기를 이용한 소형항공운

송사업을 도입함으써 기존 '정기항공운송사업'을 '국내항공운송사업'과 '국제항공운송
사업'으로 개정하고, '부정기항공운송사업'을 '소형항공운송사업'으로 개정하였다.

(1) 국내항공운송사업

'국내항공운송사업'이란 국토해양부령으로 정하는 일정 규모 이상의 항공기를 이용하
여 다음 각 목의 어느 하나에 해당하는 운항을 하는 항공운송사업을 말한다.(제2조 제32호)

❶ 국내 정기편 운항　국내공항과 국내공항 사이에 일정한 노선을 정하고 정기적인 운
　항계획에 따라 운항하는 항공기 운항을 말한다.

❷ 국내 부정기편 운항　국내에서 이루어지는 정기편 외의 항공기 운항을 말한다.

(2) 국제항공운송사업

'국제항공운송사업'이란 국토해양부령으로 정하는 일정 규모 이상의 항공기를 이용하여
다음 각 목의 어느 하나에 해당하는 운항을 하는 항공운송사업을 말한다.(제2조 제33호)

❶ 국제 정기편 운항　국내공항과 외국공항 사이 또는 외국공항과 외국공항 사이에 일정
　한 노선을 정하고 정기적인 운항계획에 따라 운항하는 항공기 운항을 말한다.

❷ 국제 부정기편 운항　국내공항과 외국공항 사이 또는 외국공항과 외국공항 사이에 이
　루어지는 국제 정기편 외의 항공기 운항을 말한다.

(3) 소형항공운송사업

국내항공운송사업 및 국제항공운송사업 외의 항공운송사업을 말한다.

(4) 항공기사용사업

항공운송사업 외의 사업으로서 타인의 수요에 맞추어 항공기를 사용하여 유상으로 농
약 살포, 건설 또는 사진촬영 등 국토해양부령으로 정하는 업무를 하는 사업을 말한다.

(5) 항공기 취급업

항공기에 대한 급유(給油), 항공 화물 또는 수하물의 하역, 그 밖에 정비 등을 제외한 지
상조업을 하는 사업을 말한다.

(6) 항공기 정비업

항공기 발동기 또는 프로펠러, 장비품 또는 부붐에 대하여 정비 또는 수리·개조하는 사업을 말한다.

(7) 항공운송총대리점업

항공운송사업을 경영하는 자를 위하여 유상으로 항공기를 이용한 여객 또는 화물의 국제 운송계약 체결을 대리(여권 또는 사증을 받는 절차의 대행은 제외한다)하는 사업을 말한다.

(8) 도심공항터미널업

공항구역이 아닌 곳에서 항공여객 및 항공화물의 수송 및 처리에 관한 편의를 제공하기 위하여 이에 필요한 시설을 설치·운영하는 사업을 말한다.

(9) 상업서류 송달업

타인의 수요에 맞추어 유상으로 「우편법」제2조 제2항 단서에 해당하는 수출입 등에 관한 서류와 그에 딸린 견본품을 항공기를 이용하여 송달하는 사업을 말한다.

4) 항공운송사업의 특성

항공운송사업은 일반 교통업과는 달리 거대한 규모의 자금과 시설을 요구하며 고도의 안전시설, 장비, 인력이 요구되는 특수한 사업이다. 항공사는 항공운송사업 영위를 위해 항공기, 공항시설, 그리고 업무행위를 위한 항공노선 등을 기본적으로 필요로 하며 항공사에 의해 수행되는 운송활동은 공공성과 영리성의 양면적 특성을 지니고 있다.

(1) 고속성

타 운송수단과 차별화되는 항공운송사업의 가장 고유한 특성은 고속성이라고 할 수 있다. 항공운송은 다른 운송수단에 비하여 매우 빠른 속도로 운항할 수 있어서 운송수단 중 가장 고속성을 지니고 있다. 철도, 자동차, 선박 등의 운송수단에 비해 가장 뒤늦게 발달하기 시작한 산업이지만 속도 면에서는 압도적 우위를 차지하고 있다. 여객기의 속도 향상은 인류의 시간적, 공간적 한계를 극복하고 시간과 거리의 인식에 대한 변화를 가져왔다.

점보기로 알려진 B747의 경우 최대 1000km/h이고, B777의 경우도 평시 항속속도 905km/h로 1951년 273km와 비교해 보면 눈부신 성장이라 할 수 있다.

(2) 안전성

안전성은 자동차, 철도, 선박 등을 포함한 다른 운송사업과 맥을 같이하여 항공운송사업만의 고유한 특성이라고는 할 수는 없다. 항공기 사고는 대형사고인 것이 일반적이며 자국 내에서 발생하기도 하지만 국가 간 이해관계가 얽혀 전 세계가 주목하기에 보통 큰 위험이 있다는 인식을 갖게 된다. 하지만 항공기는 항공기의 운항 및 유도시스템의 발달, 공항 활주로의 개선의 영향으로 우리가 이용할 수 있는 가장 안전한 교통수단이다. 항공기의 안전도는 운항 시 항공기 및 항공노선의 기술적 원인 또는 기상 조건, 조종사의 능력 등의 원인에 의해 좌우되며 다른 운송수단에 비해 사고 발생률은 현저히 낮다. 항공기 사고발생률을 기준으로 한 통계를 보면 미국의 항공사는 평균 7만7천회 운항 시 1회의 인명사고를 냈고, 프랑스의 항공사는 10만회 운항 시 1회의 인명사고를 낸 것으로 나타났다. 항공사고의 발생은 여객수요의 격감에 큰 영향을 미치는 요인이기 때문에 안전성의 확보는 항공운송의 가장 기본적인 요건이라 할 수 있다.

(3) 공익성

항공운송사업은 다수의 대중에 대한 교통수단으로서 국익과 밀접한 관계를 맺어 국위선양에 크게 기여하는 공익성이 강한 국가대표성 산업이다. 일반적으로 국민의 기본생활권에 필요한 철도·도시교통·정기선·대중교통사업·정기항공 등의 공중운송사업, 우편·전신전화·방송 등의 공중통신사업, 전기·수도 등 일반 공급사업 등의 사회기반시설은 공익사업으로 분류된다. 항공운송사업은 교통수단의 하나로 국가간 사회문화 교류의 장을 여는 역할을 하며 국가 경제에 막대한 영향을 주는 공익성이 강한 사업이다. 즉 거액의 설비투자가 요구되는 장치산업으로 항로, 공항시설, 노선권이 전제되는 정부규제적인 사업이다. 국력의 상징 및 대외 정책 수단으로 국익과 관계된 역할을 담당하기에 많은 국가들이 국영 항공사를 직접 운영하고 있으며 항로개설, 노선 배분 등에 직·간접적인 영향력을 발휘하는 것이 일반적으로 정치적, 경제적 사회 환경의 영향에 민감하다. 특히 항로는 국가와 국가 간의 영공 통과를 전제로 하기 때문에 정부의 외교정책과도 밀접하며 공항시설 및 노선배분 획득에 있어 정부의 규제를 받고 있다.

(4) 서비스업

항공운송사업은 가시적인 상품을 고객에게 제공하는 것이 아니라 고객이 필요로 하는 인간으로서의 욕망이나 필요를 충족시키는 서비스를 제공하는 산업이다. 항공사의 상품은 용역인 운송서비스로 생산된 운송 상품, 즉 객실의 좌석과 화물의 탑재공간은 재고 저장이 되지 않으며 생산과 소비가 동시에 이루어진다. 생산은 좌석이나 화물의 탑재공간의 제공 활동이며, 판매란 제공된 좌석이나 화물실의 공간을 고객에게 유상으로 제공하여 여객과 화물을 항공기로 운송하는 것을 의미한다. 즉 항공운송사업은 판매를 위해 유형의 상품을 진열하는 것이 불가능하다. 또한 상품으로서 품질수준 측정 노력이 시도되기는 하나 품질수준에 대한 객관화가 불가능하며 판매되지 못한 경우 재고로 보관할 수 없는 시한성 및 일회성으로 항공기의 출발과 함께 가치를 상실하게 되며 재고발생이 없다.

(5) 자본집약적 산업

항공운송사업은 일반 서비스산업에 비해 인적 자원 의존도는 낮지만 일정 수준까지 자본투자가 전제되어야 하는 자본집약적인 특징을 가진다. 즉 고가의 항공기 및 부품과 장비를 사용해서 대량의 항공유를 소모하는 막대한 투자 자본을 필요로 하는 사업이다. 항공사는 첨단 항공기 도입에, 정부는 원활한 항공 업무를 위한 공항시설을 확보하는 데 많은 예산을 투입해야 하기에 항공기의 구입, 유지, 운항에 있어 거액의 설비투자가 요구된다. 하지만 항공교통과 연관된 과학기술의 발전도는 비교적 빠르기 때문에 항공기 및 연관시설의 경제적 노후화는 타 교통수단에 비하여 급격하다. 따라서 현대화된 항공기와 연관시설을 도입하여 활용할 수 있는 능력이 부족한 항공사는 경쟁력 및 운송수단에 있어서 불리한 위치에 놓이게 된다.

(6) 국제성

항공운송사업의 상품의 품질 및 가격이 국제적으로 결정되며 국제선의 경우 관련 당국 간의 협약에 의해서만 항공운송이 가능하다. 즉, 항공사의 국제 항공시장으로의 참여 여부는 각 국가 간의 항공 협정에 의해 결정되며 그 협정에 의해 지정된 항공사간의 상무협정이 필요하다. 항공사가 타국의 어느 도시에 노선을 개설하고자 할 경우 양국 간의 항공 협정이 선행되어야 하고, 협정에서 지정된 항공사만이 지정된 노선에서 운항이 가능하며 취항도시, 운항 횟수, 공급좌석 등에 대한 규제를 받게 된다. 또한 ICAO나 IATA에서 전 세계 항공사 업무를 수행하고 있는데 주요업무는 항공요금, 서비스내용, 편의장비설비 등에 대한 규제권고 등이다. 항공운송사업은 세계의 주요 도시를 시장으로 하는 국제성이 강한 운송사업이라고 할 수 있다.

(7) 점(點)의 교통수단

육상교통은 도로나 철로를 필요로 하기 때문에 선(線)의 교통수단이라고 불린다. 항공은 출발지와 목적지 양 지점에 공항을 건설하면 노선을 개설할 수 있기 때문에 점의 교통수단이다.

2 항공사 Timetable의 이해

항공사의 Timetable은 항공사별로 제작되어 그 구성이 서로 다르지만 일반적으로 비행 스케줄을 비롯하여, 여행 시 필요한 정보, 승객이 알아두어야 할 제반 규정, 서비스상품에 대한 개요, 노선별 비행시간과 항공사의 주요 연락처 등의 내용을 담고 있다.

Timetable에는 항공편명(Flight Number), Timetable의 유효기간, 항공기 운항요일(Day of Operation), 출발 및 도착시간, 출발지와 목적지 및 경유지, 기종, Class의 등급 등이 표시되어 있다.

1) 항공편명(Flight Number)

항공편명은 정기편과 임시편(Extra, Charter)으로 구별하고 있는데, 정기편은 3자리의 숫자로, 임시편은 4자리의 숫자로 구성된다.

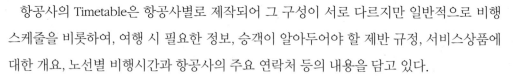

KE:	0	1	7
	first digit	second digit	third digit

(1) First Digit의 표시

해당 운항편의 국제선, 국내선 여부 및 국가나 지역 등 운항지역을 나타낸다.

First Digit의 표시	의 미	First Digit의 표시	의 미
0	미주지역(북·중·남미)	7	일본
0, 1, 2	국내선	8	중국 및 대양주
6	동남아지역	9	중동 및 유럽

주 : 대한항공의 경우

(2) Second Digit의 표시

해당 항공편의 여객기, 화물기 구별을 나타낸다.

여객편	0, 1, 2, 3, 4, 5, 6, 7
화물편	8, 9

(3) Third Digit의 표시

동일 구간에 다수의 항공편이 운항되는 경우에 Serial Number 및 서울을 중심으로 출발 항공편(Outbound Flight), 도착 항공편(Inbound Flight)을 나타낸다.

예 OZ 106 인천/도쿄(인천 출발편)

　　OZ 107 도쿄/인천(인천 도착편)

2) 항공사 코드(Airline Code)

항공사 코드는 Airline Designator라고 하며, 각 항공사의 신청에 의해 IATA에서 지정하고 있다. 항공사 코드는 예약, 항공운항 스케줄, Timetable, 발권 및 통신 등에 사용되고 있다.

표
주요 항공사 코드

AZ	Alitalia	GA	Garuda Indonesian Airways
AC	Air Canada	GF	Gulf Air
EI	Air Lingus	HU	Hainan Airlines
AF	Air France	IC	Indian Airlines
JM	Air Jamaica	JL	Japan Airlines

JS	Air Koryo	KL	KLM Royal Dutch Airlines
UL	Air Lanka	KE	Korean Air
NZ	Air New Zealand	LH	Lufthansa German Airlines
PX	Air Niugini	MH	Malaysian Airlines
FJ	Air Pacific	NW	North West Airlines
UK	Air UK	OA	Olympic Airways
AS	Alaska Airline	PR	Philippine Airlines
AO	Aloha Airline	QF	Qantas Airline
AN	Ansett Airline	BI	Royal Brunei Airlines
AA	American Airlines	SV	Saudi Arabian Airlines
ZQ	Ansett New Zealand	FM	Shanghai Airlines
NH	All Nippon	UL	SriLankan Airlines
AP	Aspen Airways	SK	SAS-Scandinavian Airlines
TN	Australian Airlines	SQ	Singapore Airlines
BA	British Airways	SA	South African Airways
CX	Cathay Pacific Airways	SD	Sudan Airways
CP	Canadian Airline	SR	Swissair
CI	China Airline	TP	TAP Portugal
MU	China Eastern Airlines	TG	Thai Airways
CJ	China Northern Airlines	RJ	The Royal Jordanian Airline
CO	Continental Airline	TY	Turkish Airlines
OK	Czech Airlines	TW	Trans World Airlines
DA	Dan-Air Services	UA	United Airlines
DL	Delta Airlines	HY	Uzbekistan Airways
KA	Dragon Air	RG	Varig
EA	Eastern Airline	VS	Virgin Atlantic
EK	Emirates Airlines	XF	Vladivostok Air
EY	Etihad Airways	WD	Wardair
AY	Finnair	IY	Yemen Airways

3) 도시 및 공항 코드(City/Airport Code)

IATA(국제항공운송협회)에서는 항공기가 운항하는 세계의 각 도시와 공항을 3자리(3 Letter)로 암호화하여 도시코드와 공항코드를 만들었다. 각 도시에 1개의 공항만이 있는 경우에는 공항코드와 도시코드가 같다. 그러나 Tokyo, New York, London, Paris 등 2개 이상의 공항이 있는 도시의 경우에는 도시코드와 공항코드를 별도로 정해 사용하고 있다.

표
주요 공항 코드

ADL	Adelaide(Australia)	LAS	Las Vegas(USA)
ANC	Anchorage(Alaska)	LAX	Los Angeles(United States)
AKL	Auckland(New Zealand)	LHR	London Heathrow(United Kingdom)
BAH	Bahrain(Bahrain)	MEL	Melbourne(Australia)
BKK	Bangkok(Thailand)	MAN	Manchester(United Kingdom)
BOM	Bombay(India)	MEX	Mexico City(Mexico)
BNE	Brisbane(Australia)	MNL	Manila(Philippine)
CDG	Paris(France)	MXP	Milan(Italy)
CGK	Jakarta(Indonesia)	NAN	Nandi(Fiji)
CMB	Colombo(Sri Lanka)	NGO	Nagoya(Japan)
CNS	Cairns(Australia)	NOP	Cebu(Philippine)
CTS	Sapporo(Japan)	NRT	Narita(Japan)
DPS	Denpasar(Indonesia)	OKA	Okinawa(Japan)
DXB	Dubai(United Arab Emirates)	PEN	Penang(West Malaysia)
FCO	Rome(Italy)	PER	Perth(Australia)
FRA	Frankfurt(Germany)	PRG	Prague(Czechoslovakia)
FUK	Fukuoka(Japan)	SFO	San Francisco(USA)
HAN	Hanoi(Vietnam)	SGN	Ho Chi Minh City(Vietnam)
HKG	Hong Kong(Hong Kong)	SIN	Singapore(Singapore)
HNL	Honolulu(USA)	SPL	Amsterdam(Holland)
IST	Istanbul(Turkey)	SUB	Surabaya(Indonesia)
JFK	New York(United States)	SVO	Moscow(Russian FED)
JNB	Johannesburg(South Africa)	SYD	Sydney(Australia)
KHH	Kaohsiung(Taiwan)	TPE	Taipei(Taiwan)
KIJ	Niigata(Japan)	VVO	Vladivostok(Russian FED)
KIX	Osaka(Japan)	YVR	Vancouver(Canada)
KOJ	Kagoshima(Japan)	YYZ	Toronto(Canada)
KUL	Kuala Lumpur(West Malaysia)	ZRH	Zurich(Switzerland)

ASIA CITY
& AIRPORT
CODE

CT	APO	AIRPORT	CITY
AUH	AUH	Abu Dabi	Abu Dabi
BAH	BAH	Bahrain	Bahrain
BKI	BKI	Kota Kinabalu	Kota Kinabalu
BKK	BKK	Bangkok	Bangkok
BOM	BOM	Sahar	Mumbai
CAI	CAI	Cairo	Cairo
CEB	CEB	Cebu	Cebu
JKT	CGK	Soekarto-Hatta	Jakarta
CNX	CNX	CHiang Mai	Chiang Mai
DEL	DEL	Delhi	Delhi
DHA	DHA	Dhahran	Dhahran
DPS	DPS	Bali Ngurah Rai	Denpasa
DXB	DXB	Dubai	Dubai
GUM	GUM	Guam	Guam
HAN	HAN	Hanoi	Hanoi
HKT	HKT	Phuket	Phuket
JED	JED	King Abdul Aziz	Jeddah
KHI	KHI	Karachi	Karachi
KTM	KTM	Kathmandu	kathmandu
KUL	KUL	Subang-Kualalumpur	Kualalumpur
MFM	MFM	Macau	Macau
MNL	MNL	Ninoy Aqino	Manila
PEN	PEN	Penang	Penang
PNH	PNH	Phnom Penh	Phnom Penh
REP	REP	Siem Reap	Siem Reap
SDA	SDA	Saddam	Baghdad
SGN	SGN	Tansonnhat	Hochimin
SIN	SIN	Changi	Singapore
SPN	SPN	Saipan	Saipan
SFS	SFS	Subic	Subic
THR	THR	Tehran	Tehran
KYE	TIP	Tripoli	Tripoli
TLV	TLV	Ben Gurion	Tel Aviv
TPE	TPE	Chiang Kai Shek	Taipei
ULN	ULN	Buyan Ukhha	Ulaan Baatar

CT	APO	AIRPORT	CITY
AKL	AKL	Auckland	Auckland
BNE	BNE	Brisbane	Brisbane
CHC	CHC	Christchurch	Christchurch
MEL	MEL	Melbourne	Melbourne
NAN	NAN	Nandi	Nandi
NOU	NOU	Noumea	Noumea
SYD	SYD	Kingsford Smith	Sydney

OCEANIA REGION CITY & AIRPORT CODE

CT	APO	AIRPORT	CITY
AOJ	AOJ	Aomori	Aomori
AXT	AXT	Akita	Akita
SPK	CTS	New Chitose	Sapporo
FUK	FUK	Fukuoka	Fukuoka
FSZ	FSZ	Shizuoka	Shizuoka
HIJ	HIJ	Hiroshima	Hiroshima
HKD	HKD	Hakodare	Hakodare
TYO	HND	Haneda	Tokyo
OSA	ITM	Itami	Osaka
KIJ	KIJ	Niigata	Niigata
OSA	KIX	Kansai	Osaka
KKJ	KKJ	Kita Kyushu	Kita Kyushu
KOJ	KOJ	Kagoshima	Kagoshima
KMQ	KMQ	Komatsu	Komatsu
NGO	NGO	Nagoya	Nagoya
NGS	NGS	Nakasaki	Nakasaki
TYO	TYO	New Tokyo Narita Int'l	Tokyo
OIT	OIT	Oita	Oita
OKJ	OKJ	Okayama	Okayama
OKA	OKA	Naha	Okinawa
SDJ	SDJ	Sendai	Sendai
TKS	TKS	Tokushima	Tokushima
TOY	TOY	Toyama	Toyama

JAPAN CITY & AIRPORT CODE

CHINA CITY & AIRPORT CODE 표

CT	APO	AIRPORT	CITY
CAN	CAN	Guangzhou	Guangzhou
CGO	CGO	Zhengzhou	Zhengzhou
CSX	CSX	Changsha	Changsha
HKG	HKG	Chep Lap Kok	Hongkong
HRB	HRB	Harbin	Harbin
KMG	KMG	Kunming	Kuhan
MDG	MDG	Mudanjiang	Mudanjiang
BJS	PEK	Beijing	Beijing
SHA	PVG	Pudong	Shanghai
SHA	SHA	Hong-Qiao	Shanghai
SHE	SHE	Taoxian	Shenyang
SYX	SYX	Sanya Pheonix	Sanya
YAO	TAO	Liuting	Qingdao
TNA	TNA	Jinan	Jinan
TSN	TSN	Binhail	Tianjin
YNT	YNT	Yantai Laishan	Yantai
XMN	XIY	Xian	Xian
XMN	XMN	Xiamen	Xiamen
WEH	WEH	Weihai	Weihai
WUH	WUH	Wuhan	Wuhan

표

NORTH
AMERICA
AREA CITY &
AIRPORT CODE

CT	APO	AIRPORT	CITY
ANC	ANC	Anchorage	Anchorage
ATL	ATL	Hartsfield Atlanta	Atlanta
BOS	BOS	General Edward Lawrence Logan	Boston
BUE	BUE	Buenos Aires	Buenos Aires
DEN	DEN	Denver	Denver
DTT	DET	Detroit City	Detroit
DAL	DFW	Fort Worth	Dallas
DTW	DTW	Metro Wayne County	Detroit
NYC	EWR	Newark Int'l	New York
RIO	GIG	Internalciaonal	Rio De Janeiro
SAO	GRU	Guarulhos	Sao Paulo
HNL	HNL	Honolulu	Honolulu
WAS	IAD	Dulles	Washington D.C.
NYC	JFK	John. F. Kennedy	New York
LAS	LAS	Las Vegas	Las Vegas
LAX	LAX	Los Angeles	Los Angeles
NYC	LGA	Laguardia	New York
MIA	MIA	Miami	Miami
MEX	MEX	Mexico City	Mexico City
MSP	MSP	Minneapolis. St. Paul	Minneapolis
CHI	ORD	O'hare	Chicago
ORL	ORL	Orlando	Orlando
PHL	PHL	Philadelphia	Philadelphia
SEA	SEA	Tacoma	Seattle
SCL	SCL	Santiago	Santiago
SFO	SFO	San Francisco	San Francisco
YVR	YVR	Vancouver	Vancouver
YYZ	YYZ	Lester. B. Pearson	Toronto

EUROPE
REGION CITY
& AIRPORT
CODE

CT	APO	AIRPORT	CITY
ALA	ALA	Almaty	Almaty
BCN	BCN	Barcelona	Barcelona
BRU	BRU	Bruten	Brussels
BSL	BSL	Basel Euro Airport	Basel
PAR	CDG	Charles De GAULLE	Paris
CRH	CPH	Copenhagen	Copenhagen
DUB	DUB	Dublin	Dublin
ROM	FCO	Leonardo da Vinci Fiumicino	Rome
FRA	FRA	Main	Frankfurt
HAM	HAM	Hamburg	Hamburg
HEL	HEL	Helsinki	Helsinki
IST	IST	Istanbul	Istanbul
LED	LED	Saint PetersBurg	Saint Petersburg
LON	LGW	London Gatwik	London
LON	LHR	Heathrow	London
LIS	LIS	Lisbon	Lisbon
LUX	LUX	Luxembourg	Luxembourg
MAD	MAD	Barajas Int'l	Madrid
MUC	MUC	Munich	Munich
MIL	MXP	Malpensa	Milan
PAR	ORY	Paris Orly	Paris
OSL	OSL	Oslo	Oslo
PRG	PRG	Prague	Prague
AMS	SPL	Schipol	Amsterdam
STO	STO	Stockholm	Stock
MOW	SVO	Sheremtyevo	Moscow
TAS	TAS	Tashkent	Tashkent
BER	TXL	Tegel	Berlin
VIE	VIE	Vienna Schwechat	Vienna
VVO	VVO	Vladivostok	Vladivostok
ZRH	ZRH	Kloten	Zurich

표

동일 도시 내
복수공항 CODE

CT	APO	AIRPORT	CITY
NYC	JFK	John F. Kennedy Airport of NYC	New York
	EWR	Newark Airport of NYC	
	LGA	La Guardia Airport of NYC	
PAR	CDG	Charles De Gaulle Airport of PAR	Paris
	ORY	Orly Airport of PAR	
LON	LHR	Heathrow Airport of LON	London
	LGW	Gatwick Airport of LON	
WAS	DCA	Ronald Reagan NTL Airport of WAS	Washington D.C.
	IAD	Dulles Airport of WAS	
OSA	KIX	Kansai Int'l Airport of OSA	Osaka
	ITM	Itami Airport of OSA	
SHA	SHA	Hong-Qiao Int'l Airport of SHA	Shanghai
	PVG	Pudong Airport of SHAZhengzhou	

표

DOMESTIC
CITY &
AIRPORT CODE

CT	APO	AIRPORT	CITY
CJJ	CJJ	Cheong Ju Int'l	Cheongju
CJU	CJU	Jeju Int'l	Jeju
HIN	HIN	Jinju/Sacheon	Jinju
KAG	KAG	Gangneung	Gangneung
KPO	KPO	Pohang	Pohang
KUV	KUV	Kunsan	Kunsan
KWJ	KWJ	Gwangju	Gwangju
MPK	MPK	Mokpo	Mokpo
ICN	ICN	Incheon Int'l	Incheon
PUS	PUS	Busan Kimhae Int'l	Busan
RSU	RSU	Yeosu/Sunchon	Yeosu
SEL	GMP	Gimpo	Seoul
SHO	SHO	Sokcho	Sokcho
TAE	TAE	Daegu	Daegu
USN	USN	Ulsan	Ulsan
YEC	YEC	Yechon/Andong	Yechon
YNY	YNY	Yangyang Int'l	Yangyang

4) 좌석등급(Class Code)

일반적으로 항공사의 좌석등급은 항공운임에 따라 퍼스트 클래스와 비즈니스 클래스, 이코노미 클래스로 구분되나, 최근에는 일반적이 일등석보다 한 차원 높은 서비스를 제공하는 Premium First Class 등 항공사마다 다양한 등급의 클래스가 운영되고 있다.

항공기의
좌석등급코드

Class 유형	Class Code	Class 유형	Class Code
First Class Discounted	A	Business Class Premium	J
Coach Economy Discounted	B. H. K. L. M. Q. T. V. X	First Class Premium	P
Business Class	C	Supersonic	R
Business Class Discounted	D. I. Z	Air Shuttle(No Reservation Need, Seat Guaranteed)	U
Air Shuttle (No Reservation Allowed)	E		
First Class	F	Coach Economy Premium	W
Conditional Reservation	G	Coach Economy	Y

5) 항공기코드(Aircraft Code)

항공기
코드의 예

Aircraft Code	기종	Aircraft Code	기종
727	Boeing 727	773	Boeing 777-300
733	Boeing 737-300	777	Boeing 777
737	Boeing 727	330	Airbus A330
743	Boeing 747-300	332	Airbus A330-200
744	Boeing 747-400	343	Airbus A340-300
747	Boeing 747	A388	Airbus 380-842
757	Boeing 757-200	AB6	Airbus A300
763	Boeing 767-300	M11	Boeing MD11
767	Boeing 767	M82	Boeing MD82
772	Boeing 777-200	M83	Boeing MD83
788	Boeing 787-800	100	Fokker F100

항공기의 코드는 항공기 제조회사의 기종별로 알파벳과 숫자코드로 규정하고 있으며, 운항되는 기종의 종류를 Timetable에 반드시 표시하도록 되어 있다.

6) 운항요일의 표시

항공편의 운항요일(Day of Operation)은 일주일 단위로 표시하며 월요일부터 일요일까지 각각 1~7의 숫자를 코드로 사용하고 있다.

표
운항요일 CODE

운항요일	CODE	운항요일	CODE
Monday	1	Friday	5
Tuesday	2	Saturday	6
Wednesday	3	Sunday	7
Thursday	4	Except	×

항공권의 이해 3

1) 항공권의 정의

항공권(Passenger Ticket and Baggage Check)은 승객과 항공사간의 성립된 계약의 내용을 표시하고, 항공사의 운송약관 및 기타 약정에 의하여 여객운송이 이루어짐을 표시하는 운송 증표이다. 즉, 승객과 항공사간의 계약, 해외입국에 필요한 여행 서류의 일종, 승객의 여행에 관한 정보를 보여주는 유가 증권의 일종으로 항공사간의 정산을 가능하도록 하기 위해 IATA에서 정한 표준 양식을 사용하도록 되어 있다.

특히 불특정 다수를 대상으로 하여 계약 및 운송조건, 배상책임 규정, 기타 주요 규정 안내문 등을 제시하고 이를 통하여 항공운송에 관한 운송인 및 여객의 권리 및 책임관계를 나타내는 증거서류이므로 여행 종료 시점까지 반드시 소지하고 있어야 한다. 승객, 항공사, 여행사는 항공권의 발행을 통하여 각 당사자 간의 운송계약내용을 명백히 하는 것이므로 승객은 그 내용을 충분히 숙지하고 있어야 한다.

2) 항공권의 특성

- 기명식으로서 항공권에 명시된 승객에게만 권한이 주어지고, 타인에게 양도 불가능하다.
- 유아를 포함한 모든 승객에게 항공권을 발권한다.
- 예약 여부와 관계없이 발권이 가능하다.
- 승객의 요청에 따라 여정 및 이용 항공사 변경이 가능하다.
- 타 항공사 구간도 자사 항공권으로 발권이 가능하다.
- Coupon식으로 구성되어 있으며, 반드시 Coupon 순서대로 사용한다.
- 모든 항공요금은 요금 산출규정이 정하는 바에 따라 여정의 최초 국제선 출발국 통화로 계산되며, 적용요금은 발권일 당시의 유효요금이 아닌 최초 국제선 관광 개시일에 유효한 요금이다.

3) 항공권의 종류

(1) 용도에 따른 분류

❶ Passenger Ticket and Baggage Check

일반적으로 사용되는 항공권으로 여행자용 항공권과 수하물표를 지칭한다. 각각의 구간에 관련하여 승객의 운송 및 해당 승객의 위탁수하물의 수송에 대한 증표류이다.

❷ Miscellaneous Charges Order(MCO)

추후 발행된 항공권의 운임 또는 해당 승객의 항공여행 중 부대 Service Charge를 선 징수한 경우 등에 발행되는 지불 증표이다. 항공권과는 구별되어 여행객이 필요시 화폐로 교환하여 사용가능한 항공사에서만 발급하는 지급증이다. 유효기간은 발급일로부터 1년간이다.

❸ Excess Baggage Ticket(EB)

승객으로부터 징수된 초과 수하물 요금에 대하여 발행되는 영수증표로서 특히 공항 Check-in Counter에서 발행되는 증표류이다.

❹ Collective Ticket for Passenger and Baggage

특정 단체나 전세여객을 위해 운송계약에 발행되는 항공권으로 국제선 운항 구간에 한하여 항공사와 여행사 간의 계약관련 운송 증표류이다.

❺ Manual Neutral Carbonized Multiple Purpose Document(MPD)

2001년 1월부터 종전 MCO로 통일하여 사용하던 방식에서 BSP여행사는 MPD를 사용하는 것으로 새롭게 변경되었으며, 현재 우리나라에서는 아래 3가지 경우에만 위 항공권을 사용하도록 있도록 허용한다.

ㄱ Prepaid Ticket Advice(PTA)

ㄴ Specified Miscellaneous Charges Order(추가 금액 징수 등의 용도)

ㄷ Agents Refund Voucher(항공권 재발행 관련 환불 처리용도)

(2) 발권형태에 따른 분류

❶ 전산항공권(TAT; Transitional Automated Ticket)

전산시스템을 이용하여 승객의 예약기록에 반영된 예약 Data 및 발권 Data를 이용하여 발행되는 항공권으로 발행 시에 매표 보고서가 자동 생산된다.

❷ 수기항공권(MIT; Manually Issued Ticket)

손으로 직접 작성하는 수기항공권이다.

❸ BSP Ticket(Billing and Settlement Plan Ticket)

BSP제도에 가입한 대리점용 항공권으로서 항공사명 및 항공사 번호가 사전 인쇄되어 있지 않은 항공권이다. 항공권 발행 시점에 발행 항공사명 및 번호를 항공권에 Imprint하게 된다.

❹ E-Ticket(전자항공권)

예약을 바탕으로 하여 기존의 종이 형태의 항공권을 발급하는 대신, E-티켓(ET-Electronic Ticket)을 컴퓨터상에서 생성하고 승객의 이름, 여행구간, 운임 등의 자세한 정보를 데이터베이스에 저장하여 항공권을 예약 승객의 E-mail로 송부하게 되며, 승객은 이메일로 받은 항공권을 소지하게 된다. 전자 항공권은 분실하더라도 항공사와 해당날짜만 알면 여권과 함께 제출 시 여행이 가능하며 전 세계적으로 상용화되어 있는 항공권이다.

✈ 전자항공권의 장점

● 티켓분실에 대하여 걱정할 필요가 없다.

- 여정/운임안내서를 고객의 e-mail을 통하여 수신받아 인쇄하기 때문에 종이항공권 수령시 발생할 수도 있는 부대비용(우편료·택배비·퀵 서비스비)이 발생하지 않는다.
- 항공사마다 전자항공권에 대하여 특별 할인 요금을 운영하므로 종이항공권에 비하여 저렴하다.

✈ 전자티켓 사용 시 유의사항

- 발권 후 e-mail로 송부하는 여정·운임영수증(ITR: Itinerary&Receipt)을 인쇄해 귀국시까지 반드시 소지하여야 한다. 이 영수증은 출입국 심사와 세관 수속 시 필요하며 마일리지 입력 시와 해외 공항 수속에서도 제시를 요구받을 수 있다.
- 한 사람이 대표로 여러 명을 예약하여 전자항공권으로 구매하더라도 여정·운임영수증(ITR: Itinerary&Receipt)은 전원 개별 소지하여야 한다.

4) 항공권의 구성

(1) 심사용 쿠폰(Audit Coupon) - Green

항공권의 첫 번째 쿠폰으로 발권 후 적정 운임과 제반 사항에 대해 기록하고 항공사 판매 보고 시에 사용된다. 여행사에서 항공권을 발권 후 이 쿠폰을 절취하여야 한다.

(2) 발행 점소 보관용 쿠폰(Agent Coupon) - Red

발행 점소에서 발권기록 유지를 위하여 발권 후 절취하여 보관하며 추후 항공권 분실 및 재발행 시 중요한 참고자료로 활용한다.

(3) 탑승용 쿠폰(Flight Coupon) - Blue

항공권 1매당 4매가 발행되며, 표시된 구간의 탑승을 위해 승객이 Check-in 시 제출하여 Boarding Pass와 교환한다. 반드시 순서대로 사용하여야 하며, Check-in 시에는 남아있는 잔여 Flight Coupon과 Passenger Coupon이 동시에 제출되어야 한다.

(4) 승객용 쿠폰(Passenger Coupon, 영수증 쿠폰)

항공권에 명시된 전 여정을 여행하는 동안 승객이 탑승쿠폰과 함께 소지하는 승객보관용 쿠폰으로 Check-in 시점에서 Flight Coupon과 함께 제시하며, 손해배상 청구를 위한 자료이므로 여행을 종료할 때까지 소지하여야 한다.

ASIANA AIRLINES
NON-ENDS

CONJUNCTION TICKETS

Passenger ticket and baggage check
Subject to conditions of contract in this ticket

ICNICN
IB/FICQHY

KYUNGGI TOURS
AGENT CPN

19JUL08

ISSUED IN EXCHANGE FOR

SEOUL   00073483/KR

LEE/HOJOO MR

7358 IATA BSP

17301395 /NU/82E8/1

		CARRIER	CLASS	DATE	TIME	STATUS	FARE BASIS	NOT VALID BEFORE	NOT VALID AFTER	ALLOW
VOID		VOID	VOID							
VOID		VOID	VOID							
SEOUL INCHEON INT	OZ	325B	31JUL	1710	OKY				31JUL	20K
O GUILIN	OZ	326B	26AUG	2310	OKY				31JUL	20K
SEOUL INCHEON INT										

KRW 1084200SEL OZ KWL571.58OZ SEL571.58NUC1143.16END ROE948.420000

27000BP
10800CN
53000YQ V1451843009 2328406 767000 CASH 43800/ M 00   SP002

KRW 1175000

77667
05316982751

⊙ 988 2634537358 5 ⊙

KRW 767000   D364200   9

VALID ONLY IF ISSUED BEFORE 31DEC/07

▲ 종이항공권

ELECTRONIC TICKET RECORD
INV: CUST: PNR:ZIQXGO
TKT:9882249500042   ISSUED:24OCT07   PCC:Z0F8   IATA:99999922
NAME:YANG / SEUNGHOONMR
NAME REF: TOUR ID:SP003
FOP:CASH
CPN A/L FLT CLS DATE   BRDOFF TIME ST F/B   STAT
1   OZ   351 M   20JAN ICNSIN 1710 OK YLWEE1M   OPEN
2   OZ   352 M   26JAN SINICN 2340 OK YLWEE1M   OPEN

NON ENDS/RRT

FARE   KRW1164400 TAX   27000BP TAX   12900SG TAX   51800YQ
TOTAL   KRW1256100

SEL OZ SIN614.04OZ SEL614.03NUC1228.07END ROE948.15

▲ 전자항공권

5) 항공권의 일반적 유의사항

(1) 항공권의 양도

일단 발행된 항공권은 항공권상에 등재되어 있는 승객(Name of Passenger)에게만 사용 권한이 있으므로, 어떠한 경우에도 타인에게 양도가 불가하다.

(2) 유효기간

국제선 항공권의 적용 운임에 따라 유효기간이 달라진다. 정상운임의 경우 첫 구간은 발행일로부터 1년이며, 나머지 구간은 첫 구간 사용개시일로부터 1년이다. 특별운임의 경우에는 해당 규정에 따라 유효기간이 서로 상이하며, 최대/최소기간을 제한하는 경우가 대부분이다. 항공권은 유효기간 만료일 자정까지 유효하다.

(3) 적용 통화 및 운임

항공운임은 운임 산출규정에 의해 항공여행의 최초 국제선 출발국의 통화로 징수되며, 한국 출발 여정의 경우 1995년 4월 1일부로 자국 통화인 KRW를 출발지국 통화로 사용한다.

항공권 판매 시 적용운임은 발권일 당시 유효운임이 아닌 최초 국제선 여행 출발일을 기준으로 하여 유효한 운임을 적용하여 계산한다.

(4) Flight Coupon의 사용 순서

Flight Coupon은 반드시 승객용 Coupon에 명시된 순서에 입각하여 사용되어져야 하며, Flight Coupon의 제출 시에는 잔여구간의 Flight Coupon 및 Passenger Coupon이 동시에 제시되어야 한다.

6) 항공권의 기재사항

(1) 발행 항공사

항공권을 발행한 항공사의 영문 이름을 기재한다.

(2) Name of passenger

승객의 성(Last name), 이름(First name)을 기재하고 마지막에 호칭(Title)을 넣는다.

예약과 발권 시 승객의 이름은 반드시 여권상의 이름(Spelling)과 동일하게 기재해야 하며, 양도가 불가능하다. 기명식이므로 분실 시 재발행 및 환불을 받을 수 있다. UM의 경우에는 반드시 이름 뒤에 기입한다.(Title: MR, DR, MS, MISS, MSTR, PROF, CAPT, SIR, REV, 등)

(3) NON-ENDS

항공권에 사용 제한을 표시한 것으로 타인 양도불가를 표시한다.

(4) Conjunction Ticket

1매 이상의 항공권이 연속 발행되는 경우 첫 장과 연결되는 일련번호를 표시하는 데 사용하거나 Infant, Child가 보호자와 함께 여행할 경우 동반보호자 항공권 번호 기재 시 사용한다.

(5) Origin/Destination

최초 출발 도시와 최종 목적지의 도시명을 City Code로 기재한다. 특히 항공권 판매지표(INT'L Sales Indicator)를 기재하여 출발지국 내에서의 항공운임의 지불 및 항공권 발권 여부를 명시한다.

※ 판매지표: STI/SOTI/SITO/SOTO

(6) Booking Reference

승객의 예약기록이 저장된 PNR의 Address가 기재된다.

(7) Place of Issue

항공권의 발행장소(항공사 · 여행사의 IATA 번호 · 이름)가 기재되는 난이다.

(8) Not Good For Passage

여정 및 도중체류 가능 여부를 기재한다. 출발도시와 최종 목적지는 경로 순으로 해당 도시명을 기재한다. 승객의 여정 중에 체류가능 여부를 표시한다. 도시 앞에 X가 표시되어 있으면 도중 체류 불가함을 표시하고 도시명 앞에 O나 아무런 표시가 없으면 체류 가능함을 표시한다.

(9) Good For Passage From

출발 도시명을 의미한다.

(10) To

도착 도시명을 의미한다.

(11) Carrier

예약된 IATA에서 정한 항공사의 2-Letter 코드이다. 공란으로 되어있는 경우 어느 항공사나 이용가능하다.

📖 대한항공 KE, 아시아나 OZ, 타이항공 TG 등

(12) Flight

예약된 비행편명을 기재한다.

(13) Booking Class(예약등급)

예약등급이란 항공사가 판매나 예약 시 항공사의 영업정책에 의하여 항공수요의 특성별로 구분한 것으로 공급 가능한 좌석을 예약 등급별로 최적화하여 항공운임의 최적 배합 운용과 연계된 판매등급이다. 지불된 운임에 따른 예약 등급(Booking Class)이 기재되며 항공사에 따라 다양한 코드가 사용된다.

(14) DATE

예약된 출발 일자를 기재한다.

Booking Class

Booking Class	Cabin Class
R	Supersonic
P	First Class Premium
F	First Class
C	Business Class
U	Economy Class/Bonus
Y	Economy Class/Normal
K	Economy Class/Excursion
M	Economy Class/Promotional
G	Economy Class/Group

* P, F, A   First Class(Bonus)
* C, D, I   Business Class(Bonus)
* Y, K, M, B, V, S, Q, E, O   Economy Class

(15) TIME

예약된 출발시간을 기재한다.

(16) Status

항공편의 예약 상황을 표시한다.

❶ OK   예약이 확약된 경우(Confirmed)

❷ RQ(Request)   대기자 명단에 있거나 예약 요청의 상태에 있는 경우

❸ NS(No Seat)   좌석을 점유하지 않는 유아의 경우

❹ WT(Waiting)   예약 대기자 명단에 있는 경우

❺ SA(Seat Available, SUBLO BASIS)   사전예약이 불가하고 잔여좌석이 있을 경우에만 탑승 가능한 경우

(17) Fare Basis

항공권에 적용된 운임의 종류를 Code로 표시하는 난이다. 운임의 성격에 따라 여행 목적, 기간 등에 따라 다르게 나타난다. 동일한 Class일지라도 각기 다른 공시요금이 적용되며, 이를 통해 항공권 사용 시 제한 사항을 쉽게 파악할 수 있다. Fare Basis의 구성을 살펴보면 다음과 같다.

❶ Prime Code(Mandatory)

● First Class   R, P, F, A

● Business Class   C, D, I, J

● Economy Class   Y, K, L, G, H, B, V, S, Q, E, O, U, M

❷ Seasonal Code(Conditional)

● H   Highest Level(가장 높은 운임)

● L   Lowest level(가장 낮은 운임)

● K   2nd Level

● J   3rd Level

● F   4th Level

● T   5th Level

● Q   6th Level

● U   사전예약이 불가능한 운임

❸ Part of Week Code(Conditional)

● W   Weekend Travel Only(주말 출발)

● X   Weekday Travel Only(주중 출발)

❹ Part of Day Code(Conditional)

● N   Night(21:00~06:00에만 적용되는 운임)

● D   Day

❺ Fare and Passenger Type Code(Conditional)

✈ Fare Type Code

Fare Type Code는 항공권의 유효기간이 1년 미만으로 제한되는 경우에는 코드 뒤에 유효기간을 기재한다.

Fare Type Code

Fare Type Code	내 용
AP	Advanced Purchase Fare(사전 구입일 제한 운임)
AS	Super Saver Advance Purchase Fare
BD	Budget Discounted Fare(여행자 할인 운임)
EE	Excursion Fare(여행자 할인 운임)
IT	Inclusive Tour Fare
PX	Pex Fare(발권일 제한 운임)
RW	Round The World Fare(세계일주 운임)
ZZ	Youth Fare(26세 미만 청소년운임)

✈ Passenger Type Code

Passenger Type Code 뒤에는 일반적으로 할인율을 기재한다.

● AD (Agent)   여행사 직원

● TG (Tour Conductor)   단체 인솔자

● CH (Child)   12세 미만의 어린이

● EM (Emigrant)   이민

- ID (Air Industry) 항공사 직원 할인
- IN (Infant) 유아
- SC (Ship's Crew Member) 선원(Individual)
- SD (Student) 학생

✈ Group Code

Group Code 뒤에는 최소단체의 인원 수를 표시한다.

- GV Group Inclusive Tour
- GS Group Ship's Crew

(18) NOT VALID BEFORE/ NOT VALID AFTER(항공권의 유효기간 표시)

항공권의 유효기간은 정상운임일 경우 여행 개시일로부터 1년이며 여행이 개시되지 않았을 경우에는 발행일로부터 1년간이다.

특별운임의 경우에는 규정에 따라 유효기간이 상이하며, 최소 체류기간과 최대 체류기간을 제한한다.

(19) ALLOW(무료 수하물의 양)

예약된 항공편 이용 시 무료수하물 허용량을 표시한다. 클래스에 따라 다르게 적용되며, 미주 지역은 Piece System이 적용되며 구주 지역은 Weight System이 적용된다.

(20) FARE(지불수단)

IATA에서 인정하는 공시운임을 기재하며 최초 출발지 통화 단위로 기재한다.

(21) TAX/FEE/CHARGE

승객으로부터 항공권 발권 시 징수한 항공요금 외에 추가로 내는 요금을 Tax Code와 함께 기재한다.

(22) TOTAL

Fare와 Tax의 합산금액을 출발지국의 통화로 기재한다.

(23) FARE CALCULATION(요금산출란)

항공권의 운임계산 내역이 표시되는 곳으로 항공사 간의 정산 시 참조가 되는 부분이므로 정확한 내용을 기재한다.

(24) FORM OF PAYMENT(운임지불수단)

승객이 항공권 구입 시 지불한 운임의 형태가 표시되며 지급형태에 따라 상이한 코드가 적용된다. 환불을 요구할 경우 확인해야 할 부분이므로 재발행의 경우를 대비하여 반드시 표기해야 한다.

❶ Cash

항공권을 현금으로 구입한 경우이므로 환불 시에도 항공권 상의 명의인에게 현금을 지불한다.

❷ C/C

신용카드 지불을 뜻하며, 환불 시 신용카드 회사에 입금이 되며 여행사를 통한 항공권 구입시에는 'AGT'라고 표시된다.

　㉠ AX3762　　Credit Card

　㉡ GR123234　　GTR(공무수행)에 의한 항공권 발행

　㉢ NONREF　　환불에 제한이 있는 경우

(25) AIRLINE CODE

발행 항공사에 부여되는 IATA에서 지정한 세 자리 숫자 코드를 기재한다.

예 대한항공 : 180, 아시아나항공 : 988, 노스웨스트 : 012

(26) FORM OF SERIAL NUMBER

항공권의 티켓 번호를 기재한다.

7) 항공권의 환불

(1) 환불의 신청기한

항공권 유효기간 만료일 이후 30일 이내에 신청하여야 한다.

(2) 환불금 수취인

환불금은 항공권 명의인 또는 그 지정인에게만 지급하는 것을 원칙으로 한다. 단 신용카드로 지불된 경우, 해당계좌로 GTR항공권은 해당기관에 PTA 항공권은 Prepayer에게 지급된다.

(3) 환불 지급통화

최초 지급된 통화나 환불금 지급국가 통화로 지급하는 것이 원칙이다. 단 우리나라에서 환불금 지급 시에는 외환관리법에 의거하여 USD로 구입한 항공권도 원화로 환불한다.

8) 분실항공권의 처리

분실 즉시 해당 항공사의 현지 사무실로 가서 항공권 분실에 대한 재발급을 신청하여야 한다. 항공권의 재발급 및 환불은 해당 항공사에서만 가능하며 신분증이 요구된다.

항공예약업무 ④

항공사의 판매상품이 항공기의 좌석 판매라고 볼 때, 타 산업과 달리 재고의 상태에서 판매를 할 수 없는 동시성과 소멸성의 특성을 가지고 있다. 서비스업 중에서도 특이한 형태의 산업이며, 예약을 바탕으로 하여 생산과 판매가 이루어진다고 할 수 있다.

다른 지역으로의 이동을 위한 운송 수단의 매개체 역할 뿐 아니라, 호텔 예약, 관광예약, 렌터카, 기타 교통편에 대한 정보와 예약을 대행해 주며, 출입국 관련 절차 및 목적지에 대한 여행관련 정보도 제공해준다. 또한 특별 기내식 요청도 가능하며 환자나 비 동반 소아, 임산부 등 항공여행 중 특별한 주의가 필요한 승객의 정보를 제공한다. 인터넷을 이용하거나 전화, 방문, 여행사 등을 통하여 예약이 가능하며, 둘 이상의 구간을 각기 다른 항공사를 이용하여 여행을 할 경우에도 처음 이용항공사에 의뢰를 하면 타사 구간의 예약도 가능하게 해주는 Interline Reservation이 가능하다.

1) 예약 필수사항

(1) 성 명

승객의 여권상의 이름을 입력한다.

(2) 비행여정의 확인

여행구간, 이용 날짜, 이용 항공편, 출/도착지 등의 여정을 확인 및 입력한다.

(3) 전화번호 및 E-mail address

연락 가능한 연락처와 E-Ticket 송부를 위한 이메일 주소를 입력한다.

(4) 좌석등급

Cabin Class와 Booking Class로 구분된다.

❶ Cabin Class

실제 항공기에서 운영되는 등급으로 First Class, Business Class, Economy Class로 나누어진다.

❷ Booking Class

서비스를 받는 공간은 동일한 클래스라 하더라도 각 운임에 따라 Booking Class가 다르게 정해져 있다. 다양한 고객의 운임욕구를 파악하여 상품 선택의 기회를 제공하고 항공사에서는 상대적으로 높은 운임의 개인승객에게 수요발생 시점에 관계없이 예약 시 우선권을 부여함으로써 높은 운임의 승객을 보호하고 이윤을 극대화하기 위한 것이다.

알아볼까요?

PNR(Passenger Name Record)

PNR이란 항공기 이용 승객의 예약 기록이며, 승객 성명, Air Segment, 부대서비스 추기정보 및 승객의 전화번호, 항공권의 소지여부, 연락처, 여정 등 항공사의 필요한 사항과 승객의 요구사항이 모두 포함되어 있다.

2) 예약코드(Reservation Code)

(1) 예약 코드의 정의

좌석 재고(Inventory)를 Code를 통해 요청하고(Action Code), 그에 대한 응답을 받아 (Advice Code)상태를 유지하는(Status Code) 형태로 이루어진다. IATA에서 정한 Code를 전 세계 항공사가 동일하게 사용하고 있다.

(2) 예약 코드의 종류(Action Code)

❶ 요청코드(Action Code)

예약을 요청할 때 사용되는 코드로 대부분 최초 예약 시 사용하는 코드라 할 수 있다.

- ㉠ NN 좌석을 요청(Need)할 때 사용한다.
- ㉡ LL 대기자 명단에 예약할 때 사용하나, 좌석이 가능할 때는 바로 좌석확보가 되기도 한다.
- ㉢ FS 타 항공편에 'Free sale(자유판매)' 할 때 사용한다.
- ㉣ XX 예약을 취소할 때 사용하며, 때로는 IX 코드가 사용되기도 한다
- ㉤ IX 만일 취소되지 않았다면 다시 취소할 때 사용한다.

❷ 응답코드(Advice Code)

예약을 요청하였을 때 이에 대한 응답으로 사용되는 코드라 할 수 있다.

- ㉠ KK 예약이 확보되었음을 나타낸다.
- ㉡ UU 대기자 명단에 예약되었음을 나타낸다.
- ㉢ NO 요청된 예약내용이 불확실하거나 규정에 맞지 않아 조치를 취할 수 없음을 나타낸다.
- ㉣ UC 예약불능상태를 나타낸다.
- ㉤ KL 대기자 명단에서 예약이 확약되었음을 나타낸다.
- ㉥ US FS를 하였을 때 예약확약이 불가능하여 대기자 명단에 예약이 되었음을 나타낸다.

❸ 상태코드(Status Code)

현재의 예약상태를 알려주는 코드라 할 수 있다.

- ㉠ HS 좌석이 확보되어 예약이 된 상태를 말한다.

ⓛ HK 이미 예약이 확약되어 있는 상태를 말한다.

ⓒ HL 대기자 명단에 예약이 되어 있는 상태를 말한다.

ⓔ PN(HN) 이미 예약요청을 했으나, 아직 응답을 받지 못한 상태를 말한다.

ⓜ RR 예약이 확약된 후 다시 재확인이 된 상태를 말한다.

❹ 기타 코드

㉠ PN(Pending For Reply) KE 좌석이외의 항공사 좌석을 NN으로 요청하고 응답이
오기까지 유지되는 코드를 말한다.

ⓛ SC 변경된 스케줄로 좌석이 확약되었음을 나타내는 코드를 말한다.

```
< PNR - RZGOXD >
1.1YANG/SEUNGHOONMR   2.1HAN/GAINMISS*C08   3.1I/YANG/AGAMSTR*I20
1 OZ 202C 20JAN 7 ICNLAX HK2  1630   1200 /DCOZ*P1AKT3 /E
2 OZ 201C 30JAN 3 LAXICN HK2  1401   1830#2 /DCOZ*P1AKT3 /E
PHONES
  1.SEL 02-333-2222 ABC TOUR MR KIM-T
  2.SEL 011-555-6666 MR YANG-T
PASSENGER DETAIL FIELD EXISTS - USE PD TO DISPLAY
TICKET RECORD - NOT PRICED
GENERAL FACTS
  1.OSI YY CHD 08YRS
  2.SSR INFT OZ KK ICNLAX0202C20JAN/YANG/AGAMSTR/20MTHS
  3.SSR INFT OZ KK LAXICN0201C30JAN/YANG/AGAMSTR/20MTHS
  4.OSI OZ LAX HILTON HTL 3949-2579 RM 1003
RECEIVED FROM - P
ZOF8.ZOF8*ANU 1936/24OCT07 RZGOXD H
```

▲ 항공예약 사례

3) 예약관리를 위한 제도

항공사의 예약 기능은 판매를 촉진시키고 수입을 증대시키는 데 있으나 불량 예약자로 인해 좌석이용률이 저하되기 쉽다. 이에 항공사에서는 좌석 이용률을 높이고 효율적인 예약 문화를 도입하기 위하여 여러 가지 제도들을 도입하고 있다.

(1) 좌석 예약확인제도

여객이 한 목적지에 도착하여 다음 목적지까지의 머무는 시간이 72시간 이상일 경우에

는 출발편 예약을 재확인해야 한다. 재확인을 하지 않았을 경우 본이의 과실로 인하여 예약이 취소될 수도 있다.

(2) 항공권 구입시한

IATA에서는 예약이 완료된 승객이 일정 기간 내에 항공권을 구입하지 않을 경우 예약이 자동으로 취소되는 항공권 구입시한 제도를 운영함으로써, 항공좌석의 효율적인 운영을 도모하도록 제도화하고 있다.

(3) 초과예약(Over-booking)

항공예약은 여러 가지 상황에 의해 예약이 취소되는 경우가 많은 관계로 항공사에서는 이로 인한 영업 손실을 최소화하기 위하여 실제 가능한 예약 좌석 수보다 초과된 예약을 접수한다.

적절한 초과 예약은 좌석 이용의 효율성을 높이고 항공사의 수익구조를 개선하는 장점이 있으며, 보다 많은 승객에게 예약의 기회를 줄 수 있다. 그러나 갑작스러운 기종의 변경이나, 예약 승객이 모두 공항에 Show-up한 경우, 많은 양의 화물 탑재로 인해 기내 허용 탑재량이 축소되는 경우에는 초과예약에 실패하여 보상을 해야 하는 경우도 발생한다.

이와 같은 경우를 대비하여 항공사에서는 탑승 거절에 대한 보상제도(DBC: Denied Boarding Compensation)를 마련해 놓고 있다. 보상 적용대상은 예약 확약된 유효항공권을 소지한 Off-Load된 승객, No-Rec 승객 등이다.

알아볼까요?

▶ **No-show**
  확약된 예약과 항공권을 소지한 승객이 예약 취소도 없이 공항에 나타나지 않은 경우를 지칭한다.

▶ **No-Rec(No Record Passenger)**
  좌석예약이 확약된 항공권을 소지하고 탑승을 위해 공항에 Show up 하였으나, 기록이 전혀 없는 경우를 말한다.

▶ **Go-Show**
  사전 예약 없이 공항에서 대기 후 탑승하는 것을 말한다.

▶ **Off-Load**
  확약된 항공권을 소지한 승객의 탑승이 거절되는 경우이다.

5 항공운임의 이해

1) 항공운임의 설정요소

국제선 항공운임의 설정은 각 국가의 항공사가 제안한 내용을 IATA 운임조정회의의 결의에 의해 결정되며, 이것을 각 국가가 승인함으로써 효력을 발휘하게 된다. 만약 특정 국가가 해당 운임의 승인을 거절하면 IATA 운임은 효력을 잃게 되며 결의된 운임을 사용할 수 없다.

IATA는 각 지역 혹은 전세계적으로 사용되는 항공운임을 신설, 인상/인하 또는 폐기할 경우 이처럼 조정회의를 통해 결정하며 다음과 같은 요소들을 고려하여 운임을 결정하게 된다.

(1) 운항거리

항공운임의 설정에 있어서 가장 기본적인 요소는 운항거리, 즉 이동거리이다. 두 시간의 운항거리를 기초로 하여 출발지로부터 먼 곳의 운임이, 가까운 곳의 운임보다 높게 책정되는 것이 일반적이다. 즉, 운항거리와 운임의 값은 대체적으로 비례하게 되나, 운임의 증가율은 다소 완만하게 설정되어 있다. 또한 동일 지역(AREA) 내에서의 주요 도시들에 대한 운임을 균등하게 설정하는 정책들이 보완적으로 사용되기도 한다.

(2) 출발지 국가의 사회 및 경제 수준

항공운임은 주로 출발지 국가의 화폐단위로 결정되기 때문에 출발지 국가의 통화가치 및 경제적, 사회적 수준 및 다른 운송수단의 운임 등이 고려된다.

(3) 해당 노선 혹은 지역의 수요 및 탑승실적

기존에 운항되고 있던 도시 간의 운임을 설정한다면 해당 노선의 탑승실적 및 항공편의 수 등이 감안될 수 있으며, 새로운 노선에 대한 운임을 설정하는 경우라면 향후 그 지역 및 노선 혹은 계절에 따른 수요까지도 예상하고 전망함으로써 운임 결정의 요소로 삼기도 한다.

(4) 각 국가 및 항공사의 정책

운항하는 국가의 항공정책 및 해당 항공사의 판매정책 등도 운임을 설정하는 요소에 반영된다.

(5) 운송 소요비용

해당 노선을 운항하는 데 소요되는 유류비용 혹은 해당 도시, 공항에 적용되는 세금이나 추가 비용 등 두 도시 간의 항공운송에 소요되는 비용 등이 고려되기도 한다.

2) 항공운임의 분류

국제선 항공운임은 승객이 여행하는 기간, 여행의 조건, 혹은 승객의 나이나 신분에 따라 운임의 종류를 다양하게 책정하여 사용하고 있다. 이는 항공사가 다양해지는 승객의 여행형태 및 그에 따른 승객의 수요를 감안하여 저렴한 운임을 산정함으로써 판매를 활성화시키는 데 목적이 있다.

(1) 정상 운임(Normal Fare)

일반적으로 항공사가 항공운임을 설정할 때 최초로 만드는 것이 정상운임 형태이다. 편도 운임과 왕복운임을 여정의 형태에 맞게 사용하도록 설정되어 있으며 여행일사, 체류회수, 예약변경, 발권시점 및 환불 등 제반 사항에 대한 제한조건이 없는 것이 특징이다. 항공권의 유효기간은 보통 여행개시일 혹은 발행일로부터 1년이다. 정상 운임일 경우 사용되는 운임코드(Fare Basis)에는 F, C, Y, YO2 등이 있다.

(2) 특별 운임(Special/Promotional Fare)

특별 운임은 항공 여행객의 수요가 다양화됨에 따라 항공사가 승객의 여행 형태에 따른 차별화된 판매정책을 사용하게 된 결과로 탄생한 것이다. 보통 1년인 항공권의 유효기간이 승객의 여행기간의 종류에 따라 6개월, 3개월, 1개월 혹은 15일 등으로 다양하게 산정되어 있으며, 여행 도중에 특정 도시에서 체류하는 횟수 및 예약변경, 발권시점 등에 따른 규정을 만듦으로써 정상 운임보다 제한적인 사용을 하게 되지만 그만큼 저렴한 운임을 사용할 수 있도록 설정하였다. 특별 운임은 보통 왕복운임을 기준으로 설정되어 있으며,

사용되는 운임코드(Fare Basis)에는 YLEE1M, YHAP6M, YPX15 등이 있다.

(3) 할인 운임(Discounted Fare)

정상 운임 및 특별 운임을 사용하는 승객 중에는 신분이나 나이에 따른 혜택을 적용받고자 하는 경우가 있을 수 있다. 항공 여행에서 일반적인 성인의 구분은 만 12세 이상인 경우를 말하는데, 성인이 아닌 만 12세 미만의 소아나 만 2세 미만인 유아의 경우 성인에게 적용되는 운임보다 저렴한 운임을 책정하는 것이 보통이다. 또한 학생이나 선원, 단체 인솔자 등의 신분을 가지는 경우 노선의 특성에 따라 그에 대한 할인을 제공하는 경우가 있다. 이 경우 할인여부는 성인 운임을 기준으로 정해진 할인율(%)을 적용하며, 적용하는 운임의 기준이 특별 운임일 경우에는 해당 운임에 부가된 제한 규정을 적용받게 된다. 할인운임에서 사용되는 운임코드(Fare Basis)는 Y/CH25, YLEE1M/IN90, Y/SD25, YGV10/CG00 등이 있다.

(4) 운임코드(Fare Basis) 구성요소

❶ Prime Code(Mandatory)

가장 일반적인 운임의 종류를 나타내며, 승객이 이용하는 탑승 등급을 의미한다.

F	First Class
C	Business Class
Y	Economy Class

❷ Season Code(Conditional)

운임코드에서 사용시기(적용시기)를 나타낸다.

H	High/Peak Season	L	Low/Basic Season
K	Shoulder Season		

❸ Part of Week Code(Conditional)

운임코드에서 주중/주말을 구분한다.

W	Weekend	X	Weekday

❹ Fare Type Code(Conditional)

Prime Code와 더불어 자세한 운임 규정에 대한 내용을 담고 있다.

EX	Excursion Fare	AP	Advance Purchase Fare
X	Purchase Excursion	GV	Group Fare

❺ Discount Designator(Conditional)

나이나 신분에 따른 할인율 적용여부를 표시한다. 소아나 유아, 학생 등 경우 기준이 되는 운임코드 뒤에 표시하도록 되어 있다.

SD25	학생 / 25% 할인	CH25	소아 / 25% 할인
IN90	유아 / 90% 할인	CG00	단체 인솔자 / 100% 할인

❻ 운임코드 사용의 예

YLXEE1M	Economy(탑승등급), Low Season(비수기), Weekday(주중), Excursion(왕복), 1M(체류기간)
Y/SD25	Economy(탑승등급), 학생 할인율 25% 적용
Y/GV10	Economy(탑승등급), Group Fare(단체운임), 10명 이상의 인원일 경우 사용

```
PSGR TYPE  ADT - 01
       CXR RES DATE  FARE BASIS      NVB    NVA    BG
SEL
SIN OZ  M   20JAN YLWEE1M                   20FEB 20K
SEL OZ  M   26JAN YLWEE1M            23JAN 20FEB 20K
FARE  KRW     1164400
TAX   KRW       27000BP KRW     12900SG KRW      51800YQ
TOTAL KRW     1256100
ADT-01   YLWEE1M
 SEL OZ SIN614.04OZ SEL614.03NUC1228.07END ROE948.15
ATTN*VALIDATING CARRIER - OZ

PSGR TYPE  CNN - 02
       CXR RES DATE  FARE BASIS      NVB    NVA    BG
SEL
SIN OZ  M   20JAN YLWEE1M/CH25             20FEB 20K
SEL OZ  M   26JAN YLWEE1M/CH25      23JAN 20FEB 20K
FARE  KRW      873300
TAX   KRW       27000BP KRW     12900SG KRW      51800YQ
TOTAL KRW      965000
CNN-01   YLWEETM/CH25
 SEL OZ SIN460.53OZ SEL460.52NUC921.05END ROE948.15
ATTN*EACH CNN REQUIRES ACCOMPANYING ADT
ATTN*VALIDATING CARRIER - OZ
```

▲ 항공운임 계산 사례

6 여객운송업무

1) 출국 절차

각국의 공항 출입국절차는 승객과 수하물의 출입국 적법성 여부에 대한 정부기관의 심사, 규제 등이 이루어지므로 매우 중요하다.

(1) 탑승수속

여행자가 공항에 도착하여 출국 수속을 위해 밟게 되는 가장 기본적인 절차로 항공업무의 중심이다. 항공권, 여권 등 여행 구비서류에 대한 확인과 수하물의 위탁처리 과정을 통틀어 탑승수속이라 한다.

❶ 여행 구비 서류의 확인

모든 여행자들이 갖추어야 하는 기본 서류는 여권(Passport), 사증(Visa), 예방접종증명서(Vaccination Certificate)이다. 여행하는 해당국가에 따라 비자와 예방접종증명서는 생략 가능하다. 예외 국가를 제외한 대부분의 국가는 비자 없이 3개월간 체류가 가능하므로 여행 시 비자를 발급받지 않아도 되는 경우가 많다.

✈ 여권(Passport)

여권은 국가가 발행하는 여행객의 국적증명서로써 외국 관계기관에 자국민의 보호와 자유통행을 요청하는 공식서류이며, 외국으로의 여행 시 해당국가로부터 차별적인 대우를 받지 않도록 편의와 보호를 요청하기 위한 것이다.

여권의 종류에는 관용여권(공무원), 일반여권, 외교관 여권으로 구분되며, UN에서 발급하는 Laissez Passer, 국제적십자에서 발급하는 International Red Cross passport는 여권에 준하는 문서로 인정받을 수 있다.

그 밖에도 여권과 동일한 효력을 발생하는 여행증명서(여권 분실 시 임시로 발급해주는 서류) 및 Sea-man Book(외국에서 근무를 목적으로 승선하는 선원), US Military Certification(주한 미군에게 발급) 등이 있다.

우리나라의 경우 여행목적에 따라 구분하여 상용, 문화, 동거, 유학, 기술훈련, 관광, 거주 등으로 구분하고 있다.

여권은 사용 횟수에 따라 유효기간과 상관없이 1회만 사용가능한 단수여권(Single Passport)과 유효기간 내에 사용횟수에 제한을 받지 않고 사용가능한 복수여권(Multiple Passport)으로 구분되며, 일반여권인 경우 유효기간은 5년이다.

만 14세 미만의 동반자녀는 부모의 여권에 기재할 수 있으며, 이때는 여권의 명의인이 반드시 동반하여야 한다.

✈ 사증(VISA)

사증이란 방문 혹은 여행하고자하는 나라로부터 받는 입국허가증인 공문서로 일반적으로 상대국 대사관이나 영사관 등 공관에서 소정의 구비서류와 함께 발급을 받는다.

사증은 신분에 따라 Diplomatic Visa, Official Visa, Ordinary Visa로 구분할 수 있으며, 사용횟수에 따라 Single Entry Visa, Multiple Entry Visa, 그리고 입국 목적에 따라 Tourist Visa, Business Visa, Staying Visa, Transit Visa로 구분된다.

최근에는 여행객의 편의를 위해 나라별로 상호사증면제협정(Visa Waiver Agreement)을 맺어 체결국과 사증 없이 자유롭게 여행할 수 있도록 하고 있으며, 사증면제협정국은 아니지만 제3국으로의 여행 시 외교관계가 수립된 국가 간에 단순 통과의 목적으로 일시적으로 체류할 경우, 제3국으로 여행에 필요한 여행서류가 완비된 경우, 예약이 확약된 항공권을 소지하고 있는 경우에는 사증 없이도 체류가 가능한데 이것을 TWOV(Transit Without Visa 무사증 통과)라 하며, TWOV의 조건은 국가마다 상이하므로 여행 전에 반드시 체류허용기간을 확인하도록 한다.

✈ 병무신고서

병무신고서는 25세 이상임에도 불구하고 병역의무를 마치지 못하였거나 연령과는 상관없이 현재 공익근무요원 복무중인 자, 공중보건의사, 징병전담의사, 국제협력의사, 공익법무관, 공익수의사, 국제협력요원, 전문연구요원/산업기능요원으로 편입되어 의무종사기간을 종료하지 못한 30세 미만의 남자 여행자가 해당되며, 기존에는 공항의 병무 신고사무소에서 신고절차를 이행하였으나, 2008년 7월 15일 이후 공항·항만 병무신고사무소가 폐쇄(인천공항은 제외)됨에 따라 병역의무자의 경우 국외여행허가증명서를 반드시 휴대하여야 한다.

국외여행허가증명서는 병무청 홈페이지에서 쉽게 출력할 수 있도록 되어 있으며, 출국 당일 법무부 심사대에서 여권과 함께 제출하고 확인 받으면 된다.

알아볼까요?

사증면제 협정국(우리나라의 경우)

체류기간 90일 이내 무비자 입국 가능한 나라(60개국)

- **아주지역(4개국)** 태국, 싱가폴, 뉴질랜드, 말레이시아,
- **미주지역(24개국)** 바베이도스, 바하마, 코스타리카, 콜롬비아, 파나마, 도미니카(공), 도미니카(연), 그레나다, 자메이카, 페루, 아이티, 세인트루시아, 세인트키츠네비스, 브라질, 세인트빈센트그레나딘, 트리니다드토바고, 수리남, 안티구아바부다, 니카라과, 엘살바도르, 멕시코, 칠레, 과테말라, 베네수엘라(외교,관용 30일, 일반90일)
- **구주지역(29개국)** 그리스, 오스트리아(외교 · 관용 180일), 스위스, 프랑스, 네덜란드, 벨기에, 룩셈부르크, 독일, 스페인, 몰타, 폴란드, 헝가리, 체코, 슬로바키아, 이탈리아, 라트비아 리투아니아, (이하 180일 중 90일) 에스토니아, 핀란드, 스웨덴, 덴마크, 노르웨이, 아이슬랜드 , 영국, 아일랜드, 불가리아, 루마니아, 터키
- **중동아프리카지역(3개국)** 모로코, 라이베리아, 이스라엘

체류기간 60일 이내 무비자 입국 가능한 나라(2개국)   포르투갈, 레소토

체류기간 30일 이내 무비자 입국 가능한 나라(1개국)   튀니지

※ 캐나다   상호합의에 의거 6개월간 사증면제(협정 미체결, '98.4.10)
※ 파키스탄   2001.10.1부터 일반여권 소지자에 대한 사증면제 일시중지 상태
※ 방글라데시   2008.7.15일자로 일반여권 소지자에 대한 사증면제협정 일시정지
※ 이탈리아   협정상의 체류기간은 60일, 상호주의로 90일간 체류기간 부여 (2003. 6. 15)
※ 일본   일반은 구상서 교환에 의한 90일간 사증면제 (외교 · 관용은 사증면제협정체결)
※ 우크라이나   우리국민에 대한 일방적 사증면제(2006.6.24부 발효)

✈ 출국카드 작성

2006년 8월부터 내외국인 출입국 신고서는 폐지되었으나 출입국관리사무소에 외국인 등록을 하지 않은 외국인은 출입국신고서를 작성해야 한다.

✈ 예방접종 증명서

아프리카, 남미 등으로 여행할 경우에는 국립 검역소, 보건소 등에서 무료로 실시하는 콜레라, 황열병, 말라리아 예방접종을 해야 한다.

❷ 항공권 접수

E-Ticket의 경우에는 예약번호와 신분증으로 본인임을 확인하고 항공권을 소지한 승객은 여권상의 이름과 일치여부, 중간 기착지 확인, 위조 및 도난의 확인, 유효기간 등을 확인한다. E-Ticket의 경우에는 종전의 종이항공권과는 달리, 지점을 방문하지 않고 컴퓨터에 저장된 자료를 온라인으로 작업하여 각자의 이메일로 발송되는 항공권으로, 티켓을 분

실하더라도 세부내역이 항공사의 시스템에 저장이 되어 있으므로 분실에 대한 부담이 적은 항공권이다.

만약 E-Ticket을 분실했을 경우에는 이메일에서 다시 인쇄하거나, Fax로 전송받으면 되나, 출입국 신고와 세관 통과 시 E-Ticket의 경우 확인증(Itinerary/Receipt)을 제시하라는 요청을 받는 경우가 있으므로, 반드시 모든 여정을 마칠 때까지 잘 소지하는 것이 좋다.

종이항공권의 경우 분실하였을 경우 각 항공사의 지점을 방문하여 신고를 하여야 하며, 항공권 번호, 구매처, 구매일, 분실한 항공권의 여정 등을 알고 있으면, 신고 절차에 필요한 시간을 줄일 수 있다. 가능하다면 종이 항공권의 경우에는 항공권의 사본을 만들어 보관해 두는 것이 만일의 경우를 대비하는 좋은 방법이 될 것이다. 항공권의 분실 후 환불은 신청일로부터 60일이 경과한 후, 분실된 항공권의 미사용 사실이 최종 확인되면 지급된다.

Kiosk Express Check-in은 승객이 공항 탑승수속 카운터에서가 아니라, 스스로 탑승권을 발급받을 수 있는 시스템이다. 모든 승객이 가능한 것은 아니고, 국내선 E-Ticket 구매 승객, 항공편 예약 및 발권을 한 승객, 스카이패스를 이용하여 예약만 한 승객, 출발 당일 공항에서 항공권 예약 및 발권을 하는 승객, 대한항공 홈페이지에서 국내선 항공편을 구매한 승객 등이 이용할 수 있으며, 국내선 Kiosk Express Check-in 서비스는 김포, 포항, 울산, 제주, 김해, 여수 공항에서 이용할 수 있다. Kiosk Express Check-in의 항공권 구매는 신용카드만 가능하다.

❸ 좌석 배정

사전좌석 예약 여부를 확인하고 승객선호도와 요구를 고려하여 좌석을 배정하게 되는데 사전 좌석 배정제도를 이용하여 본인이 원하는 좌석을 미리 항공권 예약과 함께 지정할 수 있으므로 편리하다. 단 이 제도는 홈페이지를 통하여 예약하였을 경우에는 90일 전~48시간 전, 서비스 콜 센터를 이용할 경우에는 352일 전~48시간 전으로 예약 가능하나, 항공사별로 상이하므로 사전에 확인을 하는 것이 좋다.

사전 좌석 배정 제도를 이용하여 예약을 하였더라도 국내선의 경우(일반석)에는 1시간 30분 전, 국내선의 경우에는 30분 전에 탑승수속을 마치지 못하게 되면 자리에 변동이 생기는 경우도 발생할 수 있다.

좌석 배정을 받을 때 항공사 보너스 마일리지를 입력하며, 만약 마일리지를 입력하지 못하였을 경우에는 해당편 탑승권을 소지하였다가 공항 도착 후 해당 항공사 카운터에서

적립을 하면 된다.

일반석 승객들이 가장 선호하는 좌석은 승무원들이 이착륙 시에 착석하게 되는 비상구 좌석 바로 앞이다. 이 좌석에 앉은 승객은 비상시에 승무원을 도와 승객의 탈출을 돕는 역할을 수행해야 하므로, 비상구 좌석 배정 시에는 아래와 같은 비상구 좌석 승객 착석 기준이 규정되어 있다.

비상구 좌석에 착석을 원치 않을 경우에는 항공기가 출발하기 전 미리 승무원에게 문의를 하여 자리를 재배정하여야 한다.

비상구 좌석 승객 착석 기준

» 15세 미만이거나 동반자의 도움 없이 비상구를 여는 동작을 할 수 없는 승객은 착석이 불가하다.

» 일반적 보청기를 제외한 다른 청력 보조 장비 없이는 승무원의 탈출 지시를 듣고 이해할 수 없다면 착석이 불가하다.

» 글 혹은 그림의 형태로 제공된 비상 탈출에 대한 지시를 읽고 이해하지 못하거나, 승무원의 구두지시를 이해하지 못하는 승객의 경우에는 착석이 불가하다.

» 비상구 열 좌석규정을 준수할 의사가 없을 경우에는 착석이 불가하다.

❹ 수하물 접수

탑승객의 여정과 좌석의 등급, 항공사 상용 고객 회원 등급에 따라 짐의 크기와 무게, 개수가 다르게 적용된다.

미국과 미국령, 멕시코, 중남미로 출발하거나 도착하는 태평양 횡단구간에서는 Piece System이 적용되어, 해당 클래스의 수하물의 무게와 개수에 제한을 받게 된다. 일반석의 경우 23kg 이하인 2개의 짐이 무료 위탁수하물 허용량이 된다.

그 밖의 국내 구간과, 일본, 유럽 노선에서는 수하물의 개수에는 상관없이 무게에 적용을 받는 Weight System으로 운영이 된다. 이 경우에는 짐의 개수는 상관이 없으나 무게가 20kg을 넘지 않아야 무료 위탁수하물로 접수가 된다.

별도의 좌석을 구입하지 않는 유아의 경우 3변의 합이 118cm 이하이며, 10kg 이하의 수하물 한 개와 유모차나 카시트 한 개를 무료 수하물로 위탁할 수 있다.

수하물의 포장 상태를 확인한 후 위탁수하물의 무료 허용량을 Check하여 초과수하물이 있을 경우 이에 대한 요금을 징수한다. 목적지에 맞게 수하물 표를 부착한 후 X-ray를 통한 보안 검사가 실시될 동안 카운터에서 대기하고, 직원의 승인이 있은 후 출국장으로 이동한다.

(2) 출국수속

탑승수속이 완료되면 출국수속을 위해 출국장의 입구에서 승객의 여권과 항공권을 확인하고 항공기의 안전과 보안을 위한 보안검색과 세관, 법무부 입국 심사, 검역 등의 C(Customs), I(Immigration), Q(Quarantine) 절차를 밟게 된다.

❶ 보안검색

9.11이후 항공기의 테러 위협의 증가로 인해 보안검색이 점점 더 강화되는 추세이다. 보안검색 시에는 승객 및 승객의 휴대수하물, 불법 외환소지 여부, 총기류나 폭발물, 기내 휴대제한 품목(SRI: Security Removed Items) 소지여부 등을 확인하게 된다. 또한 기내 반입 금지 품목인 액체에 대한 검사가 이루어진다.

SRI(Security Restricted Item)란 칼, 가위 등 날카로운 물질이나 그 외에 항공 안전에 저해가 되는 물품으로, 기내로의 반입이 불가능하며, 항공사에서 제공하는 별도의 봉투에 보관하여 승객과 분리하여 탑재가 되며, 항공기 승무원에 의해 관리가 된다. 공항 도착 후 Baggage Claim에서 반환된다.

우리나라는 2007년 3월 1일 0시부터 한국발 모든 국제선 항공편에 대해 단위물품 당 100㎖를 초과하는 액체, 젤 류 및 에어로졸의 항공기 내 휴대 반입을 제한하고 있다. 그러나 위탁수하물의 경우에는 액체류의 운송이 가능하다. 이는 국제민간항공기구(ICAO)에서 권고한 사항을 수용한 것으로, 현재 대부분의 나라들이 액체류의 기내 반입을 제한하고 있다.

용기 당 100㎖ 이하의 액체, 젤류 및 에어로졸은 휴대가 가능하나, 승객이 1ℓ 이하의 투명한 비닐 지퍼락(Zipper Lock) 봉투(20cm x 20cm)에 포장해 보안검색을 받기 전에 검색요원에게 제시해야 하며, 승객 1인당 비닐 봉투는 1개로 제한된다. 다만, 유아를 동반한 경우 유아용 음식과 액체 및 젤 형태의 약품 등은 미리 휴대 사실을 신고하면 용량에 관계없이 휴대할 수도 있다.

면세점에서 구입한 액체, 젤 류 및 에어로졸은 별도 제작된 투명한 비닐 봉투에 넣은 후 봉인해야 하며, 면세품 구입 시 받은 영수증을 동봉하거나 부착한 경우에 한해 용량에 관계없이 반입할 수 있으나, 봉인된 비닐 봉투를 훼손한 경우에는 반입할 수 없으므로 주의해야 한다. 또한 제3국을 환승하는 경우 나라별로 환승 규정이 상이하므로 준수하여야 한다.

❷ 세관신고(Customs)

미화 1만 불을 초과하는 일반해외 여행경비 휴대 반출 시에는 세관 외환신고대에 신고를 해야 하며, 출국 후 여행이나 방문이 종료되어 귀국할 경우 다시 가져올 귀중품이나 고가품은 반드시 출국 전 세관에 신고한 후 '휴대물품반출신고(확인)서'를 받아야 입국 시에 면세를 받을 수 있다.

❸ 법무부 출국심사(Immigration)

출국심사대에서 출입국심사관이 출국자들을 대상으로 유효한 여권과 사증의 소지 여부를 확인하고 체류 기간 및 출국금지 여부의 확인 등을 거쳐 출국 허가 스탬프를 날인한다.

❹ 검역(Quarantine)

출국심사의 마지막 단계로서 예방접종카드 여부에 대한 확인절차이나 거의 생략되는 경우가 많다. 그러나 아프리카 혹은 중남미 지역으로 여행하고자 하는 경우에는 출국 10일 전에 접종을 받고 국제공인 예방접종증명서를 휴대하여야 한다. 접종유효기간은 10년이다.

(3) 탑승안내

출국 심사가 끝나면 면세구역을 이용할 수 있으며, 일반적으로 탑승은 출발시간을 기준으로 하여 국제선의 경우 30분 전에 실시한다. 운송 제한 승객이 먼저 탑승하게 되고 노약자나 어린이 동반 승객, 장애인, 일반석 객실 후방에 좌석을 배정받은 승객의 순으로 탑승하게 된다. 일반적으로 상위클래스의 승객은 어느 때나 탑승이 가능하다.

(4) 출항 허가

출항 허가 서류는 아래와 같으며, 법무국 출입국사무소와 세관 승기실에서 출항허가를 득하게 된다.

❶ G/D(General Declaration)　승무원 명단 및 일반 사항
❷ PM(Passenger Manifest)　탑승객 명단
❸ CM(Cargo Manifest)　화물 적재 목록

2) 입국 절차

일반적으로 출국절차와 반대의 순으로 진행된다. 통과여객, 연결편 승객, Deportee (추방자) 등은 각 승객 취급절차에 따라 운송직원에 의해 조치된다.

(1) 승객의 하기(Deplaning)

승객의 하기는 응급환자(긴급한 의학적 조치가 필요한 환자) → VIP, CIP → 일등석 승객 → 이등석 승객 → 비동반소아승객(UM) → 일반석 승객 → 운송제한승객(Restricted Passenger Advice) → Stretcher 환자의 순으로 진행된다.

(2) 검역 사열 심사(Quarantine)

목적지에 도착 후 입국 시 가장 먼저 검역절차를 거친다. 콜레라, 황열병, 페스트 오염지역으로부터 입국하는 승객과 승무원은 해당편 기내에서 검역설문서를 배부, 작성하여야 한다. 검역은 식물검역과 동물검역으로 구분되며, 식물검역은 식물의 종자나 묘목, 과일 등을 휴대하는 여객에게 해당이 되나 건조처리 되었거나 가공식품 등은 검역대상에서 제외 된다. 동물검역은 개나 고양이 등과 함께 출국할 경우에 해당이 되며, 애완동물은 도착지 나라별로 반입금지 및 동물 검역 증명서를 요구하는 경우가 발생하므로 사전에 국립수의과학검역원에 문의를 해야 한다. 동남아를 여행하고 한국으로 돌아오는 승객들은 검역설문서를 제출해야 하며 환자로 인정되는 사람이 탑승했을 경우에는 승무원을 비롯한 탑승객 전원을 대상으로 특별검사를 실시하게 된다. 또한 여행 중 건강에 이상이 있으면 입국 후 검역관과 상의하여 2주 내 설사, 복통, 구토 등 증세가 있으면 가까운 검역소나 보건소에 반드시 신고하여야 한다.

(3) 입국심사(Immigration)

해당국가의 입국규정에 따라 내국인과 외국인으로 구분된 입국사열 심사대에서 입국심사관에게 여권과 사증의 유효여부를 확인하고 입국 목적과 체류 기간 등을 확인한 후 입국 Stamp를 찍어 준다. 내국인의 경우 적절한 여권의 유효기간 내에 입국하는지 여부를 확인하게 되며, 외국인의 경우 입국에 필요한 정당한 VISA 또는 이에 상당하는 여행 구비서류를 제시함으로써 입국확인을 받게 된다.

(4) 위탁수하물 수취(Baggage Claim)

수하물 인도장소로 이동 후 항공편을 확인하고 본인의 수하물을 찾는다. 수하물이 도착하지 않았거나 파손의 경우에는 항공사의 규정과 절차에 따라 PIR(Property Irregularity

Report)를 작성하여 신고·접수한 후 처리한다. 기내휴대제한품목인 칼, 가위, 건전지, 골프 클럽 등은 운송직원이 직접 승객에게 인계한다.

(5) 세관 검사(Customs)

해당국 규정에 따라 사전에 작성한 세관신고서를 바탕으로 검사원에게 보여주거나 구두로 신고를 한다. 휴대품에 따라 면세검사대, 과세검사대에서 세관검사를 받는다.

국가별로 면세 허용량이 다르므로 주의한다. 입국시 과세 대상이나 통관금지 품목일 경우에 과세 통과시까지 일시적으로 보관하는 물품을 보관하는 경우가 있는데 이를 유치라고 하고, 입국은 하였으나 휴대한 물품을 통관할 의사가 없는 경우에는 세관에 신고하여 일시 보관하였다가 출국할 때 찾아가는 것을 예치라고 한다.

운송제한승객(Restricted Passenger Advice)

항공사는 항공여행의 안전을 저해하거나 승객의 불편함을 초래할 가능성이 있는 특정 승객에 대하여 탑승을 거절하거나 제한할 수 있다. 탑승 거절 승객을 발견하게 되면 객실 사무장/캐빈 매니저는 기장에게 통보하여 기장이 육안으로 확인한 후 운송 책임담당자와 협의하여 탑승 여부를 결정해야 한다. 아래 사항에 해당하는 승객의 경우에는 탑승을 거절 할 수 있다.

1) 운송제한승객(RPA)의 개념

운송제한 승객(RPA: Restricted Passenger Advice)이란 다음과 같은 사유로 탑승이 거절 되거나 제한을 받게 되는 승객을 말한다.

- 건강상의 이유로 항공여행이 부적합해 보이는 승객
- 전염병 환자나 정신적으로 불안정하여 타 승객에게 위험을 초래하거나 자살을 시도할 것으로 여겨지는 승객
- 심한 악취로 인해 타 승객에게 불편을 야기할 것으로 예상되는 승객
- 과음으로 인해 행동에 이상이 있거나 약물에 의한 비정상적인 행동을 보이는 승객
- 탑승권이 없거나 신분증을 제시하지 못하는 승객

2) 운송제한승객의 유형별 응대절차

(1) Incapacitated Passenger(환자승객)

승객의 육체적 정신적 상태가 항공기 탑승 시나 하기 시 항공사 직원의 도움을 필요로 하는 승객을 지칭한다. 노약자, 병약자, 장애자 등 일반 환자 승객을 포함한다. 신장질환자, 전염병 환자, 생후 2주 미만의 신생아, 자살의 위험이 있는 정신질환자, 대수술 후 10일 미만의 환자 등은 Invalid 승객으로 구분되어 운송이 거절된다.

❶ MEDA(Medical Case)

예약 시에 해당 항공사로부터 사전에 의학적 허가(Medical Clearance)를 받아야 한다.

▲ Stretcher mounted on 3 seats

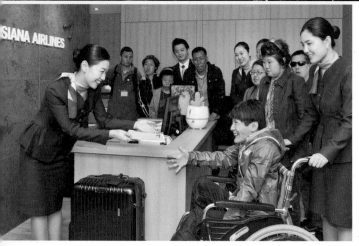

▲ 아시아나항공 장애인을 위한 한사랑 라운지

❷ STCR(Stretcher Passenger)

정상적으로 승객좌석을 이용할 수 없고 기내 침내(Stretcher)를 이용해야 하는 승객으로 보호자나 의사와 함께 탑승해야 하며, 건강진단서(INCAD Form: 병약 승객 운송신청서)와 서약서를 작성해야 한다. 예약시 일반좌석 요금의 6배를 지불해야 하며, 기내 침대 장착을 위해 1주일 전까지 예약을 하고 탑승절차를 위해 72시간 이전에 항공사에 통보해야 한다. 객실승무원은 이착륙 전 환자 승객이 벨트에 의해 고정되어 있는지 확인해야 한다.

❸ OXYG(Oxygen)

기내에서 산소통을 사용해야 하는 승객이다.

❹ 휠체어 승객(Wheelchair Passenger)

㉠ WCHR(Wheelchair-R) 계단을 오르내리거나 짧은 거리는 이동 가능하나 Ramp에서 항공기까지의 긴 거리 이동이 불가능한 승객을 말한다.

ⓛ WCHS(Wheelchair-S)　기내에서 좌석 간의 이동은 가능하나 계단을 오르내리는 것이 불편한 승객을 말한다.

ⓒ WCHC(Wheelchair-C)　기내에서 다른 사람의 도움 없이는 좌석 간의 이동이나 화장실 이용이 불가능한 승객을 말한다.

▲ 대한항공 플라잉 맘 서비스

(2) 비동반 소아(UM: Unaccompanied Minor)

만 5세 이상 만 12세 미만의 유아나 소아가 성인 동반 없이 여행하는 경우 탑승 항공사에 비동반 소아 운송 신청서 및 서약서를 제출해야 한다(국내선 비동반 소아는 만 5세 이상 만 13세 미만). 부모 또는 보호자가 출발지 공항까지 동반해야 하며 도착지 공항에도 보호자가 마중나가야 한다. 국제선의 경우 출발 7일 전에 사전 예약이 필요하다.

▲ 아시아나항공 해피맘 서비스

(3) 임산부

임산부는 환자 승객이나 장애 승객으로 구분되지는 않으나 출산이 가까워지거나 합병증 등이 예상되는 경우에는 의사의 소견서나 진단서가 필요한 것으로 간주한다. 일반적으로 임산주기가 32주 이상인 경우에는 항공기 출발 72시간 내에 산부인과 의사나 의료진이 발급한 여행의 적합성 여부와 항공편명, 출산 예정일 등이 기재된 의료기관의 진단서 1부와 서약서 2부를 공항에서 작성하여 제출한다. 객실사무장/캐빈 매니저는 도착지 공항 보관용 진단서 사본 1부와 서약서 1부를 수령하여 도착지 공항에 전달한다.

(4) 유아(Infant)

국제선의 경우 생후 14일부터 만 2세 미만, 국내선의 경우 생후 7일부터 만 2세 미만이 유아의 범주에 속한다. 생

▲ 사우스웨스트항공의 UM서비스

후 7일 미만의 신생아는 위급 환자(Emergency Patient)로 분류되어 항공여행이 불가하나 항공 보건 팀의 허가를 받은 경우에는 예외이다. 유아 동반 승객은 비상구 열에 좌석을 배정할 수 없으며 Baby Bassinet을 사용할 경우 이착륙 시나 Turbulence 시 유아를 꺼내어 보호자가 안고 있어야 한다.

(5) 추방자(Deportee)

출발지 국가로부터 불법 체류자로 인정되어 추방된 승객을 뜻한다. 객실 사무장/캐빈 매니저는 해당 승객의 여권 및 관련 서류를 별도로 보관하고 목적지 도착 시 서류와 함께 승객을 운송직원에게 인계한다.

(6) 죄수(Prisoner)

반드시 2인 이상에 의해 호송되어야 하며 관계 기관과 긴밀한 협조 후에 운송 조치한다. 운송에 관한 승인은 공항 지점소장 결재사항으로 한다.

(7) 맹인(Blind)

성인승객이나 맹인 인도견(Seeing-eye Dog)이 동반할 경우 탑승이 가능하며 동반자나 인도견이 없을 경우에는 운송제한 승객으로 분류되어 서약서를 작성한 후 운송 직원의 Escort에 의해 항공기에 탑승한다. 시각 혹은 청각 장애인을 보조하기 위해 탑승하는 인도견은

비상구 좌석에 배정될 수 없으며 기내를 배회하여 타 승객에게 불쾌감을 초래하지 않도록 맹인승객의 발아래 재갈을 물려 두어야 하며 목줄을 착용해야 한다. Pet으로 취급되지 않기 때문에 기내 반입 마릿수에는 제한이 없다.

▲ 기내의 맹인 인도견

8 S.H.R.

 SHR(Special Handling Request)은 항공기에 탑승한 승객에 관한 정보가 기재된 서류로 승객의 인적사항, 특별한 서비스 요구사항, VIP, CIP, UM, TWOV, 환자, 단체, SPML 주문 승객 등의 정보를 표기한 List를 말하며, 승무원의 대고객 서비스에 있어서 중요한 서류이다. 항공기에 모든 승객의 탑승이 완료되면 객실 사무장/캐빈 매니저가 지상 운송직원으로부터 인수받아야 한다. SHR 상의 관련 정보는 Service Code형태로 표시되어야 한다. 목적지 도착 전 객실사무장/캐빈 매니저는 해당 승객의 하기 여부를 확인하고, 필요 시 목적지 공항에 해당 승객의 정보를 기장을 통하여 미리 통보하고 도착 시 지상직원에게 인계하여야 한다.

1) Passenger 관련 Special Service Code

CODE	의 미
VIP/CIP	Very Important Person/Corporate Important Person
TWOV	Transit Without Visa
FMLY	Family Care Service
UNMR	Unaccompanied Minor(UM)(만 5~12세 미만 비동반 소아)
FTBS	Frequent Bonus Card Holder
STCR	Stretcher Passenger
RPA	Restricted Passenger Advice
GTR	Government Travel Request
VWPP	US Visa Waiver Pilot Program Membership Country's Passenger
WCHR	Wheel Chair - R for Ramp(먼 거리 이동 시 휠체어 필요)
WCHS	Wheel Chair - S for Steps(계단 이용한 이동 불가능)
WCHC	Wheel Chair - C for Cabin(혼자서 이동 전혀 불가능)
WCOB	On Board Wheel Chair(Aisle통과하는 기내용 휠체어)

CHD	Child
INF	Infant(좌석 점유하지 않는 유아 승객)
T/S	Transit
DEPO	Deportee
DEPA	Deportee - Accompanied by an Escort(동반 추방자)
DEPU	Deportee - Unaccompanied(비동반 추방자)
INAD	Inadmissible Passenger(입국이 거절된 승객)
DEAF	Deaf
BLND	Blind
SED	Seeing Eye Dog(시각 장애인 보조 동물)
STF	Staff
OXYG	Oxygen(Stretcher 승객용 산소장비)
M/A, MAAS	Meet & Assist
IVR	Incentive Volume Rate(대기업 계열사 출장 수요 우대)
I/U	Involuntary Upgrade

2) Seat 관련 Special Service Code

CODE	의 미
NSSA	No Smoking Aisle Seat
NSSB	No Smoking Bulkhead Seat
NSST	No Smoking Seat
NSST/A Bulk Front	No Smoking Aisle Front Bulk
NSSW	No Smoking Window Seat
SMSA	Smoking Seat Aisle Seat
SMSB	Smoking Seat Bulkhead Seat
SMSW	Smoking Seat Window Seat
BSCT	Bassinet Seat

3) Check-In 관련 Special Service Code

CODE	의 미
CHIN	Check-In
INV U/G (I/U)	Involuntary Upgrade
INV D/G (I/D)	Involuntary Downgrade
GSH	Go Show
NOSH	No Show
OBD	On Board
NRC	No Record
BKG	Booking
CBBG	Cabin Baggage
SUBLO	Subject To Load
	(Discount Ticket 소지자로 필요시 하기 가능)
NOSUB	Not Subject To Load
	(Discount Ticket 소지자로 일반승객과 동일한 예약권리 부여)

▲ 아시아나항공 스마트폰 체크인

가루다항공, 인천~발리 기내 입국서비스

인도네시아 국영 항공사인 가루다인도네시아항공이 2011년 11월부터 인천~발리 노선에서 기내입국서비스(IOB)를 시작했다.

1949년 설립된 가루다인도네시아항공은 인도네시아 32개 도시, 세계 19개국을 오가고 있으며 한국에는 1989년 10월 처음 취항했다. 기내에 인도네시아 법무부 직원이 직접 탑승해 인도네시아 입국에 필요한 모든 절차를 마무리하기 때문에 별도의 입국 수속 없이 바로 공항 밖으로 빠져나올 수 있다. 가루다인도네시아항공은 인도네시아 이민국과 양해각서(MOU)를 체결해 입국 수속을 간소화했고, 인천~자카르타 노선에는 지난해 말부터 IOB를 적용하고 있다.

▲ 가루다항공 기내입국서비스

MEMO

최·신·항·공·객·실·업·무·론

Chapter 05

고객응대

고객 심리 및 고객 만족 응대 서비스

1) 고객의 심리

(1) 항공 이용 고객의 심리

❶ 환영 기대 심리

고객은 언제나 환영받길 원하기 때문에 항상 밝은 미소로 맞이해야 한다. 따라서 승무원은 항상 밝은 미소로 상황별 고객의 욕구에 부응할 수 있어야 한다.

❷ 독점 심리

고객은 누구나 승무원과 모든 서비스를 독점하고 싶은 심리를 갖고 있다. 따라서 승객 한 사람의 독점하고 싶은 심리를 만족시키다 보면 다른 승객들에게 불평을 사게 될 수 있다. 승무원은 모든 승객에게 공평한 친절을 베풀 수 있는 마음자세를 가져야 한다.

❸ 우월 심리

사람들은 누구나 다른 사람보다도 더 잘나고 싶고 더 뛰어나다고 생각하고 싶다. 또한 창피를 당하고 싶지 않다는 자존심을 갖고 있다. 이런 자존심을 인정하고 포용하여 고객이 만족감을 느끼도록 하기 위해서 승무원은 서비스를 제공하는 직업의식으로 고객의 자존심을 인정하고 자신을 낮출 수 있는 겸손한 태도가 필요하다. 고객들의 감정 혹은 얘기를 무시하고 거절하거나, 그들의 얘기가 틀렸다는 듯이 진술하거나, 그들이 심각하다고 생각하는 문제에 대해서 냉소적으로 대하거나, 혹은 주제넘은 판단을 한다거나, 그들이 어리석다는 듯이 설명을 하거나 참을성 없는 태도를 보이거나, 끝없이 도움이 필요한 어린 아이 취급을 하거나, 답례를 받아들이지 않고 거절할 때 고객들은 자신들의 자존심이 손상당했다고 느낀다. 고객들이 얼마만큼의 설명을 원하고 필요로 하는지를 찾아내고, 고객에게 명령이나 조언을 해서 어린아이처럼 다루지 않도록 한다.

❹ 모방 심리

고객은 다른 고객을, 그리고 서비스를 제공하는 승무원이나 다른 고객을 흉내 내고 싶은 모방 심리를 갖고 있다. 항상 타인을 의식하고 비교해서 불안감을 느낀다든지 안정감을 느낀다든지 하는 것들은 어쩌면 당연한 감정일지도 모른다. 따라서 모방 심리를 따듯한 눈길로 바라봐 주며 반말을 하는 고객이라도 정중하고 상냥하게 응대한다면 오히려 고객이 친절한 태도로 반응하게 되고, 옆 좌석의 고객이 승무원과 서로 친절한 대화를 나누었다면 다른 고객도 이를 모방해서 친절한 대화를 나누게 될 수 있게 될 것이다.

❺ 보상 심리

고객은 비용을 들인 만큼 서비스를 기대하며 다른 고객과 비교해 손해를 보고 싶지 않은 심리를 갖고 있다. 따라서 특정 승객에게 별도의 서비스를 제공할 때는 그 서비스를 받는 승객보다 주변의 다른 승객에 대해 더 신경을 써야 한다. 항상 동일한 기준에 의해 서비스를 제공하는 것이 좋고, 필요에 의해 특별한 서비스를 제공할 경우에는 언제나 다른 고객의 입장을 고려해서 서비스를 제공하는 것이 필요하다.

❻ 자기본위적 심리

고객들은 자신이 갖고 있는 기준으로 사물을 보고자 하는 심리를 갖고 있다. 고객 자신을 가장 중요하게 생각하며 승무원에게 인정받음으로써 고객 자신을 확인하려고 한다. 자기본위적 고객 심리에 응대하는 올바른 승무원의 자세는, 어떤 경우에도 먼저 고객을 인정해 주고 고객의 이야기에 귀기울여주며 호감을 얻은 후, 고객 자신도 '승무원의 이야기를 들어보자'라는 마음이 들게 한다. '상대방에게 좋은 사람이라는 인상을 주고 싶다', '멋진 사람이라고 느끼게 하고 싶다'라고 하는 상대방의 자존심에 호소하는 것이 가장 적절한 자기본위적 고객 응대방법이다.

2) 고객만족 서비스 응대

(1) 항공 이용 고객의 욕구 파악 및 고객만족 서비스 방법

❶ 고객의 욕구

인간의 욕구는 타고난 것이다. 욕구를 강도와 중요성에 따라 5단계로 분류한 아브라함 매슬로(Abraham H. Maslow)의 이론에 의하면 인간은 각각 다음 단계의 욕구가 발생한다. 1단계의 욕구는 생리적 욕구로 먹고, 자고, 종족 보존 등 최하위 단계의 욕구이다. 2단계 욕구는 안전에 대한 욕구로 추위, 질병, 위험 등으로부터 자신을 보호하고자 하는 욕구이며, 장래를 위해 저축하는 것도 일종의 안전 욕구의 표출이라고 할 수 있다. 3단계는 사회적 욕구로 애정과 소속에 대한 욕구로 가정을 이루거나 친구를 사귀는 등 어떤 단체에 소속되어 애정을 주고받는 욕구이다. 4단계 욕구는 자기 존중의 욕구로써 소속 단체의 구성원으로 명예나 권력을 누리려는 욕구로 주위 사람들로부터 인정을 받고 싶어 하는 욕구이다. 5단계 욕구는 자아 실현의 욕구로 자신의 재능과 개성, 잠재력을 충분히 발휘해서 자기가 이룰 수 있는 모든 것을 성취하려는 최고 수준의 욕구이다. 자신의 잠재력을 발휘해서 최선을 다하는 것은 바로 자아 실현의 욕구가 표출된 것이다. 결국 인간이 원하는 것은 위의 5단계 중 어느 한 단계에 속한다고 할 수 없고, 육체의 평안을 통해서나 사랑을 통해서나 명예를 통해서 또는 자신의 잠재력 개발을 통해서 나름대로 행복을 추구하고자 한다. 이러한 기본적 인간의 욕구를 바탕으로 우리의 고객들은 다음과 같은 욕구를 갖고 있다.

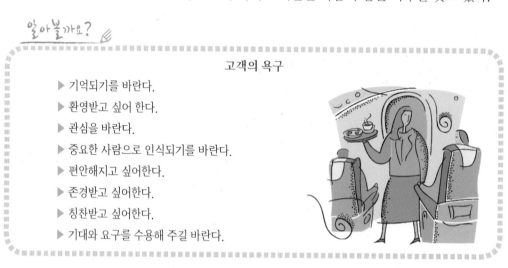

알아볼까요?

고객의 욕구

▶ 기억되기를 바란다.
▶ 환영받고 싶어 한다.
▶ 관심을 바란다.
▶ 중요한 사람으로 인식되기를 바란다.
▶ 편안해지고 싶어한다.
▶ 존경받고 싶어한다.
▶ 칭찬받고 싶어한다.
▶ 기대와 요구를 수용해 주길 바란다.

❷ 고객만족 서비스 방법

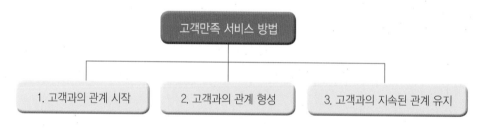

고객만족 서비스 방법

1. 고객과의 관계 시작 | 2. 고객과의 관계 형성 | 3. 고객과의 지속된 관계 유지

㉠ 고객과의 관계 시작

인간관계의 시작은 라포에서부터 시작된다. 라포(Rapport)란 '마음의 유대'라는 뜻으로 서로의 마음이 연결된 상태, 즉 서로 마음이 통하는 상태를 의미한다. 라포가 형성되면 호감·신뢰감이 생기고 비로소 깊은 마음속의 사연까지 말 할 수 있는 관계가 된다. 승무원은 항상 고객의 상황을 이해하고 존중하며 감정을 공유해야 고객의 욕구에 부응하는 서비스를 제공할 수 있기 때문에 승무원과 고객 상호 간의 라포 형성은 매우 중요하다. 고객

과 친밀한 라포를 형성하는 방법을 알아보도록 하자.

✈ 첫인상의 진검승부

- 첫인상의 결정요소: 표정, 인사, 용모와 복장, 절도 있는 자세와 동작, 품위 있는 태도와 말씨로 좋은 첫 인상을 만든다.
- 고객에 대해 깊은 관심을 갖고 고객의 동작, 분위기, 대화를 통해 고객이 전달하고자 하는 욕구와 심리 상태를 파악하는 것이 승무원의 고객 서비스에 대한 만족감을 가져온다.
- 환대의 마음을 미소로 표현한다. 적극적이고 자신감 있는 밝은 환영의 미소는 첫인상의 상징이다.

㉡ 고객과의 관계 형성

✈ 친절 서비스의 정점

고객은 환대받기를 원하고 만족하기를 원한다. 고객이 항공사의 서비스, 객실 승무원과의 만남을 즐거운 경험으로 느끼게 하는 것이 중요하다. 무엇보다 고객이 서비스에 대해 유익하게 여길 수 있도록 한다. 고객을 존경하는 마음으로 신속하고 예의 바르게 대접한다.

✈ 상품지식이 풍부한 전문가

자사의 서비스 상품지식이 풍부하면 일에 대한 자신감을 갖게 되며 항공사 서비스를 이용하는 고객들의 불만이 훨씬 줄어들 뿐만 아니라 불만에 대한 대응도 전문적일 수밖에 없다. 항상 자사의 상품에 대해 흥미를 갖고 정보를 수집하도록 하고 자사 상품과 타사 상품과의 차이점, 우수성, 단점을 비교해 고객에게 객관적으로 이를 전달할 수 있다면 고객의 깊은 신뢰를 받을 수 있을 것이다. 무엇보다 고객의 입장에 부합되는 상품의 가치를 구매 동기와 일치시켜 고객에게 도움이 되는 정보를 제공할 수 있어야 한다.

고객과의 관계 형성 방법

1. 고객의 욕구 확인(질문) → 2. 고객의 답변이나 질문에 대한 적절한 응대 →
3. 고객과의 갈등이나 불만 발생 시 이에 대한 적절한 해결

㉢ 고객과의 지속적인 관계 유지

어제의 고객을 오늘의 고객, 미래의 고객으로 계속 유지할 수 있느냐가 치열한 경쟁 시

대에 승리하는 고객 관리의 지혜라 할 수 있다. 따라서 현재의 고객에게 향후에도 자사를 이용하도록 유도하는 것이 중요하다. 서비스가 끝나는 시점에서 서비스의 과정을 확인하고 서비스에 대한 깊고, 좋은 이미지를 남기는 작업이 필요하다.

 고객과의 관계유지 포인트

- 서비스에 대한 깊고 좋은 이미지를 남기는 질문하기
  예 오늘 서비스에 대해 만족스러우셨습니까?(긍정적인 표현)
- 서비스의 이미지를 남기는 은유적 표현하기
  예 세계 최고의 서비스를 제공하는 항공사로 고객님의 마음속에 향기롭게 기억되길 바랍니다.

2 상황별 고객 만족 객실 서비스 스킬

1) 장애 고객 서비스 스킬

다리가 불편한 Wheel Chair 승객은 대부분 화장실 사용에 가장 불안감을 느끼고 있기 때문에 수분 섭취를 기피하므로 걱정이 없도록 미리 승무원들이 도움을 드릴 수 있다는 것을 알려드려야 한다. 대화 시에는 눈높이를 낮추어 "필요하신 게 없으십니까?", "어떻게 도와드릴까요?" 등 친근한 말 한마디와 담요를 덮어 추위를 느끼지 않게 배려해 드린다.

앞을 보지 못하는 시각 장애 승객을 맞이할 때는 승무원의 밝은 표정 대신 승객의 양해를 얻어 승객의 손을 잡아 우리의 따뜻한 체온을 전달하며 친근감을 전달한다. 하지만 몸을 만지기 전에는 먼저 말을 건네 허락을 받도록 한다. 지나친 관심이 오히려 자존심을 다치게 할 수 있으니 반드시 유의하도록 하고 음료 한잔을 드릴 때에도 양을 약간 적게 하여 실수하지 않도록 미리 헤아려 서비스해야 한다. 장애 고객 응대 시 지나친 친절과 원조는 승객 자존심을 다치게 할 수 있기 때문에 특히 유의해야 한다.

청각 장애 승객은 기내 방송 전후 시점에 메모지에 방송 내용을 적어서 전달하는 세심한 서비스 자세로 승객에게 신뢰감을 줄 수 있도록 한다.

2) 다양한 객실 고객별 서비스 스킬

(1) 여성 고객

일반적으로 기내온도, 음식 등의 서비스에 대해 예민하며, 남자 승객들에게 보다 더 신경을 쓰거나 관심을 보이며 여승무원에 대해서는 즉각적인 불쾌감을 나타내기도 한다. 유아나 어린이를 동반한 여자 승객은 남편과 같이 여행하는 부인이나 미혼녀보다 승무원의 도움을 더 많이 필요로 할 수 있으니 항상 유념하도록 한다. 특히 어린이를 동반한 고객은 짐을 들고 있거나 유모차를 소지한 경우가 대부분이다. 아이를 안고 있는 경우에는 짐을 들어 도와주고, 어린이가 갖고 놀 수 있을 만한 장난감이나 책 등을 서비스하는 것이 좋다.

유아 동반 승객 서비스 스킬

» 탑승 시 유모차는 보호자가 접도록 하고 정해진 곳에 보관 후 승무원 소개를 한다. Baby Bassinet 제공 및 필요 여부를 파악하고 좌석벨트 사용법, 기내설비 등을 설명한다.
» 비행 중 불편한 점은 없는지 확인하고 유아식 제공 시 위생에 유의한다. 목적지까지 여행하는 데 필요한 물품(기저귀 등)에 대해 문의 후 조치한다. 착륙 전 Approaching Signal 후 Baby Bassinet을 탈착하여 정 위치에 보관한다.
» 하기 시 소지품을 확인하고 짐을 들어준다.

(2) 어린이 고객

아이들은 장거리 비행에서도 놀이를 즐기고 싶어 하기 때문에 다치지 않고, 다른 승객들에게 방해가 되지 않도록 부모의 협조를 요청할 필요가 있다. 자아를 인식할 수 있는 어린이 고객에게는 반말을 하지 않도록 주의하며 성인을 대하는 말씨와 태도를 보이는 것이 오히려 효과적이다.

(3) U. M. (Unaccompanied Minor)

생후 3개월에서 12세까지 보호자 없이 여행하는 비동반 소아인 U·M은 부모 없이 혼자 여행함에 따른 불안감이 있을 수 있기 때문에 승무원은 깊은 관심을 가지고 대할 수 있도록 하고 이들을 안심시키고 무료하지 않도록 각별히 신경 써주어야 한다.

>> 탑승 시 좌석에서 가장 가까운 화장실 위치와 사용 방법을 알려준다. 기내설비, 좌석벨트 사용법, Child Meal 사항을 알려준다.

>> 비행 중, 수시로 이름을 부르며 친근감을 표현하고 입국서류를 작성해 준다. 착륙 전 도착 시간과 날씨 등을 알려주고 비행 중 식사, 음식 등을 편지로 작성하여 UM Envelop에 넣는다.

>> 하기 시 일반 승객보다 먼저 하기시킨다.

(4) 유명 인사

항공 여행이 잦으며 대부분의 경우 승무원의 특별한 관심을 기대하거나, 요구하지 않으며 가능한 자신의 신분을 드러내지 않는 것을 오히려 좋아한다. 따라서 승무원이 이들에게 사적인 질문을 한다거나 사진을 요구하는 등의 행동은 피하는 것이 좋다.

(5) 언어불통 승객

특수한 언어를 사용하여 승무원과 의사소통이 어려운 승객이 있을 경우에는 이러한 승객과의 언어 소통이 가능한 다른 승객을 옆 자리에 앉도록 조치해 주는 것이 좋다.

(6) VIP, CIP

VIP 및 CIP 란 특별한 관심을 갖고 환대하여야 할 승객을 말하며, 일반적으로 '국가 및 회사 차원에서 국가나 회사의 특별한 이익을 도모, 보전키 위해 특별히 예우하여야 할 승객'을 말한다. 승무원은 회사와 국가를 대표하고 있는 만큼 VIP, CIP 탑승 시 국가 및 회사의 이익 보전에 보탬이 될 수 있도록 각별한 관심을 기울여야 한다. 승무원으로서 주의해야 할 점은 VIP, CIP 응대에 과다하게 치중하여, 다른 승객에게 불쾌감을 주지 않도록 한다. 각별한 예우는 하되, 상대적 박탈감이 들지 않도록 원만한 서비스로 이들의 욕구를 충족시켜야 한다.

(7) TWOV 승객

지상직원으로부터 여권, 항공권, 입국카드를 인계받아 해당 편명 및 수량을 확인한다. 해당국 도착 시 상기 서류를 안전한 위치에 보관하고 해당 승객에게는 도착지 하기 후 지상직원으로부터 인계받을 것을 알려준다. 서류를 도착지 지상직원에게 인계한다.

3) 국적별 고객 서비스 스킬

(1) 한국인(Korean)

한국인들은 일반적으로 국적기를 이용할 경우에 외국인 승객에 비해 특별한 서비스를 더 받을 것을 기대하고 있다. 따라서 승무원이 외국인 승객에게 더 관심을 기울인다고 느끼면 반감을 가질 수 있다. 한국인들은 욕구나 감정을 즉각적으로 표현치 않고 망설이는 경우가 많기 때문에 승객들의 요구 사항이나 감정의 움직임을 미리 파악하여 발 빠르게 대처하도록 해야 한다.

(2) 일본인(Japanese)

일본인 고객들은 정중함, 우아함, 예의 바름을 매우 중요시 한다. 서비스 중 음료를 쏟았을 경우 즉각 클리닝 쿠폰(Cleaning Coupon)을 갖다 드리는 것 보다, 정중하고 진실된 태도로 사과하는 것을 훨씬 더 중요하게 여긴다. 정중한 사과를 거듭하는 과정을 통해 비로소 진정한 사과로 받아들이는 경향이 있다.

(3) 중국인(Chinese)

중국인 고객들은 손해나 피해를 보는 것을 무척 싫어한다. 따라서 그들에게 제공되는 서비스 수준에 대해 매우 예민하며, 불만족 시에는 즉각적인 불만을 나타내기도 한다. 특히 서양인에 비해 소홀히 대접받고 있다고 느끼면 강한 반발을 보이는 성향이 있다. 중국인들은 체면을 중요하게 생각하기 때문에 무엇보다도 체면이 손상되는 것을 매우 불쾌하게 여기므로 이에 유의하며 서비스하도록 한다.

(4) 미국인(American)

대체적으로 격식을 중요하게 생각하지 않고 외향적이며 적극적이다. 승무원에게 자신의 요구를 빠짐없이 즉각 표시하여 서비스를 유도해낸다.

4) 무리한 요구를 하는 고객 거절 서비스 스킬

질문을 던져 고객이 원하는 것을 파악하고 고객의 입장을 충분히 이해하고 있음을 알려준 후에 그 요구를 받아들이기 어려운 사유를 납득하도록 차근차근 설명한다. 하지만 무조건적으로 회사의 방침과 규정만을 내세운 "그건 안 됩니다", "잘 모르시니까 그러시는데요", "회사의 방침입니다" 등의 거절로 고객을 무안하거나 서운하게 하지 않는다. 우선 고객의 입장을 인정해 준 후 공손한 태도로 "죄송합니다. ~한 사유로 제가 도와 드릴 수 없는데요~"라고 정중하면서도 정확하게 거절의 의사를 표현하는 것이 좋다. 이때 적절한 대안을 제시한다면 더욱 좋은 응대라고 할 수 있다.

5) 불만 고객 서비스 스킬

불만을 제기하는 고객들이 원하는 것은 대부분 승무원이 자신의 불평을 경청하고, 잘못된 내용을 인식하고, 제대로 고치겠다고 약속하면서 사과하는 것이다. 아울러 해결 방안을 제시할 수 있어야 한다. 불만 고객에 대한 응대 방법은 다음과 같이 3단계로 나눌 수 있다.

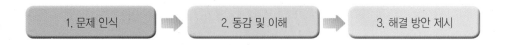

1. 문제 인식 ➡ 2. 동감 및 이해 ➡ 3. 해결 방안 제시

(1) 문제 인식

먼저 잘못을 인정하며 진심을 담은 "죄송합니다"라는 말 한마디는 불만 고객 응대에서 가장 중요한 포인트이다. 특히 "그게 아니구요, 저는 그럴려고 그런 것이 아니구요~" 등의 변명을 하지 않도록 한다. 정중한 느낌을 주는 사과의 표현을 한 후 고객 불만을 경청한다. 특히 고객의 입장이 되어 성의 있는 태도로 듣는 것이 중요하다. 고객의 말을 중도에 끊지 않도록 주의하고 불만의 문제를 정확하게 파악할 수 있도록 한다. 이때 고객이 말하는 도중에 절대로 변명하거나 덮어놓고 반박하지 않도록 한다. 잘 듣는 것만으로도 고객은 50%의 화가 풀릴 수 있다.

(2) 동감 및 이해

어떤 점이 고객을 불편하게 하였는지 불만의 원인을 정확하게 파악해야 해결책을 강구할 수 있다. 업무적으로 화가 난 것인지, 심리적인 것인지, 여러 가지가 복합된 것인지를 메모를 하며 정확한 원인을 찾는다. 이때 메모를 하는 것만으로도 고객은 불만이 해소될 수 있을 것이라는 기대감을 갖게 한다. "정말 번거로우셨겠습니다", "~때문에 기분 많이 상하셨죠", "많이 속상하셨겠습니다. 진심으로 사과드립니다", "정말로 그러셨겠어요.

저희가 미처 생각을 못했습니다" 등의 고객 관점의 어휘를 사용하여 고객과 대립의 관계가 아닌 고객의 입장에 서서 문제를 해결하고 있음을 고객이 느끼도록 한다. 이때 고객의 말과 감정과 행동에 모두 동조(matching)하는 것이 필요하다. 고객의 감정에 대한 반응은 반드시 고객이 공감받고 있다고 느끼도록 하는 것이 중요하다. 이때 화가 난 고객을 정면으로 대하면 도전적인 인상을 줄 수 있기 때문에 나란히 서거나 대각선으로 응대하는 것이 좋다. 아울러 가능한 빠른 시간 내에 해결하기 위해 고객 불만의 정도에 따라 대책을 강구한다. 불만의 정도가 심한 고객이라면 사람을 바꾸어 응대하는 것도 좋은 방법이다. 물론 불만은 접수한 당사자가 해결하는 것이 원칙이지만 대다수의 고객은 책임자와 문제 해결을 하고 싶어 한다. 이런 경우에 상사에게 고객의 불만 내용을 정확하게 객관적으로 전달하여 고객이 불만 사항을 다시 반복함으로써 더욱 화나는 일이 없도록 주의한다.

(3) 해결 방안 제시

먼저 해결 방안을 찾은 것을 제시한다. 만약 고객의 기대에 미흡한 해결책이라면 사과와 함께 실현 가능한 최선의 대안을 제시한다. 해결 방안을 찾는 데 시간이 걸리거나 다른 고객의 시선이 많이 집중되는 곳에서 군중 심리로 인해 다른 고객들이 영향을 받을 수 있다면 장소를 바꾸어 응대하는 것도 좋다. 다시 한 번 더 정중하게 사과를 드리고 미흡한 해결책을 이해해 주는 경우에는 감사의 인사도 드린다. 마지막으로 고객과의 약속을 성실하게 시행한 후 고객에게 사실 중심으로 명확하게 설명하고 잘못된 내용의 시정 등 결과를 알린다. 이때 고객이 만족했는지를 확인하는 절차가 필요하다. 또한 동일한 불만 고객이 발생하지 않도록 불만 고객을 정보화하여 또 다른 고객 불만을 미연에 방지하고 기내 다른 승무원들과도 정보를 공유한다.

알아볼까요?

기내에서 고객의 불만이 발생하는 원인

▶ 고객의 기대에 미치지 못하는 서비스
▶ 서비스 문제
▶ 불확실한 약속, 다짐, 그리고 약속 불이행
▶ 신뢰감을 주지 못하는 서비스 업무 지식
▶ 책임 전가
▶ 고객이 오해나 오인을 할 소지를 남겼을 경우
▶ 승무원의 불쾌한 언행

3 정중하고 재치있는 객실 서비스 커뮤니케이션 스킬

서비스 커뮤니케이션이란 서비스의 영역에서 고객 또는 동료와 상호작용하며 의사소통하는 관계를 말한다. 따라서 일반적인 커뮤니케이션과 서비스 커뮤니케이션은 분명 차이가 있다. 일반적인 커뮤니케이션은 명확한 의사 전달이 목적이지만, 서비스 커뮤니케이션은 전달하려는 의사를 명확하게 이해시킴은 물론, 그 과정에서 고객을 배려하는 친절함과 정중함이 동시에 같이 전달되어져야 한다. 기내에서도 적절한 서비스 커뮤니케이션은 고객이나 동료와의 친밀감 조성과 함께 자발적인 협력을 얻어낼 수 있을 뿐 아니라 업무를 효율적으로 진행할 수 있도록 해준다.

1) 좋은 말씨 만들기

상냥하게 즐거움을 주는 대화는 가장 좋은 서비스이다. 승무원이 사용하는 언어나 말투는 고객 응대시 가장 기본적이며 중요한 요소이다. 승무원은 대화를 통해 고객의 욕구 또는 불만을 파악하고 그 욕구와 불만을 대화를 통해 충족시킬 필요가 있다. 따라서 승객의 탑승 시부터 하기 시까지의 제반 모든 서비스 과정에서의 대화 기법을 익혀서 사소한 일에서도 항상 적절한 대화가 이루어 질 수 있도록 해야 한다. 아울러 승무원이 사용하는 언어나 말투는 고객 응대의 가장 기본적인 요소이다. 적절치 못한 대화에서 비롯되는 불만이 고객 불만의 상당 부분을 차지할 수 있기 때문에 기내에서 일어날 수 있는 다양한 상황에 올바르게 대처할 수 있는 대화 요령을 습득하는 것은 매우 중요하다.

(1) 서비스 대화의 원칙

❶ 배려(Consideration)

고객에게 초점을 맞추어 대화한다. 고객의 말의 속도가 느리면 느리게, 빠르면 빠르게 조절해서 대화를 나누어야 한다. 고객의 눈높이에 맞추어 고객의 특성에 맞는 용어와 표현을 사용한다. 예를 들면 노인 고객에게는 천천히 정중한 용어로 응대하고, 어린이 고객에게는 좀 더 친밀한 화제와 용어를 찾아 친밀하게 배려하며 대화한다.

❷ 간결(Conciseness)

명확한 발음, 부드러운 음성, 간결하고 논리적으로 전달하는 태도가 필요하다. 불필요하게 반복하거나 장황한 설명을 하는 것은 승객과의 대화를 지루하게 만든다. 특히 목소리가 크거나 말이 길면 설득력과 호소력이 반감되니 작은 목소리로 짧게 말하는 것이 포인트이다. 관련된 사실만을 표현하고 고객에게 불필요한 정보를 주지 않도록 한다. 평소 단문으로 이야기 하고 결론부터 말하며 부연 설명을 하는 등 간결하게 말하는 연습을 하는 것이 많은 도움이 된다. 자주 반복 되는 질문에 대한 응답 내용을 잘 정리해 두는 것도 좋은 승무원의 태도이다.

●●● 질문 내용에 대한 답변 형식

❷ 명확(Clarity)

속도, 억양, 성량을 고객이 듣기 좋도록 조절하고 고객 누구라도 알아들을 수 있는 쉬운 어휘와 용어를 사용하여 말한다. 단어가 어렵거나 내용이 복잡해서 고객이 잘 이해하지 못하는 대화는 의미가 없다. 대화는 말을 잘하는 것 보다 상대가 잘 알아듣도록 말하는 것이 더 중요하다. 따라서 전문 용어의 사용을 자제하고 이해하기 쉬운 용어를 사용하여 명확하고 부드럽게 전달한다.

❹ 정중(Courtesy)

고객과 대화를 할 때는 어떤 표현을 하는가는 매우 중요하다. 고객에게 친밀하되 정중한 표현을 사용하여 대화를 한다. 은어나 속어 같이 특정 집단이 사용하는 말이나 지나친 농담, 말의 의미가 통하지 않게 줄인 말 등의 사용은 금하며 재치 있고 품위 있게 고객과 대화를 할 수 있도록 해야 한다.

2) 서비스 화법

(1) 정중어법의 격률

정중어법의 격률은 고객에게 정중하지 않은 표현은 최소화하고, 정중한 표현은 최대화하는 것이다.

❶ 요령의 격률　고객에게 부담이 되는 표현은 최소화하고, 고객에게 혜택을 베푸는 표현은 최대화한다 - 고객에게 부담이 되는 내용을 말할 때 최대한 간접적인 표현을 사용한다.

　　예 다소 이륙이 늦어져 죄송합니다. 하지만 도착은 정시에 가능하다고 하니 손님의 약속 시간은 충분히 지키실 수 있을 듯 싶습니다.

❷ 관용의 격률　승무원 자신에게 혜택을 주는 표현은 최소화하고, 부담을 주는 표현은 최대화한다 - 고객에게 더 이로울 것이라고 확신되는 일을 강조함으로써, 고객이 선택해야 하는 부담을 승무원이 대신 갖는다.

　　예 고객님, 제가 소음 때문에 잘 듣지 못해서 그러는데 한 번만 다시 말씀해주시겠습니까?

❸ 찬동의 격률　고객을 비난하거나 트집을 잡는 표현은 최소화하고, 승무원이 고객을 칭찬하고 맞장구치는 표현은 최대화한다.

　　예 제가 이제까지 본 아기 중에 제일 예의 바르고 귀여운 아기입니다.

❹ 겸양의 격률　승무원 자신을 칭찬하는 말을 최소화한다.

　　예 죄송합니다. 저희 실수로 불편을 끼쳐드리게 되었습니다. 좌석 배정 착오로 오래 기다리시게 해드려서 죄송합니다. 제가 손님을 좌석까지 직접 안내해 드리도록 하겠습니다.

❺ 동의의 격률　고객과 불일치하는 표현은 최소화하고, 고객과 일치하는 표현은 최대화한다.

　　예 앞의 고객분들부터 식사 주문을 받다 보니 원하시는 식사를 드리지 못해 정말 죄송합니다. 뒤쪽 좌석의 고객들을 위해서 뒤쪽에서부터도 식사 주문을 받도록 해야 한다는 고객님의 말씀에 공감합니다. 아침 식사는 꼭 원하시는 식사를 드실 수 있도록 뒤쪽 승객분들 먼저 주문을 받을 수 있도록 하겠습니다.

(2) 신뢰 화법

상대방에게 신뢰감을 줄 수 있는 대화는 말 어미의 선택에 따라 조금씩 달라질 수 있다. 다까체는 정중한 느낌을 줄 수 있으나 딱딱한 형식적인 느낌을 줄 수 있다. 하지만 요조체의 과다 사용은 대화 전체를 유아적으로 보일 수 있게 하여 신뢰감을 떨어뜨린다. 다까체와 요조체를 7:3의 비율로 적절히 사용한다.

> 예 알았어요.　　☞ 네, 잘 알겠습니다.
>
> 기다리세요　　☞ 잠시만 기다려주십시오.

(3) 의뢰형 화법(레어드 화법)

"~해"라는 명령조의 말을 들으면 반발심이나 거부감이 들기 쉽다. 질문은 상대방의 마음의 문을 연다는 심리학자 레어드에 의한 질문 화법을 레어드 화법이라고도 한다.

> 예 좌석에 돌아가 앉으세요.
>
> 　☞ 이곳에 앉으시면 장비가 고장 날 수 있으니 좌석으로 돌아가 주시겠습니까?

(4) 쿠션 화법

쿠션(Cushion) 표현의 사용으로 고객에게 양해를 구하거나 부탁을 할 때 불쾌감을 덜 주고 부드럽게 전달할 수 있다.

- 실례합니다만
- 번거로우시겠지만
- 죄송합니다만
- 괜찮으시다면
- 양해해주신다면
- 불편하시겠지만

(5) 나 전달법(I-Message)

토마스 고든(Thomas Gordon)이 창시한 효과적 의사 소통 방법으로 '네가 잘못했다'라는 관점의 전통적인 방법을 지양하고 '내가 어떻게 느끼는가'를 말함으로 상대를 존중하며 의사표현을 할 수 있다.

You-Message	손님, 술병이 깨졌네요. 술병은 선반이 아니라 좌석 밑에 보관하셨어야지요.
I-Message	다치지 않으셨습니까? 저희 승무원들이 술병을 좌석 밑에 넣으시도록 다시 한번 더 안내 말씀 드렸어야 했다는 생각이 듭니다. 정말 괜찮으십니까? 다치지 않으셨다니 정말 다행입니다.

(6) 맞장구 화법

고객과 호감가는 대화를 나눌 수 있는 가장 기초적인 대화 요령은 고객의 이야기를 관심 있게 귀담아 들어주는 것이다. 들어 주면서 관심 있게 열심히 듣고 있다는 사실을 알려주는 것이 바로 맞장구이다. 고객과 대화를 나누는 중 고객이 편안함과 친밀함을 느끼게 해주는 것이 바로 대화의 핵심이지만 같은 맞장구를 계속 반복하거나, 타이밍이 맞지 않으면 고객은 오히려 자신의 이야기를 승무원이 제대로 듣고 있지 않다고 판단하여 더 이상 이야기 하고 싶은 의욕을 상실하게 된다. 맞장구는 고객의 이야기를 이해하고 있는 정도뿐만 아니라 '잘 듣고 있다'라는 메시지를 전달해서 더 많은 정보를 이끌어내고 다음 이야기로 쉽게 옮겨갈 수 있게 한다.

(7) 감동을 주는 칭찬 화법

가장 쉽게, 고객과의 대화를 기분 좋고 부드럽게 이어갈 수 있는 것이 바로 칭찬 화법이다. 칭찬에는 상대방에 대한 마음의 배려와 진심이 가장 중요하며, 행위에 대한 표현으로 즉각적으로 격려하며 고객이나 동료가 쑥스럽지 않도록 해야 한다. 칭찬을 할 경우에는 남성은 소유물이나 능력을, 여성은 외모를 칭찬하는 것을 더 선호한다. 이때 막연한 칭찬보다는 구체적인 칭찬을 해야 한다. 소품을 칭찬할 경우에는 그 사람의 안목보다는 인성 자체를 칭찬하는 것이 더 고급스러운 칭찬이다.

> **예** 손님, 넥타이 고르시는 안목이 무척 고상하고 세련되시네요.

3) 유의해야 할 서비스 커뮤니케이션 스킬

- 고객에게 호감을 주도록 한다. 항상 밝고 긍정적인 자세로 대화에 임하도록 하고 고객의 반응을 살펴서 이야기하도록 한다. 공통 화제를 찾아 맑고 명랑한 소리의 크기로 대화를 한다.
- 대화를 나눌 때는 내용도 중요하지만 형식도 중요하다. 따라서 정확한 발음과 쉬운 용어, 존칭어와 경어를 사용하여 고객의 입장을 고려하며 대화하여 고객의 호감과 신뢰를 얻도록 한다. 특히 고객의 행동에는 존경어를 승무원의 행동에는 겸양어를 구사한다.
- 정확한 발음과 적절한 속도 및 부드러운 표정으로 대화하도록 한다.
- 고객과의 거리는 한 팔(1m) 정도 떨어진 거리에서 대화하는 것이 적절하다.
- 불분명한 대화는 삼간다. 즉, "좋다고 생각합니다"보다는 "좋습니다"로 자신있게 말해야 고객이 확신과 신뢰를 가질 수 있다. 특히 상품에 대한 전문 지식은 정확한

숫자 관념을 갖고 부정확한 사실을 단언하지 않도록 한다. 아울러 비굴한 태도는 오히려 고객의 의혹을 살 수 있다.

● 호칭이 서비스의 품격을 높인다. 호칭은 서비스의 첫인상이다. 감정과 생명력을 지니고 대화 전체의 분위기와 서비스의 품격을 좌우한다. 따라서 상대방의 나이, 지위, 상황에 맞춰 적절한 호칭을 구사하는 것이 중요하다. 보편적 호칭은 [성+직함+님] 방식이 무난하며, 서비스 중 계속 반복될 때는 성을 생략해도 좋다. 외국인 승객의 경우는 기내에서 정확한 호칭을 사용할 수 없을 때 「Sir, Ma'am」이 무난하다. 그 외의 경우는 '손님, 사모님' 등의 호칭을 사용하도록 하며 정중하고 예의바른 어조를 유지하는 것이 필요하다.

1인칭	저, 저희, 저희 항공사
2인칭	고객님, 손님, 선생님, 사모님, 사장님
3인칭	저분(저기 계신 분), 아이(아드님, 따님), 노인(어르신), 동반자(같이 오신 손님), 남편(바깥어른), 처(부인, 사모님), 남성(남자 손님), 여성(여자 손님), 공직자나 직함을 가진 경우(직함 + 님), 누구(어느 분), 탑승자(탑승하신 분), 하기자(도착하신 분), 전송자(전송 나오신 분)
외국인 승객	상원의원(Senator), 하원의원(Representative), 대사(Mr. Ambassador) 공사(Mr. Minister), 대학교수(Professor), 의사(Doctor), 박사(Doctor)

알아볼까요?

실전 객실 서비스 커뮤니케이션

▶ Bad Style	▶ Good Style
뭐라구요?	
모르겠습니다.	
뒷손님 지나가시게 좀 비키세요.	
핸드폰 끄세요.	
비상구 주변에는 짐을 두시면 안돼요.	
국내선은 기내식이 없어요.	
스포츠 신문 없는데요.	
만석 예약으로 빈 좌석은 없어요.	

- 승객 앞에서 승무원 상호 간 대화도 서비스의 품위에 관한 척도가 됨을 유의하여 항상 존칭어를 사용하도록 한다.
- 지나친 항공 전문 용어 사용을 지양한다.(Aile Seat, Boarding Pass, Meal, Window Seat, Jump Seat)
- 손님과의 대화 시에는 끝맺음 말은 승무원이 하도록 한다.
- 상황별 경어 사용법

고객을 기다리게 할 때	"죄송합니다만, ○○○한 이유로 지금은 해드릴 수가 없습니다. 잠시만 기다려 주시겠습니까?"
주문받은 내용을 늦게 서비스하는 경우	"오래 기다리셨습니다." "오래 기다리시게 해드려서 죄송합니다."
고객에게 부탁해야 할 때	"죄송합니다만, ○○해 주실 수 있으시겠습니까?" "○○해 주시겠습니까?" "○○을 부탁드려도 되겠습니까?"
승객의 이름을 확인해야 할 때	"실례합니다만, ○○○손님이 되십니까?" "성함을 여쭤봐도 되겠습니까?"
승객이 말한 내용을 확인해야 할 때	"죄송합니다만 한번 더 말씀해 주시겠습니까?" "다시 한번 말씀해 주시겠습니까?" "○○라고 말씀하셨습니까?" "죄송합니다. 잘 못들었습니다만..."
상대방의 의견을 물을 때	"어떠시겠습니까?"
승객이 질문에 대해 답변할 수 없을 때, 모를 때, 즉시 대답할 수 없을 때	"죄송합니다만, 잘 모르겠습니다." "지금 당장 답변 드릴 수 없습니다만, 제가 다시 알아봐드리겠습니다."
승객에게 무리한 부탁 받은 경우	직접적인 표현은 삼가고 우회적인 말을 사용한다. 감정의 대립이 생기지 않도록 반드시 대안을 제시한다. "지금은 다소 곤란합니다만, 곧 알아봐 드리겠습니다." "곤란한 일입니다만, 알아 보겠습니다." "죄송합니다만, ○○는 곤란합니다. ○○는 해드리기 어렵습니다." "다른 △△는 어떻겠습니까?" "죄송합니다만, ○○하기 어렵습니다." "그렇게 하기는 곤란합니다. 죄송합니다."

고객 응대 시 대화의 포인트

1. 절대 No라고 말하지 않는다.
2. 고객의 수준에 맞는 용어를 사용한다.
3. 외국어나 전문 용어를 가능한 사용하지 않는다.
4. 알아듣기 쉬운 속도와 적절한 어조로 이야기 한다.
5. 고객의 말을 잘 듣고 정확하게 이해하는 센스를 키운다.
6. 고객이 말한 내용은 반드시 다시 한번 재확인한다.
7. 고객이 말한 내용은 잊지 않고 메모하여 서비스한다.
8. 고객에게 회사, 동료, 타 고객에 대한 험담은 절대 하지 않는다.
9. 고객을 설득시키거나 교육시키려는 태도를 보이지 않는다.
10. 특정 고객과 장시간 대화하지 않도록 한다.
11. 고객을 의심하는 대화, 고객을 무시하며 밝혀내는 대화, 승무원 정당화, 고객 비난에 흥분하기, 불
    문명한 발음과 속어, 사투리, 유행어는 사용하지 않도록 한다.
12. 고객과 반대되는 의견 제시로 고객에게 반감을 사지 않도록 한다.
13. 가능한 한 승객 모두와 한마디 이상의 대화를 갖도록 하기 위해 노력한다.

4) 경청 스킬

(1) 1, 2, 3 기법의 활용

승무원은 1번 말하고, 고객의 말을 2번 들어주며, 3번 이상 맞장구를 쳐준다.

(2) 공감적 경청

고객의 말, 의도, 감정을 이해하기 위해서는 마음으로 듣고 마음에서 우러나오는 대답을 해야 한다. 단순히 듣는 것이 아닌, B. M. W에 맞게 응대한다. B(Body), M(Mood), W(Word)시 B는 표정이나 눈빛, 자세나 움직임에서 M은 말투나 음정, 음색, 말의 빠르기나 높낮이, W는 실제 말의 내용적인 면에서 고객의 입장에 서서 고객을 존중하며 고객이 원하는 것이 무엇인지 집중하여 듣는 공감적 경청을 말한다.

(3) 적극적 경청

감각, 태도, 신념, 감정, 직관을 말하는 사람 중심으로 듣는다.

- 환언 　고객의 말을 잘 이해했음을 확인시켜주기 위해 상대방의 메시지를 다시 들려준다.(손님, 주스 한잔과 물 한잔 가져다 달라고 하신 것 맞으시지요?)
- 요약 　메시지의 전체적인 이해 내용을 전달한다. (기내 면세품으로 000 1병, 000 3개를 주문하셨는데, 현재 승무원에게 받으신 물품이 000 2병만 전달 받으셨다는 말씀이신가요?)
- 감정을 반영한 반응 　상대방의 감정에 세심한 주의를 기울이고 있음을 알게 한다.(죄송합니다 손님, 승무원 호출버튼에 불이 들어 온 것을 미처 보지 못해서 바로 응대해드리지 못해 죄송합니다. 오래 기다리시게 한 점 다시 한번 사과드리고 바로 시원한 물 준비해 드리겠습니다. 혹시 다른 것 또 필요하신 것 없으십니까?)

(4) 질 문

상대방의 말을 잘 듣는 좋은 방법 중 하나가 바로 질문이다. 이해하지 못한 부분의 이해도를 높일 수 있고 오해의 소지나 왜곡의 여지가 있는 부분을 확인함으로써 상호 간에 신뢰를 쌓을 수 있다.

> 예 　손님을 도와드리기 위해서는 제가 알아야할 것이 있습니다만, 어떻게 번거로우시겠지만 질문 몇 가지 해도 괜찮으시겠습니까?

5) 객실 서비스 절차별 대화 스킬

(1) 국내선 서비스 절차별 대화

❶ Ground Service

승객 탑승 시 밝은 미소와 활기 띤 어조로 환대의 마음을 나타내는 것이 가장 중요하다. 특히 승객 탑승 중에는 도울 일이 없는지 적극적인 응대 자세로 고객을 맞이해야 한다. 승객에 대한 배려와 서비스를 잊지 말고 항상 정중한 표현을 하도록 해야 한다.

✈ 승객 탑승

- 안녕하십니까? (어린이: 안녕하세요?)
- 어서오십시오. 탑승권을 보여 주시겠습니까?
- 손님 좌석은 왼쪽 뒤편입니다.

승 객　부산 가는 비행기 맞아요?

승무원　네, 맞습니다. (비가(눈이) 많이 와서 미끄럽습니다. 조심히 올라오십시오)
　　　　문턱이 미끄러우니 조심하십시오. 탑승권을 보여주시겠습니까?
　　　　손님 좌석으로 안내해 드리겠습니다.

알아볼까요?

▶ 탑승 지연 시 응대법

승무원 어서오십시오, 탑승 지연으로 오랫동안 기다리셨습니다.

▶ 좌석안내

승 객 좌석을 잘 모르겠어요.

승무원 탑승권을 보여주시겠습니까? 제가 안내해드리겠습니다. 이쪽으로 오십시오(짐 드시는 것을 제가 도와드리겠습니다). 손님 좌석은 20A번이시고 창 측이십니다. 가지고 계신 짐은 깨지는 물건이 아니시면 제가 머리 위 선반 위에 올려드리겠습니다.

▶ 기내의 온도문의

승 객 기내가 더운 것(추운 것) 같습니다.

승무원 알겠습니다. 제가 온도를 확인해보고 조절해 드리도록 하겠습니다. 잠시 후 이륙 후에는 곧 시원해지실 겁니다. 그동안 시원한(따듯한) 생수(담요)라도 가져다 드릴까요?

승객 탑승 안내 ▶

✈ 신문 서비스

승 객 신문 좀 볼 수 있을까요?

승무원 네, 어떤 신문으로 서비스해 드릴까요? 말씀하신 ○○신문 여기 있습니다.

즐거운 여행되십시오.

알아볼까요?

▶ 승객이 원하는 신문이 없을 때

승무원 죄송합니다만, ○○일보는 지금 모두 서비스 되었습니다. 대신 **일보는 어떠십니까? 보고 계시는 동안 여분의 ○○일보가 있는지 다시 한 번 확인해 보겠습니다. 만약 괜찮으시면 다른 손님들이 보신 신문이라도 갖다 드리겠습니다. 잠시만 기다려 주시겠습니까? 그동안 ○○잡지라도 보시겠습니까?

신문 서비스 ▶

✈ 좌석 벨트(Seat Belt) 확인

승무원   실례합니다만 손님, 저희 비행기는 곧 이륙합니다. 좌석 벨트를 매주시겠습니까?

승 객   좌석 벨트를 어떻게 매는 거지요?

승무원   제가 도와드리겠습니다. 이렇게 매시면 됩니다. 그리고 풀 때는 이렇게 푸시면 됩니다.

승 객   그런데, 아기는 어떻게 매죠?

승무원   네, 손님께서 아기와 함께 좌석 벨트를 매지 마시고 손님께서만 좌석 벨트를 매시고 그 위로 아기를 안으시면 됩니다. 좌석 벨트 착용 표시등이 꺼질 때까지는 아기를 꼭 안고 계시기 바랍니다. 아기와 함께 벨트를 매시면 아기에게 엄마의 체중이 실리게 되어 무척 위험합니다.

> ▶ **유아용 벨트가 있는 경우**
>
> **승무원**   여기 유아용 좌석 벨트가 있으니 사용하시길 바랍니다. 사용 방법은 이렇게 하시면 됩니다. 아기가 참 귀엽게 생겼습니다. 다른 도와드릴 일은 없으십니까? 언제든지 불편하신 사항 있으시면 말씀해주시길 바랍니다.

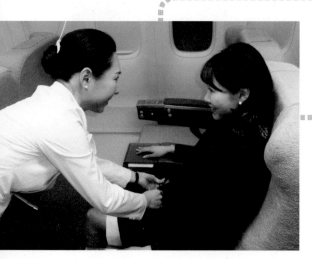

◀ 좌석벨트 착용 안내

✈ 이륙 준비

승무원   비행기가 이륙한 후에 테이블을 사용해 주시겠습니까? 이착륙 시에나 비행기 급제동 시에 다치실 염려가 있습니다.

죄송합니다만, 테이블과 좌석 등받이를 제자리로 세워 주시겠습니까? 저희 비행기는 곧 이륙할 예정입니다. 좌석 벨트를 매 주십시오.

알아볼까요?

▶ **항공기 비상구 및 통로**

승무원 죄송합니다만 이 짐은 손님의 짐입니까?

승 객 네, 그런데요.

승무원 이곳 비상구 출구는 손님 여러분의 안전을 위해 항상 비워져 있어야 합니다. 불편하시더라도 좌석 밑이나 머리 위 선반 속으로 짐을 넣어 주시겠습니까?

승 객 둘 곳이 없어서 그래요.

승무원 그럼, 이 짐을 뒤 쪽에 보관해 드릴 테니, 내리시기 전에 꼭 확인해 주십시오.

승 객 그렇게 해주세요.

승무원 네. 잘 알겠습니다. 도착 후에 바로 갖다 드리도록 하겠습니다. 혹시 내리실 때에 잊으시지 않도록 꼭 확인 부탁드립니다. 혹시 귀중품이나 깨질 물건은 없으십니까?

❷ In Flight Service

비행 중 서비스 되는 음료 등을 적극적으로 서비스하고, 세련된 매너와 적절한 대화 등을 할 수 있도록 한다. 정보 전달 시에는 승객이 신뢰감이 들 수 있도록 정확하고 자신감 있게 전한다.

✈ 이륙 후 좌석 벨트 착용 방송

승 객 비행기가 많이 흔들릴 모양이죠?

승무원 아닙니다. 목적지까지 가시는 동안의 기상 상태는 매우 좋습니다만, 혹시 예기치 못한 비상 상황을 대비해서 손님을 보다 안전하게 모시기 위해서입니다. 비행기가 이륙한 후에도 (좌석 벨트 표시등이 꺼진 후에도) 가끔 갑작스런 기류 변화로 흔들릴 경우도 있으니 가급적 착석 중에는 약간 느슨하게 해서 좌석 벨트를 가볍게 매고 계시기 바랍니다.

▲ 좌석 벨트 표시등

✈ 음료 서비스

승무원   손님, 오렌지 주스, 콜라, 생수와 커피가 준비되어 있습니다. 어느 것으로 드
　　　　시겠습니까?

승　객   커피주세요.

승무원   설탕과 크림이 필요하십니까?(설탕과 크림을 넣어 드십니까?)

　　　　여기 있습니다. 맛있게 드십시오.

승　객   그런데, 귀가 아픈데 어떻게 하면 좋을까요?

　　　　귀가 멍멍하거나 아플 때는 물이나 사탕이 효과적입니다. 한번 드셔보시겠습니까?

알아볼까요?

▶ 서비스 되지 않는 음료를 승객이 주문할 경우

승　객   망고 주스 있습니까?

승무원   죄송합니다. 망고 주스는 준비되어 있지 않은데요. 대신 오렌지 주스는 어떠십니까? 그 외에
　　　　도 콜라나 생수, 커피도 있습니다만, 어느 것으로 드시겠습니까?

승　객   그냥 오렌지 주스 주세요.

승무원   네, 알겠습니다. 곧 갖다 드리겠습니다. 혹시 다른 필요하신 것은 없으십니까?

▲ 음료 서비스

✈ Used Cup Collection

승무원   음료 한잔 더 드시겠습니까? 컵을 치워드려도 되겠습니까? 다른 필요한 것
　　　　은 없으십니까? 치워 드리겠습니다.

✈ 독서 등 서비스

승무원   실례합니다. 손님, 제가 독서등을 켜 드릴까요?

알아볼까요?

▶ **독서등 조작이 서툰 승객에게**

승무원 손님, 제가 켜 드리겠습니다. 이렇게 누르시면 됩니다. (다시 누르시면 꺼집니다.) 즐거운 시간 보내십시오.

독서등 서비스 ▶

✈ Give Away 요구 승객 응대

승무원 손님, 대단히 죄송합니다. 기념품이 부족해서 괜찮으시면 나중에 댁으로 우송해 드리도록 하겠습니다. 양해해 주셔서 감사합니다.

오늘 어린이 승객이 많이 탑승하신 관계로 선물이 부족합니다. 죄송하지만 여기에 자제분 이름과 주소를 적어주시면 댁으로 우송해 드리도록 하겠습니다. 그 밖에 혹시 더 필요하신 것은 없으십니까?

❸ After Landing

감사와 즐거운 여행의 표현이 담긴 대화와 함께 미소 띤 얼굴로 승객들에게 자연스럽게 인사해야 한다.

✈ Taxing 중 이동 승객 응대

승무원 죄송합니다만, 비행기가 이동 중이라 위험합니다. 좌석에 앉으셔서 안전하게 정지할 때까지 잠시만 기다려 주시겠습니까? 협조해 주셔서 감사합니다. 안전을 위해 비행기가 완전히 정지할 때까지 좌석에 앉아서 기다려 주십시오.

알아볼까요?

▶ **Taxing 중 이동 승객**

승무원 아직 비행기가 이동 중입니다. 비행기가 완전히 정지하고 저희 승무원들이 안내해드릴 때까지 자리에 앉으셔서 잠시만 기다려 주십시오. 협조해 주셔서 감사합니다. 비행기가 아직 이동 중이라 급정지 시 위험합니다. 좌석에 앉으셔서 비행기가 완전히 멈출 때까지 기다려 주십시오. 비행기가 이동 중일 때는 서 계시거나 움직이시면 위험합니다. 갑자기 속도를 줄이거나 멈추게 되면 다치실 수 있습니다. 좌석에 앉아 주시겠습니까?

✈ Farewell

승무원 감사합니다. 안녕히 가십시오. 돌아오실 때까지 즐거운 여행하시고 건강하게 지내시길 바랍니다.

다음에 다시 만나 뵙게 되기를 바랍니다.

승무원 오시면서 불편하신 점은 없으셨습니까? 편안한 여행되셨습니까? 긴 시간이라 많이 힘드시지는 않으셨는지요! 즐거운 여행되십시오.

알아볼까요?

▶ **승객의 Door Side 점유**

승무원 죄송합니다만, 이곳은 비상탈출 구역으로 승무원이 착석하는 곳입니다. 불편하시더라도 손님 좌석에서 쉬어 주시길 부탁드립니다. 제가 따뜻한 차 한잔 가져다 드리겠습니다. 이 안에는 비상 시 사용할 미끄럼대가 장착대어 있습니다. 이 곳에 앉으시면 이 탈출 장비가 고장이 날 수 있습니다. 손님 좌석으로 돌아가 주시겠습니까?

▶ **이착륙 중 서비스 요구**

승무원 네, 손님 잘 알겠습니다. 비행기가 곧 이륙(착륙)한 후에 가져다 드리도록 하겠습니다. 기다려 주셔서 감사합니다.

▶ **Seat Duplication**

승무원 대단히 죄송합니다. 저희 항공사의 실수로 불편을 끼쳐드리게 되었습니다. 이곳에서 잠시만 기다려 주시기 바랍니다. 제가 곧 알아봐 드리겠습니다. 좌석 배정에 착오가 생긴 것 같습니다. 잠시만 기다려 주시면 확인 후 좌석을 옮겨 드리도록 하겠습니다. 불편을 끼쳐드려 대단히 죄송합니다. 오래 기다리셨습니다. 제가 좌석으로 안내해 드리겠습니다. 이쪽으로 오시겠습니까? 25C 통로 측 좌석이 비었습니다. 괜찮으시다면 제가 그 자리로 안내해 드리겠습니다.

▶ **다른 좌석에 앉은 승객**

승무원 실례합니다 손님, 탑승권을 보여주시겠습니까? 이 손님께서도 같은 자리를 받아오셨는데 제가 탑승권을 확인해 드리겠습니다. 손님, 좌석은 바로 한 칸 뒤입니다. 제가 짐을 뒤로 옮겨 드리겠습니다. 이쪽으로 오시겠습니까?

승 객 혹시 다른 좌석은 없나요?

승무원 아직 승객들의 탑승이 끝나지 않았습니다. 탑승이 끝난 후에 빈자리가 있는지 제가 알아봐 드리도록 하겠습니다. 죄송합니다만 지금은 원래의 좌석에 앉아주시길 바랍니다. 감사합니다.

▶ **음료를 엎질렀을 때**

승무원 대단히 죄송합니다. 제가 닦아드리겠습니다.

정말 죄송합니다. 이것은 저희 회사에서 발급하는 세탁권입니다. 저희 항공사 지점이나 카운터에 제시하시면 금액을 보상 받으실 수 있습니다. 다시 한 번 정말 죄송한 사과 말씀 드립니다.

▶ **술병을 선반 위에 올리는 승객**

승무원 죄송합니다만, 술병을 선반 위에 겹쳐 올리시면 떨어질 염려가 있으니 좌석 밑에 보관해
주시겠습니까? 감사합니다. 즐거운 여행되시기 바랍니다. 안쪽으로 밀어 넣으시면 발을
뻗으시는 데 불편함이 없으실 겁니다.

▶ **유아동반 승객**

승무원 어서 오십시오. 아기가 참 예쁘네요. 제가 유모차
를 보관해 드리겠습니다. 기내에 유아용 요람이 준
비되어 있으니까 필요하시면 말씀해 주십시오. 장
착은 이착륙 단계의 안전을 위해 이륙 후 설치해
드리겠습니다. 유모차는 접어서 안쪽 옷장(coat
room)에 보관해 드리겠습니다. 내리실 때는 가져

▲ 아기 요람(Baby Bassinet)

가실 수 있도록 준비해 드리겠습니다. 그리고, 기내에
아기 기저귀, 분유, 젖병 등이 준비되어 있으니 필요하신 것이 있으시면 언제든 말씀해 주십시오.

▶ **지연 출발**

승무원 저희 비행기는 정비상의 문제로 출발이 잠시 지연되고 있습니다. 죄송합니다만 잠시
만 기다려 주시겠습니까? 기다리시는 동안 시원한 음료수 한잔 드시겠습니까?
항공기 정비 관계로 잠시 지연되고 있습니다. 대단히 죄송합니다만, 안전을 위한 조치이
니 양해해 주시길 바랍니다. 기다리시는 동안 시원한 음료 한잔 하시겠습니까?

(2) 국제선 서비스 절차별 대화

❶ Ground Service

✈ 통과여객 탑승 응대

승무원 어서오십시오. 오랫동안 기다리셨습니다. 많이 지루하시지는 않으셨습니
까? 기다리시는 동안 불편하신 점은 없으셨습니까?

✈ 신문 잡지 서비스

승 객 신문 좀 주세요.

승무원 네, 어떤 신문으로 드릴까요? 말씀하신 신문 서비스 해드리겠습니다. 혹시
잡지는 필요하지 않으십니까?

❷ In-Flight Service

✈ 타월(Towel) 서비스

승무원 실례합니다. 타월 서비스 해드리겠습니다. 타월이 뜨거우니 조심하시기 바랍니다.

✈ 식전주 서비스(Aperitif Service)

승무원 손님, 주스류과 칵테일, 위스키, 꼬냑 등이 준비되어 있습니다. 식사 전에 음료수 한잔 드시겠습니까?

승 객 칵테일은 어떤 것이 있습니까?

승무원 진토닉, 스크루 드라이버, 블러드 메리 등이 있습니다. 그 외에도 손님께서 드시고 싶은 칵테일을 말씀해주시면 저희가 정성껏 만들어 드리도록 하겠습니다.

승 객 잘 모르겠는데요. 아무거나 주세요.

승무원 부드럽게 식사 전에 입맛을 돋우시기에는 스크루 드라이버가 괜찮을 것 같습니다. 아니면 진토닉을 연하게 해서 한잔 드시는 건 어떨까요? 손님, 음료 여기 있습니다. 맛있게 드십시오.

✈ 식사 서비스(Meal Service)

승무원 손님, 식사 준비됐습니다. 테이블을 펴 주시겠습니까?

승 객 메뉴가 뭐죠?

승무원 생선 구이 요리와 비빔밥 두 가지가 있습니다.

승 객 생선은 어떤 종류입니까?

승무원 타임 허브로 향을 낸 광어 구이요리입니다. 맛이 담백하고 살코기만 기름에 살짝 익혀 드시기에 좋습니다.

승 객 한식을 먹고 싶은데...

▲ 신문 · 잡지 서비스

▲ Aperitif Service

승무원 그럼 비빔밥 어떠십니까? 비빔밥 준비해드리겠습니다. 식사와 함께 음료는 어떤 것으로 하시겠습니까? 식사와 함께 와인 한잔 하시겠습니까? 맛있게 드십시오.

알아볼까요?

▶ 맥주를 드시는 승객응대

승무원 적포도주와 백포도주가 준비되어 있습니다. 소고기와 잘 어울리는 적포도주 한잔 하시겠습니까? 다른 필요한 것은 없으십니까? 맛있게 드십시오.

▶ 주문 식사가 소진 되었을 때

승무원 대단히 죄송합니다. 마침 비빔밥이 모두 서비스 되었습니다. 대신 타임 허브로 향을 낸 광어 구이요리는 어떠십니까? 그리고 아침 식사에는 꼭 원하시는 식사를 드실 수 있도록 먼저 주문을 받을 수 있도록 하겠습니다. 혹시 필요하신 것은 없으십니까? 죄송합니다만 손님께서 주문하신 ○○이 전부 소진 되었습니다. 잠시 기다려 주시면 혹시 여유분이 있는지 제가 확인해 보겠습니다.

▲ 식사 서비스

✈ Tray Collection

승무원 맛있게 드셨습니까? 식사는 어떠셨습니까? Tray를 치워드려도 되겠습니까?

더 필요한 것은 없으신지요. 식사를 다 드셨습니까? Tray를 다 치워드릴까요? 조금밖에 못 드셨네요! 혹시 어디 불편한 데라도 있으십니까? 다른 것 필요하신 것은 없으십니까? 혹시 필요하신 사항 있으시면 언제든 말씀해 주시길 바랍니다.

✈ 입국서류 안내 서비스(Entry Document Service)

승 객 승무원, 입국 시 세판 규정이 어떻게 됩니까?

승무원 네. 술 ○ 병, 담배 ○ 보루, 향수 ○ 온스(oz)까지는 면세 혜택을 받으실 수 있습니다. 비거주거자인 경우 미화 ○ 불에 상당하는 기타 물품을 추가로 반입이 허용됩니다.

승 객 사실은 액수가 약간 초과된 것 같은데 어떻게 됩니까?

승무원 조금 초과된 부분에 대해서는 대체로 면세 범위로 허용되는 예도 있습니다만, 규정은 면세 범위가 초과된 물품에 대해 ○○% 세금을 내도록 되어 있습니다.

승무원 여기 신고서 뒷면에 있는 통관 금지 물품이 없는지 살펴보시고 내용물의 총 가격이 미화 ○○불 이상일 경우는 세관 신고서 뒷면에 기입하셔야 합니다. 작성하시면서 궁금하신 사항이 더 있으시면 언제든지 말씀해 주십시오. 입국에 필요한 자세한 사항은 잠시 후 방송을 통해 안내해 드릴 예정이니 참고 하시길 바랍니다.

✈ 기내 판매 서비스(In-flight Sales Service)

승무원 필요하신 물건 있으십니까? 기내 (면세품) 판매입니다. 주류, 담배, 향수 등이 있습니다.

승 객 부탁이 있는데 면세품 판매는 언제 합니까? 꼭 필요한 물품이 있는데, 지금 주문해도 될까요?

승무원 예. 지금 주문하셔도 좋습니다만, 괜찮으시다면 식사 후에 곧 기내 판매가 시작될 예정이니 그때 구입하시면 어떠시겠습니까? 이 노선은 충분한 물량과 판매시간이 있습니다.

승 객 그래도 혹시 모르니 여기 메모한 내용을 한번 확인해 주세요.

승무원 네, 잘 알겠습니다. 손님께서 원하시는 물품이 충분히 탑재되어 있는지 곧 확인해서 곧 알려 드리겠습니다. 잠시만 기다려주십시오.

승 객 샤넬 향수 있습니까?

승무원 예, 있습니다. No. 5와 No. 19 두 종류가 있습니다. 어느 것으로 하시겠습니까?

승 객 작은 것이 몇 번이죠?

승무원 No. 5를 말씀하시는군요. 죄송합니다. 지금 여기에는 남은 물품이 없습니다만, 곧 확인해서 알려드리도록 하겠습니다.

승무원 손님, 죄송합니다만, 재고가 없습니다. 선물하실 경우에 젊은 분이시라면 No. 19도 좋습니다만, 어떠십니까?

알아볼까요?

▶ **주문(복창)확인과 다른 주문의 여부**

승무원 ○○ 위스키 2병 주문하셨습니다. 또 다른 필요한 물건은 없으십니까?

▶ **지불 통화의 확인**

승무원 계산은 무슨 돈으로 하시겠습니까? 원화(미화)로 하시겠습니까? 죄송합니다만, 이곳 현지 화폐는 저희 항공사에서는 받고 있지 않습니다.

▶ **합계 금액 설명**

승무원 전부 ○○ 원입니다. 미화(US달러)로는 ○○불입니다.

▶ **대금 수수**

승무원 100$ 받았습니다. 술 2병, 담배 1보루 여기 있습니다. 감사합니다.

▶ **거스름돈 확인**

승무원 거스름돈은 ○○$입니다. 감사합니다.

✈ 영화 상영(In-flight Movie & Rest)

승 객 승무원, 오늘 상영하는 기내 영화 제목이 뭐죠?

승무원 오늘 상영될 영화는 모두 두 편입니다. 처음 서비스되는 영화는 Disney사가 제작한 ○○○○이고, 또 한 편은 Paramount가 제작한 △△입니다.

승 객 ○○는 내용이 어떤거죠?

승무원 액션 모험 영화입니다. 자세한 내용은 기내잡지인 ○○○○지에 설명되어 있습니다. 제가 페이지(해당란)를 찾아 드리겠습니다.

승 객 언제쯤 시작합니까?

승무원 앞으로 약 2시간 후에 상영될 예정입니다. 상영하기 직전에 다시 한 번 방송으로 안내해 드리겠습니다.

승무원　손님, 잠시 후에 기내영화를 상영할 예정입니다. 죄송합니다만 창문 커튼을 내려 주시겠습니까?

승　객　아이가 창밖을 내다보고 싶어 하네요.

승무원　그럼, 주변 승객들이 영화를 볼 수 있도록 조금만 열어 두면 어떻겠습니까?

승　객　네, 그렇게 할게요.

승무원　감사합니다. 아이가 참 귀엽게 생겼습니다. 호기심이 많은 것 같군요(지루한가 보군요). 아이가 가지고 놀 장난감(퍼즐)이 있는데 갖다 드리겠습니다.

승무원　실례합니다 손님, 잠시 후에 영화를 상영할 예정입니다. 곧 객실 조명을 끌 예정입니다. 제가 독서등을 켜 드릴까요?

[Light 조작이 서툰 승객에게는]

승무원　제가 켜 드리겠습니다. 이렇게 누르시면 됩니다. 즐거운 시간 보내십시오.

✈ Cabin Patrol(Walk Around) 및 Refrechment Service

승　객　여기 맥주 좀 더 갖다 줘요. 잠을 자야 하는데 잠이 오질 않는군요.

승무원　네. 잘 알겠습니다, 손님. 편히 쉬실 수 있으시면 좋으실텐데요.

승　객　맥주를 몇 잔 마셔도 잠이 오지 않아 걱정입니다.

승무원　(맥주를 갖다 드리며) 우선 담요로 발을 따뜻하게 하시면 훨씬 도움이 되실 겁니다.

승　객　고마워요. 그렇게 해보죠.

승무원　맥주보다 다른 음료를 제가 한번 만들어 드릴까요? 여기 이 음료는 뜨거운 물에 꼬냑과 레몬즙을 조금씩 넣은 것인데, 따뜻할 때 천천히 드셔 보십시오. 그리고 눈가리개(Eye Mask)는 주무실 때 필요하시면 사용하시기 바랍니다.

승무원　실례합니다. 혹시 도와드릴 일은 없으십니까?

승　객　네. 조금 지루하군요. 얼마나 남았죠?

승무원　앞으로 7시간 정도만 가시면 됩니다. 저희 기내에는 가볍게 읽으실 수 있는 최근 베스트셀러 서적을 비치하고 있습니다만, 혹시 읽어보시겠습니까?

승　객　어떤 작품들이 있습니까?

승무원　잠깐만 기다려 주십시오. 제가 안내서를 갖다 드리겠습니다. 여기 안내서가 있습니다. 필요하신 책이 있으면 언제든 말씀해 주십시오.

✈ 2nd Service 전 Aperitif 주문 서비스

승무원 편히 쉬셨습니까? 곧 아침식사를 드리겠습니다. 식사하시기 전에 음료수 한
잔 드시겠습니까?

❸ Landing 후 상황별 대화

승무원 장거리 여행 오시느라 피곤하시지요.(오시는데 불편한 점은 없으셨습니까?
장거리 비행에 오시느라 힘드셨지요?)

승 객 괜찮아요. 덕분에 잘 왔어요!

승무원 감사합니다. 두고 내리시지 않도록 (잊으신 물건은 없는지) 여권 등 귀중품
을 다시 한 번 확인해 주시기 바랍니다. 혹기 맡기신 짐은 없으십니까?

승무원 감사합니다. 안녕히 가십시오. (감사합니다. 안녕히 다녀오십시오.) 함께 해
주셔서 감사합니다. 즐거운 여행 되십시오. 장거리 여행에 오시느라 피곤하
시지요? 다시 만나 뵙게 되기를 진심으로 바랍니다.

알아볼까요?

▶ **만취 승객의 술 요구**

승무원 손님, 기내에서의 지나친 음주는 지상과 달리 체내 흡수가 빨라 피로를 가중시킵니다. 조
금 주무시고 나중에 다시 드시면 어떠시겠습니까? 술을 많이 드신 것 같습니다. 기내는
지상보다 빠르게 취하시니 그만 드시는 것이 좋을 것 같습니다. 대신 시원한 불이나 커피
따뜻한 차 한잔 어떠십니까?

4 정중하고 재치 있는 객실 서비스 커뮤니케이션 스킬 계발 방법

1) 승객 응대

고객이 항공기에 탑승합니다. 승객과의 첫 만남은 중요한 순간입니다. 어떻게 하면 승객을 보다 반갑게 맞이할 수 있을까요?

(1) 방 법

"안녕하십니까? 어서 오십시오."

밝은 첫 인상	도움이 필요한지 상황 판단	고객의 상황별 욕구 충족
• 안녕하십니까? • 어서 오십시오. • 탑승을 환영합니다. • 정성껏 모시겠습니다. • 좌석을 안내해 드리겠습니다. • 아기가 참 예쁘네요.	• 제가 도와드리겠습니다. / 제가 도와드릴까요? • 날씨가 더운데 시원한 음료수 한잔 드릴까요? • 유모차를 보관해 드릴까요?	• 손님 짐은 제가 들어 드리겠 습니다. • 코트를 보관해 드리겠습니다. 착륙 직전에 갖다 드리겠습니다. • 유모차는 앞쪽 옷장에 보관 해 드리겠습니다. • 제가 이륙 후 아기 요람을 설치해 드리겠습니다.

(2) 사 례

짐을 보관하려는데 곤란한 표정을 짓고 있는 승객

승무원 안녕하십니까? 담당 승무원 ○○○입니다.

승 객1 짐을 선반 위에 넣고 코트도 보관해야 하는데요.

승무원 제가 도와 드리겠습니다.

승 객1 다른 사람의 코트가 있네요.

승무원 앞 좌석 손님의 코트인 것 같습니다.

        ……

승 객1 그런데요? 어떻게 하면 좋죠?

승무원 손님의 코트는 구겨지지 않게 제가 옷장에 보관해 드리겠습니다.

승 객 1   그렇게 해주시겠어요?

승무원   비행 중에 필요한 물건이나 귀중품이 주머니에 있으십니까?

승 객 1   없어요.

승무원   제가 자켓을 코트 룸에 보관해 드리고 도착 후 가져다 드리겠습니다. ……

손님의 짐은 이곳에 보관하시면 됩니다. 제가 도와 드리겠습니다. 편안한 여행 되십시오.

2) 승객의 주문 응대

승객이 요구하시는 물건이 서비스되고 없거나 혹은 탑재되지 않는 경우 어떻게 응대 하면 좋을까요?

(1) 방 법

"승무원, ○○좀 주시겠어요?"

있다면	탑재되지 않는다면	모두 서비스되고 없다면
즉시 해결해 드린다.	원하는 Item이 없는 것에 대해 사과하고 대체 Item을 제시한다. 만족 여부를 확인한다.	원하는 Item을 구하기 위해 최선을 다한 후 없으면, 정중히 사과하고 대체 Item을 제시한다.
• 네. 알겠습니다. ○○를 곧 가져다 드리겠습니다. 잠시만 기다려 주시겠습니까?(메모한다) • 여기 있습니다. (맛있게 드십시오) 더 필요하신 것은 없으십니까?	• 손님. 대단히 죄송합니다만, ○○는 탑재되지 않습니다. (준비되지 않습니다) 대신 □□나 △△는 어떠십니까? 괜찮으시다면 △△를 드리겠습니다. 더 필요하신 것은 없으십니까?	• 손님, 곧 알아보고 오겠습니다. 잠시만 기다려 주시겠습니까? 손님 죄송합니다. ○○은 모두 서비스되고 남아 있는 것이 없습니다. 대신 ○○와 비슷한 □□는 어떠십니까? □□는 괜찮으셨습니까? 더 필요하신 것은 없으십니까?

(2) 사 례

❶ 항공기에 탑승하자마자 물을 달라고 하는 경우

승 객   아가씨, 나 지금 물 한잔 먹을 수 있어요?

승무원   네. 알겠습니다. 곧 갖다 드리겠습니다.

여기 있습니다. 시원하게 드십시오. 더 필요하시면 언제든지 말씀해 주십시오.

❷ 탑승 후 스포츠 신문이 모두 서비스 되고 없는 상황에서 스포츠 신문을 요구하는 경우

승 객 승무원, 조금 전에 비행기 타면서 보니까 스포츠 신문이 없어서 못 가져 왔는데 나 스포츠 신문 하나만 갖다 줘요.

승무원 네. 알겠습니다. 곧 알아봐 드리겠습니다. 잠시만 기다려 주시겠습니까?

......

승무원 손님, 대단히 죄송합니다. 마침 스포츠 신문이 모두 서비스되고 남은 것이 없습니다. 제가 다른 손님이 보신 스포츠 신문을 가져다 드려도 괜찮으시겠습니까? 기다리시는 동안 다른 신문이라도 보시겠습니까?

여기 있습니다.

승무원 오래 기다리셨습니다. 스포츠 신문 여기 있습니다. 더 필요하신 것은 없으십니까?

3) 불만승객 응대

승객이 요구하는 바를 충족시키지 못했거나 오해로 인해 승객의 불만이 발생했을 경우 어떻게 해결하면 좋을까요?

(1) 방 법

"도대체 이게 뭐예요!" 고객의 말씀 경청	수긍과 문제 해결을 위한 노력, 문제 해결	후속조치의 지속적인 확인
• 아, 네 그러셨군요…… • 네, 그러셨습니까?	• 네, 이해가 됩니다. 정말 죄송합니다. 제가 곧 정확한 사실을 알아봐 드리겠습니다. • 네, 대단히 죄송합니다. 바로 시정하도록 하겠습니다. • 그런 일이 있으셨습니까? 정말 죄송합니다. 제가 곧 손님께서 쉬실 여유 좌석을 알아보고 오겠습니다. 잠시만 기다려 주십시오. • 승무원 호출 신호를 듣지 못해 오래 기다리시게 해서 대단히 죄송합니다. 제가 바로 갖다 드리겠습니다.	• 옮기신 자리는 마음에 드십니까? 더 필요하신 것은 없으십니까? • 이륙은 조금 늦었지만 도착은 정시에 할 수 있을 것이라고 합니다. 다시 한번 심려 끼쳐 드린점 사과드립니다. 음료 한 잔 더 드시겠습니까? 필요한 것이 있으시면 언제든 불러 주십시오. 편히 쉬셨습니까? • Eye Mask를 일찍 준비해 드렸으면 더 많은 휴식을 취하셨을 텐데 사과드립니다. 시원한 음료 한잔 준비해 드릴까요? 더 필요하신 것은 없으십니까?

(2) 사 례

늦게 Check-In 한 승객의 탑승을 기다리느라 출발이 늦어지는 경우

승 객 아가씨, 지금 출발 시간이 지난 것 같은데 왜 출발 안하는 거지? 내가 언제 출발하나 계속 시계만 보고 있는데 말야! 내가 비즈니스 약속이 있는데, 약속 시간 늦으면 책임질거요?

승무원 정말 죄송합니다. 조금 전 마지막으로 탑승 수속을 마친 승객께서 오고 계신 다고 합니다.

승 객 약속한 시간만 늦어봐. 가만있지 않을 테니까!

승무원 가능한 한 빨리 모시도록 하겠습니다. 죄송합니다. ……

승무원 음료수 한 잔 하시겠습니까? 오렌지 주스요? 네, 알겠습니다.
이륙이 늦어져 심려 끼쳐 드린 점 다시 한 번 사과드립니다. 그리고 출발은 조금 늦었지만, 도착은 정시에 가능하다고 합니다. 약속 시간을 지키실 수 있을 것 같습니다. 오렌지 주스 여기 있습니다. 더 필요하신 것은 없으십니까?

4) Cabin Patrol(Walk Around & Personal Touch)

기내 Cabin Patrol(Walk Around) 시 승객이 무엇을 요청하기 전에 기대한 이상의 서비스를 제공할 수 있도록 세심한 배려가 필요하다. Cabin Patrol(Walk Around) 승객이 서비스를 요청했을 때는 어떻게 응대하면 좋을까요?

(1) 방 법

"네, 부르셨습니까?"

고객에게 관심표현	고객 욕구 충족	지속적 관심
• 네, 부르셨습니까? • 제가 독서등을 켜드려도 괜찮을까요? • 편히 쉬셨습니까? 주무시고 계셔서 제가 음료(식사)서비스를 못 해드렸습니다. • 지금 음료(식사)를 가져다 드릴까요?	• 손님께서 OOO이 필요하실 것 같아서 가지고 왔습니다. 괜찮으십니까? • 손님께서 말씀하신 시원한 생수와 담요를 가지고 왔습니다. 담요 한 장 더 필요하십니까? • 그리고 말씀하신 대로 기내 온도를 조절했으니 잠시만 기다려 주시기 바랍니다.	• 다 드신 컵은 치워 드리겠습니다. 한 잔 더 가져다 드릴까요? • 몸은 좀 어떠십니까? 언제든지 필요하신 것이 있으시면 불러주시길 바랍니다.

(2) 사 례

❶ 기내 온도가 춥다고 말하는 승객과의 대화

승 객 아가씨, 기내가 좀 추운 것 같은데요. 에어컨을 좀 줄여주세요.

승무원 네, 사장님. 제가 곧 기내 온도를 알아보고 적정 온도로 조절할 수 있도록 하겠습니다.

    ……

승무원 기내 온도를 적정 온도로 맞추었습니다. 그리고 여기 따뜻한 물과 녹차 그리고 담요를 가져 왔습니다. 드시겠습니까?

승 객 고마워요.

승무원 담요를 한 장 더 드릴까요?

승 객 괜찮아요.

    ……

승무원 지금은 기내 온도가 어떻습니까? 아직도 추우신가요?

승 객 괜찮아진 것 같군요.

승무원 빈 컵은 치워드리겠습니다. 녹차를 더 드릴까요?

승 객 한 잔 더 주세요.

승무원 네, 알겠습니다. 제가 곧 갖다 드리겠습니다.

❷ 독서를 하시는 승객과의 대화

승무원 사장님, 독서등을 켜드릴까요?

승 객1 그래요. 어떻게 켜지요?

승무원 팔걸이의 이 버튼을 누르시면 됩니다. 제가 도와드리겠습니다. 시원한 음료 한 잔 갖다 드릴까요?

승 객1 오렌지 주스 한 잔 줘요.

승무원 네, 알겠습니다. 오렌지 주스를 곧 갖다 드리겠습니다. 옆에 계신 우리 어린이 손님은 무엇으로 드릴까요?

승 객1 저는 콜라 주세요.

승무원 네, 알겠습니다. 곧 갖다 드리겠습니다.

01 휴대 전화를 사용하시는 승객

02 좌석벨트를 매지 않으시려는 승객

03 담요 및 베개를 요청하시는 승객

❶ 가능한 경우

❷ 다 떨어진 경우

Tip 담요의 비닐 커버는 손님 앞에서 제거해서 서비스 해드린다.
재사용하는 담요는 깨끗하게 접어서 서비스한다.

04 개인 물건이나 짐을 맡기시는 경우(의약품 보관을 요청하시는 경우)

05 상위 클래스에 실리는 음료를 요청하는 경우

06 유아, 소아를 동반한 승객이 뜨거운 음료를 요청하시는 경우

Exercise

 07 손님께 음료를 쏟았을 경우

❶ Cold Beverage

❷ Hot Beverage

 08 Special Meal을 요청하시는 승객

❶ 미리 주문하여 식사가 탑재된 경우

❷ 미리 주문하였으나 식사가 탑재되지 않은 경우

❸ 미리 주문하지 않은 경우

 09 식사 서비스 시

❶ 식사에서 이물질이 발견된 경우

❷ 식사가 차갑다고 하시는 경우

❸ 식사를 안 드시는 손님/ 나중에 드시겠다고 하시는 손님

❹ Lid 또는 Tin Foil이 찢어져 있거나 없는 경우

❺ 깊이 주무시는 승객

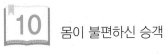 **10** 몸이 불편하신 승객

❶ 감기에 걸린 승객

❷ 귀가 아프다고 하시는 승객

 11 헤드폰이 작동하지 않을 경우

 12 승객 Special Care 방법

❶ VIP, CIP

❷ UM

❸ 유아동반 승객

❹ 청각장애 승객

❺ 시각 장애 승객

❻ Wheel Chair 승객

❼ TWOV

Cabin Service Standard Motion

1) 바람직한 승무원의 표정

다양한 승객들이 탑승하는 기내 상황에서 밝은 표정은 서비스의 가장 중요 요소라고 할 수 있다. 따라서 승무원은 승객과 교감할 수 있는 정감 있는 표정 연출이 필수적이다. 고객을 위하는 진정한 마음에서 나오는 온유하면서도 따뜻한 미소야말로 승무원이 지녀야 할 가장 아름다운 덕목이라고 할 수 있다.

2) 올바른 승무원의 인사

인사는 사람과 사람의 만남에 있어서 마음의 문을 여는 열쇠이자 예의의 시작이다. 만나거나 헤어질 때 말이나 태도 등으로 존경, 인애, 우정을 표현할 수 있어야 하지만, 인간 예절의 기틀로서 인간 관계의 시작이자 윤리 형성의 기본은 단연코 인사가 서비스 기법 중에서 가장 중요한 시작이자 끝이라고 할 수 있다. 정성을 다해서 적극적으로 감사하는 마음을 표현하는 것이 가장 중요하며, 특히 단정한 인사는 좋은 이미지를 남기게 된다. 올바른 승무원 인사의 요령은 다음과 같다.

(1) 올바른 인사법

인사는 섬김의 자세이자 환영의 표시이며 신용의 상징이자 친근감의 표현이다. 고객이나 동료를 보았을 때 상황에 맞는 인사말과 미소를 곁들여 바른 자세로 행해야 한다.

❶ 인사의 바른 자세
  ㉠ 반갑고 밝은 표정으로 상대방의 눈을 본다.(Eye Contact)
  ㉡ 등과 목을 반듯이 펴고 허리부터 숙인다.
  ㉢ 숙인 상대에서 잠시 멈춘다.
  ㉣ 밝은 표정으로 상대방을 보고 미소 짓는다.
  ㉤ 인사 시 올바른 손과 발의 자세

- 여승무원   오른 손이 위로 오도록 하고, 숙일 때는 손을 자연스럽게 밑으로 내린다. 발은 뒷꿈치를 붙인 상태에서 15도 정도 발끝을 벌린다.
- 남승무원   달걀을 쥐듯 손을 가볍게 쥐고, 바지선에 맞춰 내린다. 발은 뒷꿈치를 붙인 상태에서 30도 정도 발끝을 벌린다.

(2) 인사말

승무원은 인사와 더불어 상황에 맞는 자연스러운 인사말을 구사할 수 있어야 한다. 간결하면서도 정성된 마음이 전달될 수 있는 인사말을 하도록 한다.

5대 접객 용어와 마음가짐

≫ 안녕하십니까, 어서 오십시오	(환영하는 마음) – 30도
≫ 무엇을 도와드릴까요?	(봉사하는 마음) – 15도
≫ 감사합니다.	(감사하는 마음) – 45도
≫ 죄송합니다.	(사죄하는 마음) – 45도
≫ 안녕히 가십시오.	(재회를 기다리는 마음) – 30도

(3) 인사의 종류

목 (15도)	보통 (30도)	정중 (45도)
• 협소한 장소의 친근한 인사 • 동료나 친한 사람, 아랫사람과의 인사	• 평상시 일반적인 고객 맞이 인사를 할 때, 배웅할 때	• 깊은 감사의 뜻을 표할 때나 사과를 할 때
방법: 미소 짓는 표정으로 상대의 얼굴을 향해 3초 인사	방법: 인사말과 함께 4초 인사	방법: 인사말과 함께 6초 인사
▼ 목례	▼ 보통례	▼ 정중례

(4) 올바른 인사의 기본동작

❶ 1단계 상대방과 Eye Contact한 후 등과 목을 펴고 배를 끌어당기며 허리부터 숙인다.

❷ 2단계 숙인 상태에서 잠시 멈춘다.(1초정도)

❸ 3단계 굽힐 때 보다 천천히 상체를 들어 올린다.(2초 정도)

❹ 4단계 상체를 들어올리고, 똑바로 선 후 다시 Eye Contact를 한다.

(5) 자연스러운 인사법

정지된 공간이 아닌 실생활에서 행해지는 인사는 자연스러워야 한다. 상대방의 연령, 장소, 시간, 상황에 맞는 자연스러운 인사를 할 수 있도록 해야 한다.

표
자연스러운 각각의 상황별 인사방법

시간대별 인사	• 아침 인사 밝고 활기찬 느낌의 인사 • 저녁 인사 차분한 느낌 • 승객 탑승 환영하는 느낌 • 승객 하기 고마움과 아쉬운 느낌의 인사
상황별 인사	• 걸을 때의 인사 상대방을 보면서 시선을 맞춘 후 걸어가면서 미소 띤 얼굴로 간단히 인사말을 한다. 인사말 후 바로 허리를 굽혀 인사하고, 상사인 경우는 벽 쪽에 비켜서 있다가 스치는 순간에 인사한다. 보도의 끝이나 모퉁이를 돌면서 갑자기 상대방을 만난 경우에는 상대방이 놀라지 않도록 뒤 또는 옆으로 한 걸음 물러서서 인사한다. • 계단에서의 인사 상사나 고객이 아래에서 올라오거나 내려올 때도 비켜서서 기다리다가 상대보다 2~3계단 아래에서 인사한다. • 앉아서 인사 자리에서 일어나는 동안 인사를 하고 바로 선 자세에서 허리를 굽혀 인사를 한다. 자세를 바로 한 후 상대의 시선을 보고 다시 앉는다.
연령별 인사	비행기에 탑승하는 승객들의 연령은 매우 다양하다. 승객의 연령에 따른 적절한 감정을 연출하여 상황에 맞는 인사를 할 수 있도록 한다.
서양인 승객에 대한 인사	서양인 승객 중에 격식을 중요치 않게 여기고 격의 없는 친밀한 인사로 응대해 오는 경우가 있다. "HI!", "How are you?" 등의 인사말과 함께 손을 흔드는 동작을 하는 경우가 많은데, 자칫하면 승무원도 동일한 태도로 이들을 대하는 경우가 있다. 승무원의 행동은 모든 승객의 관심의 대상이 되기 때문에 항상 서양인을 대할 때도 정중하고 예의바른 인사를 한다.

승객 탑승 및 하기 시의 인사	• 밝고 웃음 띤 얼굴로 인사한다.
	• 동일 어조와 억양으로 반복되는 형식적인 인사는 피하도록 한다.
	• 승객과 Eye Contact를 하면서 인사를 하도록 해야 한다.
	• 승객이 인사에 무반응일 경우도 인사를 소홀히 해서는 안되며 정중하게 인사해야 한다.
	• 뒷짐을 지거나 고개만 까딱하고 움직이는 인사는 하지 않는다.

3) 아름다운 승무원의 자세와 동작

바르고 아름다운 자세와 동작은 좋은 승무원의 이미지를 형성하는 데 중요한 역할을 한다. 아름다운 자세와 절도 있는 동작은 외모에도 반영이 되며 흐트러짐 없는 꼿꼿한 자세, 단아한 걸음걸이, 절제된 동작은 예의바르고 아름다운 이미지로 평가받는 데 큰 역할을 한다. 좋은 이미지를 형성하기 위해 세련된 자세와 동작을 몸에 익혀 자연스럽게 표현하도록 한다.

(1) 바르게 서는 자세

❶ 시선은 정면을 향하고, 턱은 반듯이 당겨 바닥과 수평이 되도록 한다.

❷ 머리, 어깨 등이 일직선이 되도록 허리를 곧게 편다.

❸ 아랫배에 힘을 주어 당기고, 엉덩이는 약간 들어 올린다.

❹ 여승무원은 손을 오른손이 위로 가게 하여 가지런히 모아 공수자세를 취하고, 남승무원은 손을 가볍게 쥐어 바지선에 붙인다.

❺ 머리와 어깨는 좌우로 치우치지 않게 한다.

❻ 몸 전체의 무게 중심은 엄지발가락 부근에 두어 몸이 위로 올라간 듯한 느낌으로 선다.

❼ 발뒤꿈치를 붙이고, 여승무원은 15도 정도 남승무원은 30도 정도 발끝을 벌린다.

승무원의 바르게 서는 자세 ▶

(2) 바르게 앉는 자세

❶ 의자의 반보 앞에 바르게 선 자세에서 한 발을 뒤로 한다.

❷ 의자 너머로 의자를 보고 의자 깊이 앉는다.

❸ 뒤쪽에 있던 한 발을 앞으로 향하게 한다. 여승무원인 경우는 발을 가지런히 모아 비스듬히 뻗고, 남승무원인 경우는 허리 너비만큼 벌리고 앉는다.

❹ 어깨를 펴고 시선은 정면을 향한다.

❺ 여승무원은 양손을 모아 무릎 위의 스커트를 누르듯이 지긋이 올려놓고, 남승무원인 경우에는 손을 가볍게 주먹을 쥐어 양 무릎 위에 올려놓는다.

❻ Jump Seat의 경우에는 반발 앞에 선 후, 몸을 약간 구부려 한 손으로 Seat를 편다. 여승무원인 경우 다른 한 손으로 스커트 앞부분을 누르듯이 무릎을 붙이고 앉는다. 승객 앞에서는 특히 다리를 꼬고 앉지 않도록 한다.

❼ 자리에서 일어날 때에는 앉는 자세와 반대로 한 발을 앞으로 하여 한 번에 일어선 다음 두 발을 모은다. 어깨와 등을 펴고 시선은 정면을 향한다. 특히 Jump Seat에서 일어날 경우 한 손으로 Jump Seat을 붙잡아 조용히 원위치로 포개어 놓는다.

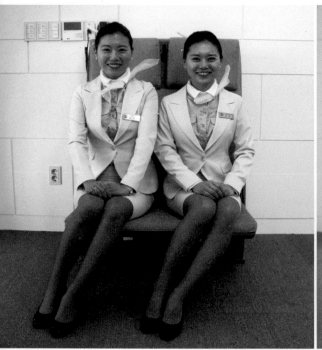
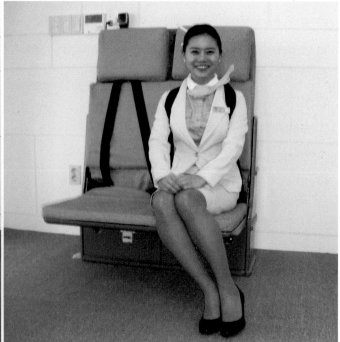

▲ Jump Seat에 바르게 앉는 자세

(3) 바르게 걷는 자세

❶ 일반적인 보행자세

㉠ 어깨와 등을 곧게 펴고 시선은 정면을 향한다.

㉡ 팔은 자연스럽게 크게 흔들지 말고 겨드랑이 15도, 팔꿈치 45도 각도로 자연스럽게 무릎을 스치듯 걷는다.

㉢ 발 앞 끝이 먼저 바닥에 닿도록 하여 정면을 향해 양 무릎이 스치듯이 똑바로 걷는다.

㉣ 체중은 발 앞 부근에 싣고, 허리로 걷는 듯한 느낌으로 걷는다.

㉤ 발자국 소리가 크게 나지 않도록 걷고, 팔자걸음이나 안짱다리 식으로 걷지 않도록 유의하며 발소리가 크게 나지 않도록 조용히 걷는다.

❷ 기내 통로에서 걷는 자세(Walk Around)

㉠ 승객 좌석을 향해 몸의 방향과 시선을 5~10도 정도 돌려서 걷는다.

㉡ 무게 중심을 발의 앞쪽에 두고 조용히 걷는다.

㉢ 걷는 속도는 평상시 속도보다 천천히 시선과 박자를 맞추듯이, 손은 앞으로 가지런히 모으거나 옆에 붙이고 걷는다.

❸ 계단 오르내리기 요령

㉠ 상체를 곧게 펴서 몸의 방향을 비스듬히 하여 걷는다.

㉡ 올라갈 때의 시선은 15도 정도 위로 향하고 내려올 때의 시선은 15도 정도 아래로 향하여 걷는다.

㉢ 되도록 다른 사람을 추월하지 않도록 조심하고, 계단 반대쪽에서 누군가가 이용한다면 몸의 방향을 비스듬히 해서 걷는다.

㉣ 올라갈 때는 남승무원이 먼저, 내려갈 때는 여승무원이 먼저 내려간다.

4) 올바른 서비스 시 자세와 동작

승무원은 늘 많은 승객들의 주시의 대상이다. 승무원은 근무에 필요한 바르고 세련된 자세와 동작을 몸에 익혀 자연스럽게 표현하도록 해야 한다.

(1) 물건 전달할 때의 자세

승무원이 고객에게 물건을 전달하는 것은 서비스를 담아 마음을 전달하는 것이다.

▲ 승객에게 물건을 전달하는 올바른 자세

❶ 미소 짓는 밝은 표정과 함께 시선은 상대의 눈에서 물건으로 갔다가 다시 상대의 눈으로 옮겨 물건이 올바르게 전달되었는지를 확인한다.

❷ 물건을 전달하면서 전달하는 물건명을 말한다.

❸ 고객의 입장과 편의를 고려하여 무거운 물건은 가벼운 듯이, 가벼운 물건은 무거운 듯이 건네준다.

❹ 상대방의 입장과 편의를 고려하여 반드시 양손을 사용하여 한 손을 다른 한 손의 밑에 받쳐 공손하게 전달해야 한다.

❺ 건네주는 위치는 가슴에서 허리가 되도록 한다.

❻ 면도기, 볼펜, 우산 등의 물건을 건네줄 경우는 상대편에서 받아 사용하기 쉽도록 손잡이 또는 자루 쪽이 상대편으로 향하도록 하여 남은 한손을 덧붙여 건네준다.(신문, 서류, 책은 고객에게 글씨가 바로 보이도록 전달한다.)

❼ 승객으로부터 명함을 받을 경우에는 상대방이 명함을 내어주면 두 손으로 정중히 받되 오른손을 덧붙여 왼손으로 받는다. 가슴보다 아래로 내려오지 않도록 주의하면서 상대방의 명함을 받은 후에는 '○○ 회사의 ○○○님이시군요' 라고 상대방을 확인한다.

(2) 물건이나 방향지시 자세

❶ 가리키는 지시물을 복창한다.

❷ 손가락을 끝을 가지런히 모으고 손 전체로 가리킨다.

❸ 손을 펴는 각도로 거리감을 표현한다.

❹ 시선은 상대의 눈에서 지시하는 방향으로 갔다가 다시 상대의 눈으로 옮겨 상대의 이해도를 확인한다.

❺ 우측을 가리킬 경우는 오른손, 좌측을 가리킬 경우는 왼손을 사용한다. 뒤쪽 방향을 지시할 때는 몸의 방향도 뒤로 하여 가리킨다.

❻ 사람을 가리킬 경우는 두 손을 사용한다.

❼ 손가락으로 지시하거나 턱이나 고갯짓으로 안내하거나 고객의 눈을 보지 않고 지시하는 자세는 삼간다.

▲ 물건이나 방향을 지시하는 올바른 자세

▲ 물건 집는 올바른 자세

(3) 물건 집기

❶ 다리를 붙이고 깊게 옆으로 돌려 앉는다.

❷ 상체는 가급적 곱게 편다.

❸ 여승무원인 경우 특히 치마를 입고 물건을 집을 경우 뒷모습에도 각별히 유의한다. 서 있다가 발밑의 물건을 집을 경우 양다리를 붙이고 가능한 한 깊이 앉았다가 일어서면 예쁜 동작이 된다. 특히 치마 길이가 짧을 때는 양 무릎을 붙인다.

5) 승무원 객실 서비스 시 자세와 방법

(1) 기내 서비스 기본 원칙

서비스 전 반드시 손을 씻고 Galley를 청결히 유지해야 하며, 서비스 전 손에 로션을 바르지 않도록 하고, 향수를 지나치게 많이 사용하지 않도록 한다. 서비스 전, 모든 기물의 청결상태와 식사와 음료의 상태를 반드시 확인한다.

(2) 기물 사용 시 기본 원칙

❶ 트레이(Tray)

ㄱ 사용 전 트레이 매트(Tray Mat)를 깔아 서비스 용품이 미끄러지지 않도록 한다.

ㄴ 트레이의 장축의 보도(Aisle)와 평행이 되도록 잡는다.

ㄷ 엄지손가락은 Tray 장축의 윗부분을 잡고 나머지 네 손가락은 벌려 아랫부분을 단단히 받쳐 잡는다.

ㄹ 겨드랑이를 붙이고 Tray는 허리부분과 수평으로 유지한다.

ㅁ 회수하는 Tray의 위치는 항상 통로 쪽으로 유지하고, 회수하는 컵을 놓을 때는 몸의 가까운 쪽부터 놓는다.

ㅂ Tray를 들고 승객 앞에 내밀 때는 허리를 약간 굽힌 상태에서 바닥과 평행이 되도록 안정감 있게 들고, 회수한 것은 몸 가까이부터 놓는다.

❷ 컵(Cup)

ㄱ 엄지, 둘째, 셋째 손가락으로 밑 부분을 잡고 넷째, 다섯째 손가락은 Cup의 밑바닥을 받친다.

ⓛ 컵의 로고(Logo)가 승객의 정면에 오도
록 하고, 입이 닿는 컵의 입 주위 부분은
손으로 만지지 않는다.

❸ Trolley (Serving Cart)

ⓐ 아래 부분에 있는 패달(pedal)을 밟아 잠
금장치(lock)를 풀고 접는다. 펼 때에는
윗부분의 잠금장치(lock)를 풀고, 펼친
후 아래 부분의 패달(Pedal)로 잠금장치
(lock)를 한 후 사용한다.

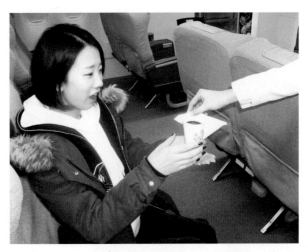

▲ 컵의 입 주위를 손으로 만지지 않도록 한다

(3) 기내에서 주문(order) 받을 때의 자세

❶ 발을 가지런히 모으고 손님을 바로 보며 45
도 위치로 바로 선다.

❷ 허리를 15도로 정도로 약간 굽히고 눈 맞춤
(Eye Contact)을 유지하고 주문을 받는다.

❸ 빈손일 경우에는 양손을 모으고, 주문내용
을 손님 앞에서 메모하며 반드시 재확인한다.

❹ 주문 받을 경우는 좌석에 기대어 서거나 팔
을 올려놓지 않도록 한다.

❺ Cart로 서비스할 때를 제외하고는 모든 서
비스 Item은 Tray에 준비하여 제공한다.

(4) 올바른 서비스 자세

❶ 항상 밝은 표정과 명랑한 태도로 정중히 서
비스한다.

❷ 서비스 도중 머리를 쓰다듬거나 코를 만지
지 않는다.

❸ 손님을 보고 바른 자세로 대화하면서 서비
스한다.

▲ Trolley 이용 방법

▲ 주문 받는 자세

▲ 올바른 회수 자세

❹ 좌석 등받이에 손이나 몸이 닿지 않도록 유의한다.

❺ Entree가 승객 앞, 안쪽으로 놓이도록 제공한다.

❻ 어린이 승객 및 신체장애 승객에게 음료를 제공 시에는 컵의 1/2~2/3만 채워 제공하고 잠시 후 같은 양으로 Refill한다.

❼ 승객이 서비스 Item을 떨어뜨렸을 경우에는 먼저 동일한 새 서비스 Item을 제공하고 떨어진 서비스 Item은 Towel이나 Cocktail Napkin을 사용하여 집는다.

❽ 잔에 Ice Cube를 넣을 때는 Ice Cube를 먼저 넣고 음료를 그 위에 따른다.

(5) 올바른 회수요령

❶ 통로 측 손님부터 회수한다.

❷ 창가 손님의 회수는 양해를 구한 후 하도록 한다.

❸ 회수용 트레이는 항상 통로 측에 유지하여 고객의 몸 쪽으로 들어가지 않도록 한다.

❹ 손님의 머리 위로 회수하지 않도록 한다.

❺ 식음료 회수 시에는 취식에 대한 승객의 만족도를 확인하고 반드시 가벼운 대화를 하면서 회수한다.(서비스 할 때마다 고객 한 명당 한 번은 꼭 대화할 수 있도록 한다.)

❻ EY/CL에서는 Meal Cart 상단에 Towel을 준비하여 필요한 경우 승객의 Table을 닦아 드린다.

(6) 올바른 기내 서비스 순서

❶ 왼쪽에서 오른쪽, 창측에서 복도 쪽 순서로 서비스한다.

❷ 왼쪽 손님에게는 왼손으로 오른쪽 손님에게는 오른손으로 서비스한다. 다만 뜨거운 것, 무거운 것 미끄러지기 쉬운 것은 쓰기 편한 손으로 서비스한다.

알아볼까요?

이런 자세는 안돼요~

참고서적

김근종(2008), 서비스의 이해, 새로미

김민수 · 지현주(2009), 항공객실서비스 업무론, 새로미

김명신 · 박영식 · 정주영(2005), 항공업무론, 학문사

김성희(2005), 최신항공기업론, 백산출판사

김선희 · 양정미 · 조영신(2006), 항공 객실 서비스론, 문경출판사

노정철 · 김진훈 · 최형인(2007), 항공서비스경영론, 한올출판사

대한항공 Cabin Crew Manual

대한항공 객실서비스 규정집

대한항공 캐빈 서비스 업무 교본, 2000

대한항공 상위클래스 Food & Beverage, 2000

박시사(2008), 항공사경영론, 백산출판사

박혜정(2010), 항공객실업무, 백산출판사

박혜정 · 서성희(2008), 항공운송실무, 백산출판사

심종수 외(2010), 항공기 객실 구조 및 안전장비, 기문사

아시아나아카데미(2009), 국제선기본예약, 아시아나 애바카스

아시아나아카데미(2009), 항공운임과 발권의 기초, 아시아나 애바카스

아시아나항공 직무훈련 교재

아시아나항공 업무규정집

이영희 · 이지민 · 양정미(2006), 항공기 식음료론, 연경문화사

이영희(2006), 항공기 객실 업무론, 연경문화사

이영희 · 조주은(2010), 항공기 객실서비스 실무, 연경문화사

유문기(2008), 항공운송론, 새로미

윤선정 · 박연옥(2008), 항공객실업무, 새로미

윤선정, 양현주, 박소현(2008), 항공객실 서비스 실무, 두양사

이병선(2008), 항공기 구조 및 비행 안전, 백산출판사

이병선(2010), 항공기 객실서비스실무, 백산출판사

이용일(2008), 관광항공업무론, 새로미

이용일 · 이선미 · 김재석(2010), 항공운임 발권과 BSP실무, 새로미

이향정 · 오선미 · 고선희(2009), 최신항공업무론, 새로미

이형섭(2009), 알기 쉬운 항공발권, 도서출판 두남

조영신 · 김선희 · 이석호(2008), 서비스 매너, 방송통신대학교 출판부

원종혜 · 최미선 · 조희정(2008), 항공예약실무, 한올출판사

케세이퍼시픽항공, Cathay Pacific Pre-course Booklet

케세이퍼시픽항공, Cathay Pacific Induction Training Course Manual

케세이퍼시픽항공, Cathay Inflight Service Training and Development

토파스아카데미(2009), 예약, 토파스여행정보(주)

토파스아카데미(2009), 발권실무, 토파스여행정보(주)

■ 신문기사

[It's Design] 'CI파워' 순간에서 영원으로 동아일보 2006. 2. 20

일간스포츠, 2010, 3, 10

Sky news 2008. 6. 14

YTN 2010. 6. 24

한겨레 신문 2006. 8. 22

연합뉴스 2007.04.10

■ 웹 사이트

국제민간항공기구 www.icao.int

국제항공운송협회 www.iata.org

내한항공 www.kr.koreanair.com

아시아나항공 www.flyasiana.com

에어부산 www.airbusan.com

월간항공 www.wasco.co.kr

제주항공 www.jejuair.net

이스타항공 www.eastarjet.co.kr

진에어 www.jinair.com

티웨이항공 www.twayair.com

케세이퍼시픽항공 www.cathaypacific.com

인천국제공항공사 www.airport.kr/iiac

한국공항공사 www.airport.co.kr

http://news.khan.co.kr/kh_news

http://www.morningnews.co.kr/

www.yonhapnews.co.kr

저자 소개

조영신
- 동국대학교 대학원 호텔관광경영학 석사
- 동국대학교 대학원 호텔관광경영학 박사
- 전) (주)아시아나 항공 객실승무원
  중부대학교 항공서비스학과 겸임교수
  방송통신대학교 관광학과 전임강사
  두원공과대학교 항공서비스과 교수
- 현) 관광레저학회 이사, 대한관광경영학회 이사
  서울신학대학교 관광경영학과 교수

김선희
- 숙명여자대학교 경영대학원 소비자경제학 석사
- 순천향대학교 대학원 관광경영학 박사
- 전) (주)대한항공 객실 부사무장
- 전) 서비스 아카데미 예라고 교육팀장
- 전) 백석문화대학 항공서비스과 겸임교수,
  중부대학교 항공서비스학과 교수
- 현) 중부대학교 항공서비스학과 교수

양정미
- 인하대학교 교육학 석사
- 인하대학교 교육학 박사
- 전) (주)대한항공 객실 부사무장
- 현) 극동대학교 항공운항서비스학과 부교수
- 현) 극동대학교 일반대학원 항공서비스경영학과 주임교수

인옥남
- 경희대학교 대학원 관광학 석사
- 경희대학교 대학원 관광학 박사
- 전) (주)아시아나 항공 부사무장
- 전) 경기대, 경희대 외래교수
- 현) 광주여자대학교 항공서비스학과 조교수

이승현
- 경희대학교 관광대학원 관광경영학 석사
- 세종대학교 호텔관광경영학과 박사
- 전) (주)아시아나 항공 캐빈 승무원
  케세이퍼시픽 항공 객실 승무원
  동주대학 항공운항과 초빙교수
  대림대학 호텔조리외식계열, 백석문화대학 일본어학부
  동주대학 항공운항과 초빙교수, 백석문화대학 영어학부
  관광학부, 백석예술대학 항공서비스과, 한국관광대학
  항공서비스과 겸임교수

문희정
- 한양대학교 국제관광대학원 국제관광학 석사
- 경희대학교 일반대학원 호텔경영학과 박사 과정
- 전) (주) 대한항공 객실 승무원
  (주) 웅진 씽크빅 인재육성팀 사내 CS강사
  (주) 대교 CS Academy 선임 강사
- 현) 두원공과대학 항공서비스과 겸임교수
  밀레니엄 서울 힐튼 트레이닝센터 서비스＆매너스쿨 강사

최정화
- 한양대학교 국제관광학 석사
- 동국대학교 호텔관광경영학 박사 수료
- 전) (주)대한항공 객실 승무원
- 전) 한성대학교 사회교육원, 성신여자 대학교 평생교육원,
  순천향대학교 출강
- 현) 위덕대학교 항공관광학과 전임강사

최신 항공객실업무론 2판

초판1쇄 발행 2012년 8월 16일
개정1쇄 발행 2014년 8월 25일
개정4쇄 발행 2019년 2월 25일

지은이 조영신·김선희·양정미·인옥남·이승현·문희정·최정화
펴낸이 임 순 재

펴낸곳 (주)한올출판사
등 록 제11-403호
주 소 서울시 마포구 모래내로 83(성산동, 한올빌딩 3층)
전 화 (02)376-4298(대표)
팩 스 (02)302-8073
홈페이지 www.hanol.co.kr
e-메일 hanol@hanol.co.kr

값 20,000원 (wookbook 별매)   ISBN 979-11-5685-026-7